企業内人材育成入門

BASIC THEORY OF
HUMAN
RESOURCE
DEVELOPMENT

人を育てる心理・教育学の基本理論を学ぶ

中原 淳 編著　荒木淳子＋北村士朗＋長岡 健＋橋本 諭 著

ダイヤモンド社

はじめに

本書は、「人を育てるための心理学、教育学の基礎理論」を簡潔に紹介する入門書である。

最近、人材育成部門への異動が決まった方、人材育成部門に十数年勤務し、そろそろ知識の整理を行いたい方は、言うにおよばず、本書のターゲットユーザである。加えて、人材育成部門には属していないものの、新入社員に対してＯＪＴ（on the job training）を提供しなければならない立場にある方など、企業・組織で「人育て」に関わるすべての人々に読んでいただけるよう編集されている。

心理学や教育学の理論など知らずとも、一般に、教育や学習に関しては、誰もが「雄弁」である。

「そんな教え方じゃダメダメ、こうやらなきゃ！」

「よい教師ってのは、そもそもそういうものじゃないよ」

「仕事ってのは、そうやって覚えるものじゃないでしょ！」

現在の日本に被教育経験を持たない人はほぼ存在しないといってよい。誰もが「教育を受けた経験」をもっている。そうであるがゆえに、その経験に照らして、自分なりに「教育」を自由に語ることができる。教育や学習を語る言説空間は万人に開かれており、誰もが「私の教育論」をつくり出せる。

特に、成功した経営者の「教育論」は、広く巷間に流布している。ロマンティシズムと、幾ばくかのノスタルジーをともなう成功者の物語は、人々を魅了してやまない。それは、自社の教育に携わるビジネスパーソンを勇気づける。

しかし、「私の教育論」は、ともすれば弊害をもたらすことも多い。企業内の教育を統御する立場の人間が、「ある一人の人間の被教育経験」という、第三者から批判を受けにくい限定的な一事例を根拠に、企業全体の教育システムを改善しようとするとき、その弊害は前景化する。〈私〉にとってうまくいった教育方法でも、〈彼〉にとってうまくいくわけではない。〈私〉にとっての「教師」は、〈彼〉にとってもよい教師であるわけではない。「ここ」で通用したものが、「あちら」では通用しない。かくして「私の教育論」を基調とした企業内の教育の営みは、亀裂が走りやすい。

本書を執筆するにあたりわれわれはこう考える。「そもそも、企業は、どのような人材を、どのように育成すればよいのか」という問い対して「私の教育論」のレヴェルで答えるべきではない。教育を提供する主体は、「企業」であって「私」ではない。そうであるならば、諸理論の知見をエビデンスとした処方箋が選択され、組織の意思決定として承認され、ノウハウをもった人々によって、集団に対して適用されるべきである。

昨今の戦略的ＨＲＭ（Strategic Human Resource Management）の考え方に依拠してみても、人材育成は、組織が主体となり、かつ安定的に実施されなければならない事項であるという認識が広まっている。「私の教育論」に基づく危うさを回避し、安定した人材育成プロセスを保証するためには、どうしても、〈私〉の立ち位置を離れ、人材育成に関する知のありようを俯瞰する必要がある。そこに本書の存在意義がある。

本書は、人材育成に関する心理学、教育学、経営学等の関連諸科学の基礎理論を簡潔に紹介することを目的にしている。理論を単に無味乾燥な命題として語るのではなく、なるべく豊富な事例、物語をともないつつ、語ることに努力したつもりである。

心理学者クルト・レヴィンは「よい理論ほど実際に役に立つものはない」という名言を残している。本書で取り扱われた理論は、現場での問題解決に資する理論であると考える。本書をお読みになった読者は、「人はどのようにして学ぶか」「学びの場をどのようにつくり出すか」「学びの効果をどのように確かめるか」などについて、これまでよりも詳細な理解に到達することができるだろう。

従来から、多くの企業内教育に関する書籍が出版されてきた。しかし、その多くは、必ずしも今となっては学問的に評価を受けていない過去の理論を最新の理論として紹介していたり、いわゆる「私の教育論」をとうとうと述べるものであったり、紹介する理論間のバランスが均衡を保っていないものであったりすることが多かったようにわたしには思える。

本書では、なるべくバランスよく、体系的かつ網羅的に必要な理論を取り扱ったつもりではあるが、その正否の判断は読者にゆだねたい。

心理学や教育学は、これまで学校教育のリデザイン（Redesign）のためにさまざまな諸知見を提出してきた。企業における教育、および学習の改善にとっても、これらが役立つことを願っている。

企業で教育に関係するすべての方々へ

二〇〇六年初秋　本郷の研究室にて

編者　中原　淳

企業内
人材育成
入門

目次

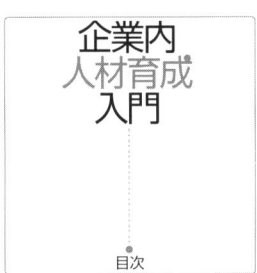

序章

「企業は人なり」とは言うけれど

❖本章のねらい
従来の人材育成を反省的に振り返りつつ、本書の構成について解説します。
❖キーワード
戦略的ＨＲＭ、コンピテンシー、ワークプレイスラーニング

間違いだらけの〝人材育成〟

「企業は人なり」「育てる経営」「人材ではなく人財」…………。経営者の話には人材育成の重要性を説く〝格言〟が頻繁に登場する。いや、経営者だけではない。今日では多くのビジネスパーソンが人材育成に高い関心をもち、自分なりの意見をもっているように見える。人材育成の重要性に対する認識が深まるのはいいことだ。ただし、そこで語られている中身はどうだろう？　たとえば、あなたのまわりに次のようなタイプの人物はいないだろうか。

まず、人材育成に言及する際に、自らが育ってきた道のり、そして後輩や部下を育ててきた経験について熱く語るタイプのビジネスパーソン。

「俺の若い頃は」「あいつを鍛えたのは」といったフレーズを通じて語られるのは、ビジネスに生きる人間と

しての〝ライフヒストリー〟だ。ビジネスパーソンが厳しい現実に対峙するとき、彼らの語る苦労話や武勇伝が心の支えとなることも少なくない。

しかし、企業活動としての人材育成について理解を深めようとするとき、彼らの話から得るものは限られていることもまた事実である。それらの多くは、個人的な体験のなかに押し込められ、組織としての体系的な取り組みへと話が展開していくことがないからだ。こうしたタイプの人にとって、人材育成とは「上司・部下という人間関係のなかで行われるビジネスパーソンとしての人格形成」を意味し、「組織的かつ戦略的に取り組むべき企業活動の一環」とは見なされていない。

一方、理路整然と人事教育担当者や研修講師のシゴトを論評するタイプの人もいる。

「人事教育部門のやることは現場の役に立ってない」

「社外の講師に本当の教育は不可能」

これらのフレーズを通じて語られるのは、ほとんどが自社の人材育成に対する批判である。

もちろん、刻一刻と変わっていく現場の状況についてメッセージを発信し、自社の進める人材育成活動と現場のニーズとの乖離をしっかりモニターしようとする姿勢は必要だ。しかし、より建設的な立場から人材育成のあり方を探求しようとするとき、彼らの話から得るものもまた限られている。彼らは、具体的な人材育成の戦略や研修運営は人事教育担当者にまかせきりで、自らはその活動にコミットしようとせず、外部から評論家的なコメントを発するばかりであることが多いからだ。このタイプの人にとって、人材育成とは「特定の部署（人事教育部門）のみが担う職能」を意味し、「すべてのビジネスパーソンが日常的に取り組むべき重要な企業活動」とは見なされていない。

誤解を避けるために述べておくが、多くのビジネスパーソンの参画によって、人材育成をめぐる議論の輪が広がるのはいいことだ。そうした議論のなかから新たな教育のあり方が生まれてくる可能性もないわけではない。[1]

しかし、「理論的な裏づけなしに、誰もが語れる」という、従来の人材育成に付随したこのイメージは、深刻なデメリットも生み出すことを指摘せざるをえない。人材育成について「誰もが語る」のは好ましいことではあるが、部下育成の経験談が実は不確かな記憶に基づく自慢話でしかないことも多い。人事教育部門への批判が単に重箱の隅を突いているだけであることも少なくない。「誰もが語れる」がゆえに、この状態が放置されている。しかし、「誰もが語れる」ことは、「何でもあり（anything goes）」とは違うはずだ。

人材育成という企業活動についての理解を深めようとするなら、また、建設的な立場から人材育成のあり方を探求しようとするなら、より本質的かつ体系的な議論を進めていかなくてはならない。今日、人材育成とは「組織的かつ戦略的に取り組むべき企業活動の一環」と認識されているが、この背景にあるのは、人材マネジメントの大きな変化である。そこで、「戦略的ＨＲＭ」「コンピテンシー」という人材マネジメントに関する二つのキーワードから、新たな人材育成の意味について考察してみたい。

企業戦略と連動する〝戦略的ＨＲＭ〟

かつて、人材育成は〝人事労務管理〟の一部として捉えられていた。そして、人事労務管理は経営戦略からは独立した存在だった。人材は企業を維持・運営していくための代替可能な財であり、管理できていればそれでいい。人材は管理の対象であり、人材への支出は削減したいコストと見なされていた。どの企業も似たような人事施策を有していたのは、各社の経営戦略の違いをほとんど意識していなかったからであろう。

そのなかで、人材育成は〝人づくり〟的な精神論のもとに行われ、明確な目的や目標はなかった。新卒定期一括採用・年功序列・終身雇用のなかで、社員は〝それなり〟に育っていればよかったからだ。そのため、部門や職場を問わず入社年次毎に開催される階層別研修が、企業として実施する人材育成の中心であり、あとは職場における〝名ばかり〟のＯＪＴに任せていた。

しかし、企業が複雑で変化の速い環境や、激しい競争にさらされるなかで、人材は競争力の源泉として注目されるようになった。それぞれの社員が有する能力・知識や、それらを高め・活用するための仕組みは、ライバル企業から見えにくく、競争優位を保つために有効であると考えられるようになった。

かくして、人事施策は、企業の経営戦略を実現するためのものと見なされるようになった。こうした流れのなかで、人材育成も単に「人を育てる」といったあいまいな目標で語られるのではなく、「知的生産性の向上」「組織パフォーマンスの向上」「競争力の向上」といった経営戦略からの要請による明確な目標を与えられるものとなってきた。さらに、企業は、経営者や専門職を意図的に育成する必要にも迫られるようになってきた。また、事業部門ごとに構築される事業戦略に対応するため、事業部門ごとに異なった人事施策や人材育成が求められるようにもなった。

このように、企業の経営戦略と連動した人事諸施策を遂行していこうとする考え方を**戦略的ＨＲＭ（Strategic Human Resource Management）**という。戦略的ＨＲＭとしての人事諸施策は、企業の経営戦略を実現するための具体的な施策として展開される。人材は競争力を強化し、経営戦略を実現するための貴重な資源であり、開発し、活性化していく必要があるものとして扱われる。つまり、戦略的ＨＲＭという視点に立てば、企業が人材育成に取り組むのは、経営戦略の一環なのである。今でもたしかに「企業は人なり」ではあるが、それは単なるメタファーではなく、競争力の向上という明確な目的があるのだ。

コンピテンシーに基づく人材育成

コンピテンシーとは、「特定の業務を遂行し、高い水準の業績を上げることができる個人の行動特性[2]」であり、それは個人の行動として顕在化し測定できるものである。今日、コンピテンシーは人材の採用や選抜・配置、人材育成に用いられているが、日本企業でコンピテンシーが使われるようになってきたことには、二つの理由がある。

第一に、職能給や年功主義といった日本的な人事制度が、労働コストの上昇、若年層のモチベーション・ダウンなどをもたらし始め、抜本的な改革の必要性が高まったことである。第二には、職能給の前提ともなっている「高い能力をもつ者は高度な仕事を担当し、その結果大きな貢献を会社にもたらす[3]」という仮説の虚構性、すなわち「能力が高いからといって、高業績とは限らない」という事実に、企業が気づいたということにある。

コンピテンシーが用いられる以前の人材育成では、業績に結びつくかどうかを吟味することなく、全社員に一律的な知識・スキルを身につけさせようとしてきた。生産性とは関わりなく、「知識・スキルを修得したという事実」が重視されたといっても過言ではない。

一方、コンピテンシーを用いた人材育成では、「高業績者に共通する行動特性（コンピテンシー）を発揮しているものは、会社の経営戦略遂行に貢献できる」という仮説のもと、リストアップされたコンピテンシーを充足・強化させようとするものである。つまり、業務のなかで何ができているかが重視され、研修に加え、業務を通じた現場での学び、自己啓発なども含めた学習活動を、企業は支援するようになってきた。

また、「コンピテンシーを用いた人材育成」といった場合には、コンピテンシーを用いた適正配置や配置転換も含まれることが多い。コンピテンシーの充足・強化を、自律的キャリア開発に対する支援と見なし、社員個人が希望する職種やポストに就くチャンスを創出するためのものとして、人事施策に掲げている企業も少なくない。

このように、企業の人材育成は、「高業績につながる行動ができるようになるため」そして「適正な職種やポストに就くため」といったより強い具体性をもったものになっている。

知的生産性の向上を目指す人材育成

さて、以上のような変化を踏まえると、人材育成という活動を「上司・部下という人間関係のなかで行われるビジネスパーソンとしての人格形成」や「特定の部署（人事教育部門）のみが担う職能」ではなく、「全社的な経営戦略の一環として、すべてのビジネスパーソンが日常的に取り組むべき企業活動」と認識することの重要性が理解できるだろう。

もはや、人材育成とは〝人格形成〟や〝人づくり〟といったレベルで語るべきものではない。経営目標の達成に直接的な貢献をすることが人材育成には求められている。また、経営戦略としての人材育成という視点に立てば、ビジネスパーソンにとって、単なる知識・スキルの修得を学習と見なすこともできない。競争優位性に直結した知的生産性向上を達成することではじめて、ビジネスパーソンは学んだと認められることになる。

さらに、知的生産性向上の実現という目的を踏まえると、人材育成という活動がすべてのマネジメント活動のなかに埋め込まれたものとなることに気づくはずだ。もちろん、本社部門で人材育成に関わるのは主に人事部門や研修部門だろう。企業はその戦略と社員個人の自律的なキャリアプランをマッチングさせることによって、個人の知的生産性向上を促していく。

人事部門としては、そのための各種施策を打ち出すことは可能であるにせよ、多様な職場・業務と多様な社員個人の価値観をすべてマッチングさせていくことは不可能である。そのギャップを埋め、知的生産性向上を実現する鍵は、現場でいかに制度を運用していくかにかかっている。また、研修部門は教育・研修制度をつくりOFF‐JTの運用を担う。しかし、OFF‐JTを通じて得た知識・スキルが現場における知的生産性向上に結びつくかどうかの責任は、各現場のマネジャーにある。

つまり、人材育成の目的を人格形成や知識・スキルの修得ではなく、知的生産性の向上と認識することによって、それは人事教育担当者のみが担う仕事ではなく、すべてのビジネスパーソンにとって必須のテーマとなる。

ワークプレイスラーニングという視点

また、**ワークプレイスラーニング**という概念で人材育成活動を捉える考え方もある。[4] ワークプレイスラーニングにはさまざまな定義が存在するが、一般に「個人や組織のパフォーマンスを改善する目的で実施される学習その他の介入の統合的な方法」[5]という意味で用いられている。この概念の第一のポイントは、企業という場における学習や教育に対して、「個人や組織のパフォーマンス改善」という明確な目的を据えている点にある。つまり、「ビジネスパーソンとしての人格形成」でも、「知識・スキルの修得」でもない、業績向上のための人材育成という明確な姿勢がここには見出せる。

さらに、この目的を実現するために、ワークプレイスラーニングでは、経済学、経営学、認知科学、心理学、教育学、教育工学といった教育・学習・人材育成に関連する諸科学からの英知を結集して取り組む必要性を強調している。これは、ワークプレイスラーニングという概念が、研修・セミナーといった〝フォーマル〟な教育プログラムだけでなく、現場において仕事に従事するなかでの〝インフォーマル〟な学習（実践知・経験知の獲得）をも念頭に置いていることを意味する。

つまり、業績に結びつく知的生産性向上を実現するために、ＯＦＦ‐ＪＴとＯＪＴ、さらには、現場組織における日常的な仕事の進め方や人事制度までも含めた、トータルな意味での効果的方法を探求する姿勢が、ワークプレイスラーニングには見出せる。これが第二のポイントである。

ワークプレイスラーニングを構成する諸科学のなかで、ビジネスパーソンになじみ深いものは、経済学や経営学、特に人的資源管理論（ＨＲＭ）だろう。この分野の諸理論は次の二つに貢献する。

①企業全体の経営戦略と人材育成について、マクロ的な視点から戦略を構築すること

②さらに、それらの戦略を実行していくための制度を構築すること

たとえば、幹部候補の選抜・育成戦略を構築する。各業務に必要な能力基準を社員に明示し、各社員が自分の能力・志向性に合わせた仕事を選択できるような仕組みを構築する。このようなマクロ的な戦略・制度構築のベースとなるものがＨＲＭの諸理論である。

一方、どんなに素晴らしい戦略や制度を構築しても、それだけで知的生産性の向上が達成されるわけでは

ない。現場レベルで、それらの戦略や制度をうまく運営・実行していくことが必要だ。現場における活動のなかで、部下の知的生産性を向上させるための的確なマネジメントを遂行するには、「人はどのように学習していくのか」「学習を促進・支援するにはどうしたらよいのか」「効果的なアドバイスの方法は何か」といったことに関する深い理解も不可欠となる。このような、ミクロなレベルでの方法論のベースとなっているのは、教育学・教育工学・学習科学・認知科学といった研究分野の知見である。

人間の学習や記憶、動機に関する心理学的理論、学習支援環境の構築や教授法に関する教育学的理論、これらはビジネスパーソンにとってなじみの薄いものかもしれない。しかし、戦略的HRMに基づく画期的な制度を構築したとしても、部下指導・育成の現場が、〝人づくり〟的な精神論や、自身の体験的な語りで溢れているようでは何も変わらない。「つくった仏に魂を入れる」ためには、教育学・教育工学・学習科学・認知科学の研究成果に裏づけられた育成・指導の方法を導入する必要がある。

本書の構成

本書では、ワークプレイスラーニングの視点から、ミクロレベルでの方法論のベースとなっている、心理学・認知科学・学習科学・教育学・教育工学の諸理論を紹介する。ここでは特に、これからの人材育成に必要となる八つのトピックを選び出し、マネジメントの現場に即した事例を挙げながら解説していく。

第1章～第3章では、心理学・認知科学・学習科学の成果を中心に、「人はどのように学んでいくのか」について理解するための理論やモデルを紹介する。第4章～第6章では、教育学・教育工学の成果を中心に、組織における学びを支援するために必要な方法論を取り上げる。具体的には、インストラクショナル・デザイン、学習環境デザイン、評価についての諸理論を紹介する。そして第7章ではキャリア開発論、第8章では人材育成における政治力学について、心理学・教育学・社会学・経営学の学際領域における研究成果をもとに考察する。

もちろん、ワークプレイスラーニングに関わる諸科学の研究成果は膨大であり、本書で紹介するのはその一部にすぎない。しかし、本書を読み終えた後、以下のことに気づくはずだ。

もはや、人材育成は「理論的な裏づけなしに、誰もが語れるもの」ではない。

＊＊＊

1 マスメディアや市井の人々によって繰り返される学校批判・教師批判もまったく同じ構造をもっている。教育を受けたことのない人は存在しない。時に「私の教育論」「私の経験論」は冷静な判断を狂わせる。

2 古川久敬（二〇〇二）「コンピテンシー：新しい能力指標」、ＪＭＡＭコンピテンシー研究会（編著）『コンピテンシーラーニング』日本能率協会マネジメントセンター、東京、一三頁より引用

3 高木晴夫（二〇〇四）「企業経営と人的資源マネジメント」、慶應義塾大学ビジネス・スクール（編）『人的資源マネジメント戦略』有斐閣、東京、八頁より引用

4 ワークプレイスラーニングの現状については、左記を参照。
中原淳・荒木淳子（二〇〇六）「ワークプレイスラーニング研究序説：企業人材育成を対象とした教育工学のための理論レビュー」、『教育システム情報学会誌』二三巻二号、八八〜一〇三頁

5 Rothwell W. J. and Sredl, H. J. (2000) Workplace learning and performance: present and future roles and competencies, vol.1, HRD Press, MA, p5.

第1章

学習のメカニズム

人はどこまで学べるのか

1 学び方にもいろいろある

❖本節のねらい
学習心理学の歴史を簡潔に振り返ります。

❖キーワード
学習心理学　行動主義　認知主義　状況主義

学習心理学とは何か？

「はい、ここがポイントとなります。アタマのなかに、しっかりと入れておいてくださいね」
「つべこべいわず、オレから言われたことをアタマのなかにたたき込んでおけばいいんだ！」

語調は違っていても、多くの人々は、会社でこれらに類する言葉を耳にしたことがあるはずだ。前者は、優しい女性研修講師から投げかけられる言葉として。そして、後者は厳しい男性上司の叱責に含まれる言葉として。

また一方では、こんな言葉も聞いたことがある。

「オマエは本当にアタマでっかちな奴だな！　学校で学んだ知識なんてすべて忘れろ。見よう見まねで、ワザを盗んでいたら、すぐにできるようになるんだから」

これらの言葉は、すべて「学習」という問題に関係していることである。しかし、そこで言われている内容は、まったく異なっている。

前者の言葉を発する人々にとって、人間のアタマは、「空のバケツ」といったような「容器」のようなものとして理解されていることがわかる。そして、その「容器」に知識を満たすのが「教師」ということになり、そうした試み自体が「教育」ということになる。[1]こうした人々にとって、学習とは、「オレから言われたこと」を「アタマのなかにたたき込むこと」を意味する。

しかし、後者の言葉を発する人々は、アタマのなかに蓄えられた学校で学んだ知識をあまり信じていない。仕事をするうちに、次第に何かができるようになっていくことが重要だと考えている。

世の中の多くの人々は、ここに述べたような強固な「**教育観**」「**学習観**」をもっている。教育観とは「教育に対する見方」、学習観とは「学習に対する見方や思い込み」を意味する。そして、人々のこのような学習観は、実は、学習に関する心理学の研究知見と無縁ではない。学習に関する心理学的研究は、わずか一〇〇年の歴史しかないが、それが人々にもたらしてきた影響は非常に大きい。[2]

本節では、その「短い歴史」を、さらに短くしてご紹介しよう。わずか一〇〇年の心理学の歴史において、学習に関する考え方は、大きく分けて「**行動主義**」「**認知主義**」「**状況主義**」という三つの考え方が存在してきた。

繰り返すことで学習効果が上がる〝行動主義〟

まず、二〇世紀の初頭、学習に対して最も古い考え方を提出したのは、「行動主義」という考え方であった。たとえば、今、あなたがいわゆるコンピュータを用いてＴＯＥＩＣの試験勉強をしているのだとする。コンピュータの画面には、リスニング問題、文法問題など、多種多様な問題がひっきりなしに表示される。あなたは、表示された問題の答えを瞬時に入力する。あなたが入力した答えに対し、コンピュータはすぐに正誤を表示する。

答えがあっているときには、画面上に「萌え系少女」が表示され、あなたを「ほめて」くれる。間違っているときには、先ほどの「萌え系少女」が丁寧に解説をしてくれる。問題の難易度は次第に、上がっていく。取り組み始めたばかりの頃は、ほとんど間違っていたものの、何度も何度も繰り返すことによって、あなたの正答率は次第に上がっていく。これがまさに「行動主義」の学習である。

ここで、あなたの前に提示された問題は「**刺激**」とよばれる。そして、あなたが出した答えは「**反応**」という。成功したときに与えられる「美少女からの言葉かけ」は「**強化**」とよばれる。反応が正しかったのか間違っていたのかに関する情報は、すぐに与えられなければならない。これを「**即時フィードバックの原理**」とよぶ。難易度が次第に上がっていくことを「**スモールステップの原理**」とよぶ。

簡単なものから難しい問題へ、問題はスモールステップで構成されていなければならない。回答が出たら、即時に「フィードバック＝**結果の知識（Knowledge of Result：ＫＲ情報という）**」を返すことで、「刺激と反応の組み合わせ」がアタマの中に構成される。人間の有能さは、すべて「アタマ」のなかにある。こう考えるのが行動主義である。

こうした考え方を提示した代表人物としてよく知られているのが、ハーバード大学で教鞭をとっていた**スキナー**であった。スキナーは、この原理を応用した学習を「**プログラム学習**」とよび、それを行う手段である「**ティーチングマシン**」を開発した。先ほど、あなたが利用したコンピュータでTOEICの学習ができるソフトウェアは、「ティーチングマシンの一種」と考えることができる。

スキナーがプログラム学習の原理やティーチングマシンを開発していたのは一九五〇年代。しかし、これは今でも教育現場で、なお使われている。たとえば、学校現場で用いられるマルチメディア型のドリル教材。企業内教育で用いられるeラーニング教材。これらの教材は、見かけは派手になったりしているものの、その根本はティーチングマシンと変わらない。行動主義は古くて新しく、新しく見えるわりにはルーツは古いのである。

人間をコンピュータになぞらえる〝認知主義〟

一九六〇年代になると行動主義とは少し異なる学習観「認知主義」が生まれた。

認知主義は、人間をいわゆるコンピュータにたとえて理論を構築していった。コンピュータは、大別すると、

①情報を入力するマウスやキーボード
②処理の前に一時的にデータをためるメモリ
③計算をつかさどるCPU（中央演算装置）

④長期にデータをためておくハードディスク
⑤情報を出力するディスプレイ

から構成されている。

認知主義の研究者は、コンピュータの各パーツを人間のアタマの各部分にあてはめて考え、人間の知的な振る舞いを「コンピュータの動作＝コンピュータ内部で行われる情報処理のプロセス」になぞらえて考えたのである。

たとえば人間が情報を入手する際には、目などの感覚器から情報を入れておかなければならない。これはコンピュータでいえば①にあたる。そして、ここから入った情報は、数秒間だけ情報を蓄えることのできる「**短期記憶**（**作業記憶：ワーキングメモリともいう**）」に蓄えられ、アタマのなかで処理される（これが②や③にあたる）。処理された情報は、⑤に出力されるか、必要ならば、長時間覚えておくことのできる④の「**長期記憶**」に蓄える必要がある。

④の長期記憶に情報を蓄えておくためには、それなりの手続きが必要になる。情報を何度も繰り返し唱えたりすること（**リハーサル**）や、意味の似ているものをまとめて憶えたり（**体制化**）することが重要だ。こうした情報処理を短期記憶のなかで行うことによって、そこにあった情報が長期記憶に保存されるようになる。[3]そしていったん長期記憶に保存された情報は、きわめて長い間保持される。

このように人間を「情報処理の機械」になぞらえて、記憶や思考に関する基礎的な実験室実験を繰り返し行うと、人間の知的な振る舞いが、だんだんと説明できるようになってきた。行動主義の時代には決してアプローチすることのできなかった、アタマのなかの情報のやりとりを推測し、モデル化することができるようになったのである。このように認知主義とは、行動主義とは対照的に、行動主義がブラックボックスとしてきた人間の知的振る舞いの詳細、つまり、人間のアタマの中を明らかにすることに注力した。

人間のアタマは、情報を蓄えるだけの「空のバケツ」なんかじゃない。さまざまな部分が連携しあって、自ら情報を加工し、構成していく主体である（**構成主義**）。そうした強い主張が、認知主義の理論的後影をなしている。

環境との相互作用で考える〝状況主義〟

「ある一定の刺激と反応の組み合わせ」に注目したのが行動主義、アタマのなかの情報処理に注目したのが認知主義であることを述べてきた。両者は一見異なっているようにも見えるが、決定的な共通点がある。それは「人間の知的有能さがアタマのなかに存在している」と仮定することである。

これに対してまったく異なった角度から学習を捉えようとする動きが、一九八〇年代に広まってきた。これが状況主義（**状況的学習論**）である。[4] 状況主義は、アタマのなかの知識獲得には焦点を当てない。むしろ、人間が、知的に振る舞うためには、実際の環境のなかでどのように振る舞い、どういう相互作用を営むか、といったところに焦点を当てる。

人は何か知的なことを行うときに、アタマのなかの知識だけを使って、自己完結的にそれを行うのではない。むしろ、人と協調したり、道具を使ったりすることで、知的作業を遂行する。状況主義にとって、学習とは、「知的作業」を遂行するときに、人間が他者と協調したり、道具を用いられるようになったりすることにある。人間が賢くなっていくとき、他者や道具とどのような関係を結んでいるか。状況主義は、そこに研究のフォーカスを当てる。

たとえば、あなたが、今、ある営業の現場に配属されたばかりの新入社員だとする。新入社員であるあなたには、一人の上司がつきOJTが実施される。あなたは上司と一緒に、得意先回りを開始する。最初のうちは、名刺を渡し、営業資料のぎっしり詰め込まれた上司のカバンをもつことだけが仕事であった。失敗しても、さほど問題のない仕事である。しかし、そのうちに上司から声をかけられる。

「オマエ、ちょっと営業資料をつくってみないか」

「はい、やらせてください」

あなたは喜び勇んで答える。とはいえ、コンピュータは得意な方ではない。操作のわからないところは、先輩の助けを得ながら、表計算ソフトやデータベース、パワーポイントを駆使して、営業資料をつくることができるようになる。どのように資料をつくれば、顧客の前でスムーズに説明ができるのか、上司の話し方や身のこなしに注意をかたむけ、試行錯誤を重ねることになる。しばらくすると、上司が、あなたに、また声をかける。

「オマエ、今日のクライアントへの説明の一部をやってみないか」

あなたは喜びに満ちた声で答える。

「はい、やらせてください」

最初のうちはなかなかうまくいかない。相手先の企業にいく前に、何度も何度もマニュアルで確認して、セールストークを見直す。しかし、どうしてもうまくいかないことも多い。顧客との話のなかでつまづくと、上司が、「あいの手」を入れたり、「助け船」を出してくれる。しかし、何度も何度も繰り返し、繰り返し、そういう経験をつむうちに、あなたは、だんだんと、つまづかないで、話すことができるようになっていく。気づけばマニュアルを読むことも少なくなった。

半年を超えるようになると、上司はこう言い出した。

「オレは今日は忙しいから、オマエ一人で行ってこい」

そして、一年を過ぎる頃、あなたのまわりには気づけば上司はもういない。いつの日か、知らず知らずのうちに一人で資料をつくり、一人で営業にでかけ、上司に報告をするようになっている。営業マンとしてようやく一人前になれた！

この場合、「営業マンとして一人前になれること」は、あなたのアタマのなかにある知識だけで達成できたことではないことが重要だ。あなたの話に反応を返してくれる顧客の存在、必要なときに必要な助け船をだしてくれた上司の存在、コンピュータを教えてくれた先輩の存在。あなたが、賢くなっていくプロセスには、さまざまな人々の助けと道具の助けがある。そういう外部の状況と本人の関係が変容していくことが、状況主義にとっての「学習」に他ならない。

結局、どれが一番なのか？

以上、学習に対する三つの異なる考え方を見てきた。学習とは、一般によく理解されているように、「空のバケツ」に知識をそのまま注ぎ込むことではない。獲得した知識を自分なりに組み替えたりすること、他者と相互作用したり、助けられながら知的作業を達成できるようになること、これらすべてが「学習」という複雑な現象である。

最後に誤解を避けるために言っておくが、「行動主義」「認知主義」「状況主義」は、どれが一番エライとか、どれが優れているとか、という問題ではない。行動主義よりは認知主義、認知主義よりは状況主義のほうが、時代が新しいため、どうしても、後者が前者をすべて否定していると考えられがちだが、それは間違っている。

学習とは複雑な現象である。どの見方から見た学習も、やはり学習の一側面を論じている。複雑な現象であるがゆえに、いろいろな見方ができるのである。そして、その見方に応じて、わたしたちに独自の洞察を与えてくれる。

折衷主義（eclecticism）を恥じてはいけない。

＊＊＊

1 Sfard, A.(1998) On two metaphor for learning and dangers of choosing just one. Educational Researcher Vol. 27 No. 2 pp4 - 13

2 学習心理学について体系的に学びたいときには、左記の書籍がおすすめである。
ジョン・ブランスフォード、アン・ブラウン、ロドニー・クッキング（著）／森敏昭・秋田喜代美（監訳）（二〇〇二）『授業を変える——認知心理学のさらなる挑戦』北大路書房、京都
今井むつみ・野島久雄（二〇〇三）『人が学ぶということ——認知学習論からの視点』北樹出版、東京
大島純、野島久雄、波多野誼余夫（二〇〇六）『新訂　教授・学習過程論——学習科学の展開』放送大学教育振興会、東京

3 Atkinson, R. C.& Shiffrin, R. M.(1971) The control of short-term memory. Scientific American. Vol.225, pp82-90

4 状況認知アプローチ、状況的認知アプローチともいう。

2 講義は忘れ去られる運命にある!?

❖本節のねらい
人間の記憶に関する理解を深めます。

❖キーワード
短期記憶、長期記憶、精緻化、先行オーガナイザー

これ以上、覚えられない!

ある保険会社の昼下がり、研修室でのひとコマ。新入社員たちが保険知識に関する講義を受けている。

「はい、そろそろ今日の講義を始めます。先週の講義は、損害保険の基礎知識についてでした。講義でやったんですから、皆さん、覚えていらっしゃいますよね。今週は、医療保険制度について扱っていきたいと思います……覚えなきゃならないことはたくさんありますから、よく聞いてくださいね」

今日も研修講師担当のAさんは、目の前の生徒たちにそう告げる。そして、いつものように、いつもの調子で研修が始まった。

バブル崩壊、そして金融ビックバン、そして折からの規制緩和……かつて、損保保険、生命保険、証券、投資といった具合に分かれていた業界が、ここ一〇年でにわかに再編された。一つの会社でカバーする金融商品の数は膨大になり、生命保険から投資信託まで、総合的な金融サービスを提供する企業も多くなってきた。

業務範囲の拡大は、そこに働く社員の扱う知識が増大することを意味する。このようななか、会社の提供する研修カリキュラムの数は飛躍的に増大してきた。

保険営業を行うためには、商品知識、業界の知識などをまずは覚えなければならない。対人コミュニケーションスキルやプレゼンテーション技能が重要なことは言うまでもないが、お客さんに勧めるべき商品のことを自分が知らなければ、どうして、効果的な営業を行うことができよう。

最近のお客さんは、メリットだけでなくデメリットも知りたがる。商品に関連する情報を隠されることをもっとも嫌がる。そういう意味でいえば、保険営業は商品に関してどんな問いを投げかけられても答えることができなければならない。

しかし、ここに問題がある。

ひと言で言えば増大する知識にアタマがついていかない。膨大で、かつ、常にアップデートされていく知識を、記憶することが難しくなっている。

保険知識というのは、会社が定めたルールのかたまりである。「もしあなたが、こういう条件で、こういう状態になった場合に、○○円が支給されます」というルールが集積されて、一つの商品を構成している。ルール自体は、物語のように起承転結があるわけでもないし、オチがあるわけでもない。会社のどこかで決められた、いわば脈絡のない知識の集積である。そして、脈絡のない知識を覚えさせられるほど、人間にとってツライことはない。

授業をしていて、そううつろな受講生たちの目を見ていて、Aさんはいつも思う。

「何とかして、受講生たちに知識を効率よく覚えさせる方法はないものか?」

講義はすべて忘れ去られる!

知識の効率よい記憶方法……。人間は有史以来、この方法を求め、そして日々模索し続けてきた。人間の記憶について、学習の心理学は左記のように答える。

まず、第一に私たちが肝に銘じておくべきなのは、「人間がいかに忘れやすい存在であるか」ということである。これに関しては、エビングハウスという心理学者の古典的な研究がよく知られている。彼は、被験者に「無意味な綴り」をひたすら覚えさせ、その後、その綴りを再生させる実験を行った。

その結果は、戦慄すべきものだった。私たち人間は聞いたそばから「忘れていく」という、誠に悲しい習性が明らかになった。二〇分後には五八%、一時間後には四四%、一日後には三四%、一カ月後には二一%しか、人間は記憶を保持できない。

今、仮にあなたが何かを聞いたとする。その数分後には、聞いたことの六〇%は忘れている!

本節の冒頭でAさんはこう述べている。

「講義でやったんですから、皆さん、覚えていらっしゃいますよね」

しかし、この認識はかなり危ない。「昨日、教えたことはかなりの部分は忘れ去られてしまっている」と考えなければならない。

一般に、講義というものは、大量な知識を伝達できる教育手法だと思っている人が多い。しかし、実際は、講義では、知識を伝達することはできない。

学習科学の研究にこんな知見がある。

ある講義を受講した五カ月後に、生徒を呼び出し、「あの講義では、どんなことを学びましたか」と問いかける。すると、授業で扱った内容のうち、事実や主題などに関しては平均で二・一%しか思い出すことができない。講義のなかで扱ったキーワードだけであっても、平均で二九・一%しか思い出すことができない。[1]

講義という形式では、よくてキーワードくらいしか頭に残ることはない、ということである。この数字を高いと見るか、低いと見るかは議論が分かれるところであろう。しかし、講義の事実や主題がわからなければ、とても学んだ、とは言い難い。

一般に、人間は、提示されただけの情報を蓄積することは難しい。講義で扱った内容の多くは、忘れ去られる運命にあるのだ![2]

記憶を高める方法

それでは、どのように人間の記憶を高めればよいのか。それを明らかにするまえに、人間の記憶のメカニズムを知る必要がある。第1章の1で学んだ通り、認知主義の心理学は、人間の頭のなかの情報処理がいかに進行しているか、についてモデルを提唱した。

図表1　人間の記憶のメカニズム[3]

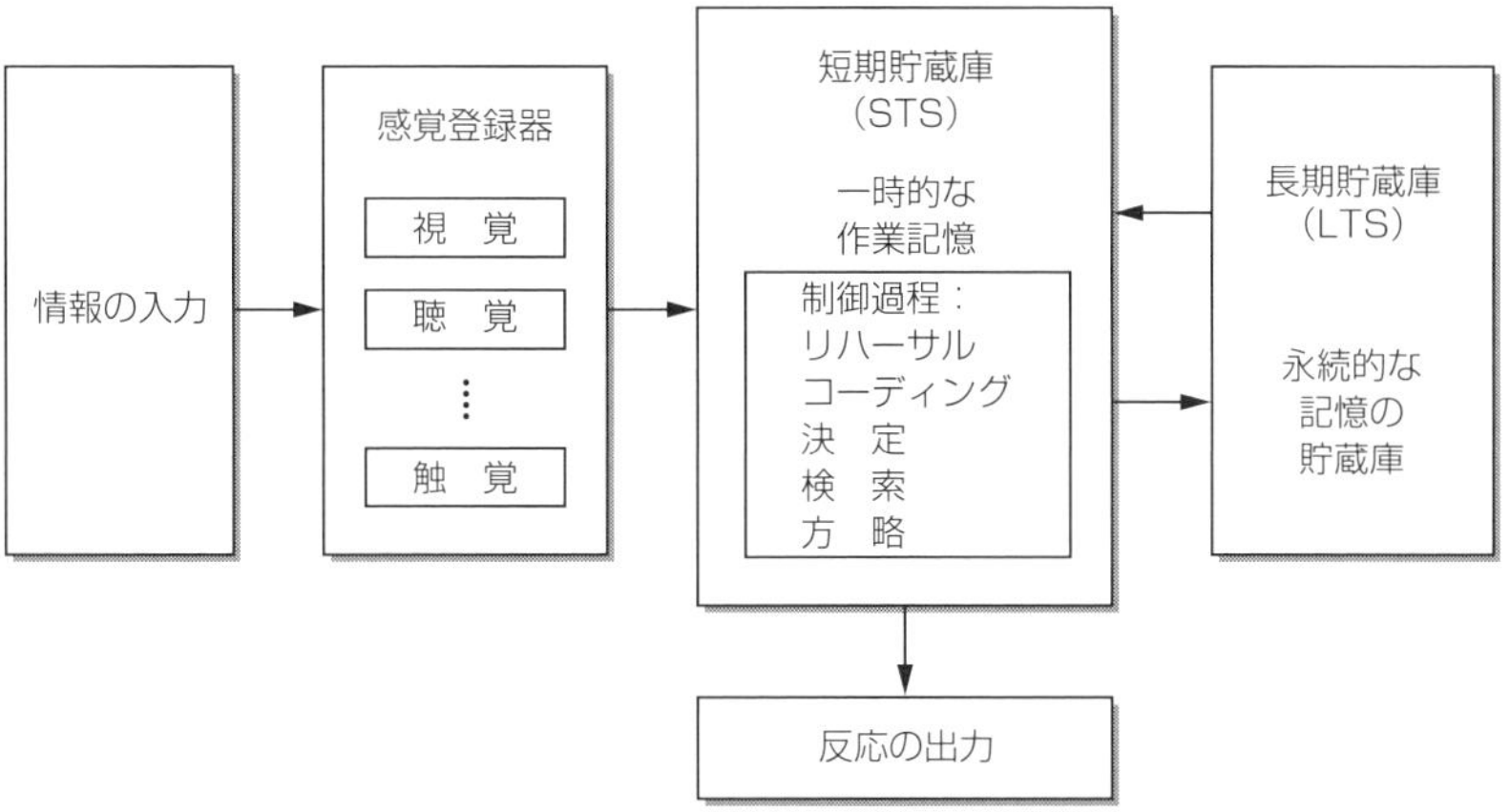

一般に、人間の頭のなかの情報処理は三つのシステムが連携して達成されていると言われている。いわゆる「**感覚登録器**」「**短期記憶**」「**長期記憶**」の三つである。

感覚登録器とは、すべての情報の入り口である。いわゆる、視覚、聴覚、触覚などの五感がここに位置する。これらの器官から入力された情報のなかで、「注意」が向けられたものは「短期記憶」というところに送られる（短期記憶は、のちに作業記憶とよばれるようになる）。

一般に、短期記憶は数秒程度しか情報を保持できない。ピーターソンの実験によれば、その期間は一五秒であると言われている。[4] 短期記憶の容量を示した古典的な研究にミラーの行った実験がある。ミラーらは、人間が一度に記憶できるのは、「**7±2チャンク**」であることを明らかにした。[5]

チャンクとは「情報の固まり」を指す。今、仮に「aukddidocomonhk」という一二文字の文字列を記憶しなければならないとする。これをそのまま一文字ずつ覚えていけば、一二文字であるので、おそらく記憶することはかなり困難をともなうはずである。もし仮にできたとしても、数秒の遅延をおいてみて、再度チャレンジしてみてほしい。さっきはできたものが、思い出せなくなってしまうことがある。

しかし、たとえ多くの情報があっても、それを「ひとかたまりの情報」としてまとめることができれば、記憶の容量は飛躍的に向上する。たとえば、先ほどの文字列「aukddidocomonhk」という文字列を、「AU-KDDI-DOCOMO-NHK」と覚えるとより覚えやすくなるだろう。一見無意味に見えた文字列も、意味のある単語にすればあっという間に覚えることができる。

もし、それ以上に情報を保持するためには、どうすればよいか。そのためには、短期記憶にある情報を長期記憶に移行する必要がある。それには、「精緻化のためのリハーサル」などの作業が必要になる。「**精緻化**」とは、記憶を行う際に、付加的な情報をつけることをいう。これには、**有意味化**、**イメージ化**、**物語化**などがある。

有意味化とは、「ルート5＝2・2360679」を「富士山麓にオウムなく」と覚えるようなことをいう。一見なんの意味もない文字列が有意味に変わるとき（処理水準が上がるという）、人間の記憶は飛躍的に高まる。

イメージ化、物語化というのは、「コーラ・スケートボード・ストリート・ジョン・レノン」を覚えるときに、「コーラを片手に、スケートボードに乗って、ストリートを失踪するジョン・レノン!?」というイメージや物語をつくることをいう。この程度の単語数ならば、イメージ化や物語化を行わずとも困難はないかもしれないが、それが長くなった場合には、威力を発揮する。

また、これらに加えて、学習者がこれから覚えようとするものの、全体像（枠組み）をあらかじめ把握しているかどうかも、その後の記憶にとって非常に大きな役割を果たす。たとえば、授業の上手な先生のなかには、授業の冒頭で「今日の授業は○○と○○の話をします。本当に考えてほしいことは○○です。そして、結論は○○です」という具合に、授業全体のまとめから授業を始める人がいる。

こうした全体像を学習者があらかじめ把握していれば、その後に続く内容は、より意味のあるものとして記憶される可能性が高くなる。これから記憶しようとするものの全体像（枠組み）のことを「**先行オーガナイザー**」という。先行オーガナイザーは、学習者がすでにもっている知識と新たに学んだ知識とを統合する知識枠組みとして機能する。

一般に人間は、提示された情報を、自分で関連づけたり、操作したほうが記憶は促進される。また、覚えるべき文字列は無意味なものより、意味あるものを覚えることに人間は長けている。そして、全体像をあらかじめ把握できたほうが、後続する学習は容易になる。

本節で紹介したこれらの手法は、非常にプリミティブなものである。が、たとえプリミティブな方法だとしても、少しアタマの隅に覚えておけば、講義で何かを語るときに、ほんのすこしの工夫を行うことができる。

効果的な学習を誘発するためには、そうした「少しの工夫」の積み重ねが重要である。

＊＊＊

1 Miyake, N., Shirouzu, H., & Chukyo Learning Science Group. (2005, July). *The dynamic jigsaw: repeated explanation support for collaborative learning of cognitive science. Paper* presented at the meeting of the 27th annual meeting of the Cognitive Science Society, Stresa, Italy.

2　筆者の尊敬する学習科学者三宅なほみ氏が、二〇〇三年に筆者が主催した自主研究会でおっしゃった言葉である。

3　高野陽太郎（編）（一九九五）『認知心理学２　記憶』東京大学出版会、東京、一五頁より引用

4　Peterson, L. R. & Peterson, M. J.(1959) Short-term retention of indivisual verbal items. Journal o fexperimental psychology Vol.58 pp193-198

5　Miller, G. A. (1956) The magical numner seven plus or minus two : Some limits on our capacity or processing information. Psychological review Vol63 pp81-97

3 協調学習は仲良しゲームじゃない⁉

❖本節のねらい
協調学習の定義、効果について学びます。
❖キーワード
協調学習、問題解決、相互教授、ジグソーメソッド、CSCL

研修は仲良しゲーム？

某大手電機メーカーで管理職の人材育成を統轄しているCさん。今日から来年部長職に昇進する人たち向けの二週間の階層研修が始まる。階層研修というと、これまでは「部下の効果的な使い方」などの一般的な教育内容が多かった。しかし、最近では、財務や新規事業の開拓など、より専門的な内容を研修で扱うことにしている。

研修は、いわゆる一斉講義式の座学ではない。かつては、そのような形態で学習させる講師が多かったけれど、最近はグループディスカッションや、グループでのロールプレイングを含めた非常にインタラクティブな研修になっている。こうした一連の工夫は、Cさんが外資系企業からこの企業に転職してきてから行うようになった。新しい形で学習を進めたほうが、研修参加者の満足度が高いことがわかっていた。しばらくこれを続けようと思っている。

しかし、今年から管理職になる人には、アタマの固い人もいて、Cさんの新たな試みに対して抵抗を示す人もいる。たとえば、先日も、研修参加者であるエンジニア部門のA課長から、こんなことを言われた。

「だいたい、時間の無駄なんですよ。みんなでぺちゃくちゃおしゃべりしたり、役割ゲームして、何が勉強になるんですか。勉強ってのはですね、一人で個人でやるものなんです。しっかり話を聴いて、アタマのなかに詰め込んでいくのが勉強でしょう。だから結局、評価は個人に還元されてしまうわけじゃないんですか。仲良しゲームをしてたって仕方がないんですよ。赤信号みんなで渡れば怖くないっていうネタが昔流行しましたけど、みんなで渡る必要なんてないんですよ。こういう研修しかやらないんだったら、私は本当に忙しいんです……できれば仕事に戻りたいなぁ」

Cさんの勤める会社は、国内大手の電機メーカー。そこに集まってきた人も、一流大学の卒業生たちである。厳しい受験戦争を勝ち抜いた先には、また激烈な社内出世競争。その結果、ここまで至った人が多いことを考えると、こうした反応も仕方がないのかな、とCさんは思う。ただ、Cさんにしても、決して、「仲良しゲーム」や「赤信号みんなで渡れば」と思って、こうした学習形態をとっているわけではない。複数の学習者が集まって、コミュニケーションをとりながら学ぶ学習を、「協調学習」という。そして、その学習には、「一人で学ぶとき」には得られないメリットがあるから、それを選択しているのである。

協調学習の効果

協調学習の効果については、これまでさまざまな研究が行われてきた。たとえば、そのなかでも代表的な研究者であるロシュエルによれば、「協調学習の効果は、学習者同士の相互作用を通して、全員の理解が収束に向かうことに見出せる」のだという。[1]

たとえば、今、三人の人間がグループディスカッションに取り組むのだとする。その場合、話し合いを始めた当初は、三人が三人それぞれ違った意見をもっているかもしれない。しかし、三人が少しずつ話していくなかで、だんだんと一つの意見に集約され、理解が統一されていくということはよく起こる。そうして生まれた考えは、一人で考えたときには、決して到達できなかったことかもしれない。

これとは真っ向から対立する研究に認知科学者三宅なほみ氏の研究がある。[2] ロシュエルらが提出した理論が、どちらかというと、予定調和的に「知識が統合されること」を想定していたのに対して、三宅は「複数の学習者が学んでも理解は、なかなか統合されない。それだからこそ、各人がより深く学べる可能性があるのだ」という持論を提出した。

三宅は、「ミシンはどのように布を縫うことができるのか」という複雑な課題を複数の学習者に与え、協力して課題の解決に当たらせた。そのプロセスの分析によれば、①協調的な学習場面では、直接課題解決を担当する「課題解決者（task doer）」と、課題解決者の解決過程をモニタリングする「モニター（monitor）」への役割分化が自ずと発生すること、②学習者はそれぞれ役割に従った視点から思考を行っており、その結果、それぞれが個別の理解に到達すること、③このような状況においては、自己の理解を他者に対して説明する相互作用が自然と生まれ、その機会によって相互の学習者は相手が異なった理解をしていることに気づくこと、④学習者間の理解の不一致は、相互の理解をより高次なものに引き上げる可能性を有していること、がわかった。

たとえば、先ほどのCさんの事例で言うならば、グループディスカッションをすると、各研修参加者が、ある者は「ツッコミ役」、ある者は「試行役」というふうに、自然と役割分化が起こる可能性がある。そうした場合に、決して一人では達成できない理解に到達できるのである。

教えあい、学びあうための協調

このように協調学習のメリットに関してはさまざまな学習研究者が理論を提出している。いまだ、どの理論が正しいかは決着を見ていないが、これらを教育の方法に利用しようとする人たちもいる。たとえば、パリンクサー&ブラウンらによって提唱された**相互教授**(reciprocal teaching)とよばれる学習法がある。[3]

相互教授とは、ある文章課題について学習者が交互に先生と生徒役になり、要約したり、質問したり、不明瞭な部分を明確にするよう促したり、予測したりするなどの役割を受けもち、その役割のもとに交互に対話を繰り返し、理解を相互に促進させることを目的とした学習法である。「する側」と「される側」が常に交互に入れ替わり、学習者全員が理解増進のために相互に貢献することが求められる。

この学習法は、役割を用いて交互に議論を行うという明確なルールに基づいて学習が進行するため、学習者たちが互いの思考過程をモニタリングしあい、相互にフィードバックを行うことが可能になる。

もし学習者がエキスパートのレベルに達していなくても、相互教授の手続きに従うかぎり、学習者は何らかの反応をせざるを得ない。この結果、学習者たちは相互のコンピテンスを評価する機会を得ることができ、それに対し適切なフィードバックを得ることができる。この教授法の効果は実験室の統制状況のみならず、一般の教室や標準的な理解達成度テストにおいても効果が認められている。

相互教授にくわえ、アロンソンらの提唱した**ジグソーメソッド**（**jigsaw method**）もよく用いられる方法である。[4]

これは、各学習者がまったく異なる領域の知識をそれぞれに学び、それを互いに教えあい、統合するという学習方法である。ある領域については知っていても、ほかの領域については知らない。そうすると、そもそも理解レベルには差ができている。また、ある領域を知っているものは、ほかの領域の知識をほかの人から説明された際に、何らかの新鮮なコメントを行える可能性がある。よって、相互に理解を促進することができるのである。

バーチャルな協調学習〝CSCL〟

電子掲示板やブログといった電子メディア上で、バーチャルにこうした協調学習を行う試みも始まっている。それを「**コンピュータを活用した協調学習：Computer Supported Collaborative Learning**（**CSCL**）」とよぶ。

CSCLでは、複数の学習者が、メッセージのやりとりやエントリーの執筆、コメントなどを通じて、協同的に知識をつくっていくことが目指される。

たとえば次ページ上図は筆者が開発したCSCL「rTable（round table：アールテーブル）」である。rTable

資料1　rTableの例

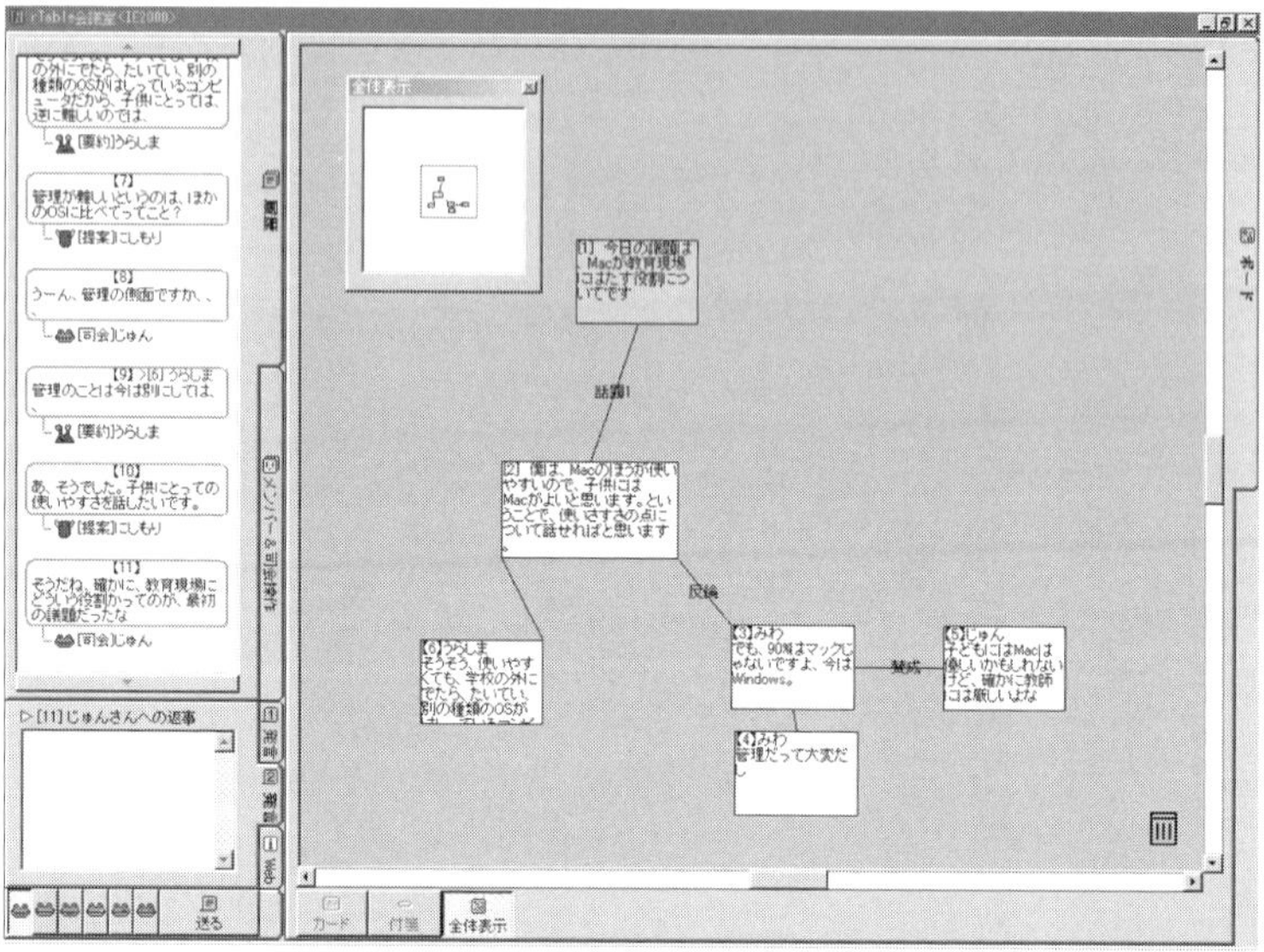

は、いわゆる協調学習用に開発されたチャット・ソフトウェアである。このソフトウェアは、先の「相互教授」をオンラインで行うことができる。

学習者はそれぞれの場所から、rTableにログインする。そうすると、「司会役」「要約役」「質問役」などのいくつかの役割が、システムからそれぞれの学習者に付与され、その役割に従って、ある問題をいっしょに考える。しばらく会話を行って、話が煮詰まってくると、新たな役割が付与される。こうしたセッションを何度か繰り返すことで、より建設的に協同で問題解決ができるようになると言われている。[5]

rTableを利用したことのある会社の人からは、「ディスカッションやブレインストーミングをしていると、絶対に意見を言わない人がいる。でも、たとえぶつかりあうような意見がアタマの中にあっても、口にしなければゼロなのだ。rTableを使うと、意見のぶつかりがどんどん生まれ、それがもとでブレークスルーが起きるのでよい」という感想を個人的にもらったことがある。

本節ではＣＳＣＬのツールとしてrTableを紹介した。もちろん、この他さまざまなＣＳＣＬが、現在でも、世界中で開発されている。しかし、こうした特殊なソフトウェアが開発される一方で、ＣＳＣＬはわれわれの日常生活に、少しずつ、浸透しているとも言える。

ＣＳＣＬ研究が始まったのは、一九九〇年代前半。その頃は、ネットワーク上で会話を行いながら学ぶという学習の形態自体が珍しく、非常に注目された。しかし、多くの家庭が常設のブロードバンド・ネットワークに接続し、人々が、ネットで問題解決を行うことが常態化してきている。

たとえＣＳＣＬという言葉を使っていなくても、たとえ学んでいるものが、いわゆる学校教育の「教科」でなかったとしても、世にある電子掲示板、質問&回答Ｗｅｂサイト、ブログなどで、人々は学んでいる。特に最近は、Ｗｅｂ２・０[6]という概念が登場し、多くの人々が知識や情報をもち寄ることで構成される参加型のＷｅｂサイトも増えてきている。それらの多くは「教育」とか「学習」を標榜していない。しかし、そこで行われていることは、協同的な問題解決そのものであることも少なくない。

＊＊＊

多くの人々は、協調学習という専門用語は知らないかもしれない。

しかし、人々は、「協調学習をアタリマエのように行う世の中」を生きている。

1 Rochelle, J(1992) Learning by collaborating : convergent conceptual change. The journal of learning science. Vol2 pp235-276

2 Miyake, N.(1986) Constructive interaction and the iterative process of understanding Cognitive Science Vol.10 pp151-177

3 Palicsar, A. S. & Brown, A. L.(1984)　Reciprocal teaching of comprehension fostering and monitoring activities.　Cognition & Instruction Vol.1 pp117-175

4 Aronson, E. & Patnoe, S.(1997) The jigsaw classroom : Building cooperation in the classroom (2nd Edition) Addison-Wesley, NY

5 西森年寿、中原淳、杉本圭優、浦島憲明、荒地美和、永岡慶三（二〇〇二）「遠隔教育における役割を導入した討論を支援するＣＳＣＬの開発と評価」『日本教育工学雑誌』二五巻二号、一〇三～一一三頁

6 O'reilly, T.(2005) What is web2.0 : Desining patterns and bussiness models for the next generation of software. http://www.oreillynet.com/lpt/a/6228

4 オトナの学び方

❖本節のねらい
成人教育論の基礎的な知見について学びます。

❖キーワード
アンドラゴジー、P-MARGE

学ぶことが下手なオトナ

「もっと、うちの子みたいに、素直に学んでくれるといいんだけどなぁ……」

某自動車会社でリーダーシッププログラムの開発を行っているDさんは、将来の幹部候補生たちを見ていて、いつもそう思う。Dさんには四歳になる一人娘がいる。家に帰ることができるのは、いつも一一時を超えるから、彼女には毎日会えるわけではない。しかし、週末に一緒に遊んでいると娘は、その一週間に学んだことを惜しげもなく披露してくれる。また、彼女と過ごす数時間の間にも、彼女は学んでいる。自分がしゃべったことを、最初はオウム返しで話しながら自分の言葉にしていく。親としては、その瞬間がとてもウレシイ。

それに比べて、日々、彼が仕事で出会っている大人たちは、どことなくぎこちない。「学べない」わけではない。たしかに彼らも学んではいるのだが、どことなく子どもとは違うような気がする。大人は子どもほど素直ではないのだ。

たとえば、リーダーシッププログラムのなかで、マーケティングの基礎理論について学ぶ演習授業が数回ある。幹部候補生たちは、一応はそのプログラムにつきあってくれているが、実際はあまり熱心に取り組んでいない人も多い。なかにはDさんに向かって、「オレは営業一筋二〇年間やってきたんだ。今さら、こんな理論につきあってられるか」「この理論は、僕の経験からすると、意味ないね。学ぶ価値があるのかな」と言ってくる人もいる。そんなとき、Dさんはいつも思う。

「なぜオトナは子どもみたいに学べないんだろう？　オトナの学習の特徴ってなんだろう」

オトナのための教育学〝アンドラゴジー〟

オトナの行う学習に対する研究は、実は、それほど多いわけではない。教育学の主たる研究領域は、乳児から大学生までである。社会に出たオトナは、あまり研究対象とは見なされず、少なくとも教育研究のメインストリームで扱われることは多くなかった。

ただし、まったく研究がないわけではない。その分野は、「**成人教育論**」という研究領域として知見がまとめられている。その祖と言われるマルカム・ノールズは、大人の学習と子どもの学習を区別した。「子どもを教えるための科学と技術」を「Pedagogy（ペダゴジー）」、「成人の学習を援助する技術と科学」を「**Andragogy**

（アンドラゴジー）」と定めたのである。[1]

それではオトナの学習とは何か。それを心にとどめておくのには非常に有益な用語がある。これからは、これを「P・MARGE」と覚えよう。

P・MARGEとは左記の通りである。

P…Learners are Practical.（大人の学習者は実利的である）
M…Learner needs Motivation.（大人の学習者は動機を必要とする）
A…Learners are Autonomous.（大人の学習者は自律的である）
R…Learner needs Relevancy.（大人の学習者はレリーヴァンスを必要とする）
G…Learners are Goal-oriented.（大人の学習者は目的志向性が高い）
E…Learner has life Experience.（大人の学習者には豊富な人生経験がある）

オトナはどのようなときに学ぶか？

まず、子どもと異なりオトナの学習者は実利的である（Learners are Practical）。現実の生活の課題を解決する学習を必要だと感じたとき、オトナは重い腰をあげる。

これに対して学ぶべき内容に関連性が見出せないとき、彼らは学ぼうとしない（Learner needs Relevancy）。関連性を見出すのは、彼らが会社で働く社会人である場合、仕事で生じた問題を解決したいと願うときであったり、自分に与えられた役割を全うしようと思うときであったりすることが多い。このようなときにはじめてオトナは**学習のレディネス（学習の準備状態）**を獲得する。

このようにオトナの学習には確固たる動機が必要なのである（Learner needs Motivation）。学ぶ目的、そして動機がはっきりわからないと、社会人はコストを払ってまで学ぼうとはしないことに注意すべきである。そして、その動機は、多くの場合、自尊心や自己実現などの高次な欲求に密接にからみあっていることが多い。

オトナはどのように学ぶか？

しかし、オトナはいったん腰をあげると、子どもとは異なった形で学習に取り組み始める。

第一に大人は多くの場合で、子どもよりは自律的なのである（Learners are Autonomous）。多くの子どもの学習が、「何を、いつ、どのように学ぶか」を教師に決められ、その学習が教師に依存的であるのに対して、彼らは自分で学ぶための道具や手法を探求しようとする。つまり、オトナの学習は自発的で、かつ自己決定的な性格をもっている。そして、それを支援するものは、そうした成人の欲求にそうような形で、カリキュラムを組み立てたり、支援を行ったりする必要がある。

第二に、オトナの学習は「経験」が中心になることも重要な事実である（Learner has life Experience）。子どもは、あまり経験を有していないが、オトナは長い時間を生きているので、豊富な経験を有している。そして、この経験にオトナは非常に価値を置く。

このことは二つの可能性を有している。よい可能性としては、彼らの経験は、非常に大きな学習資源になりうるということである。たとえば、自分の経験と新たに学んだ理論をうまく統合させ、よりよい理解に達するといったことができる。

しかし、可能性は常に悪い方向にも開かれている。冒頭の事例で紹介したように、経験にあまりに価値をおきすぎるがゆえに、「オレは営業一筋二〇年間やってきたんだ。今さら、こんな理論につきあってられるか」といったような不遜な態度にとったり、学習のレディネスを確保できないことがままあるから注意が必要である。

話は変わるが、かつて筆者が学生だった頃、ある大学院に入学した社会人が、「大学で学ぶ理論は所詮理論。世の中で自分が経験したことが自分の学習のすべて」と言い切り、ある大学教員と口論になっているのを目撃したことがある。

その大学教員は、「あなたのそういう認識は理解できるが、そういう態度で臨む以上、あなたはそれ以上ここで学ぶことはできない。よってここにいるべきではなく、別の道を探すべきだ」と諭していた。このような激しいコンフリクトが生じることはそうそうないにせよ、「経験」は両刃の剣であることを認識することが重要である。効果的な学習を誘発するためには、学習者の経験と学習内容がシナジー効果を生み出すよう、配慮しなければならない。

オトナの学習をどのように支援すべきか？

最後にこうした特徴をもつ「オトナの学習」をいかに支援するべきか。

ひと言で言えば、支援者は、彼らの学習は問題解決的であり、目的志向的であることに注意するべきである（Learners are Goal-oriented）ということになる。つまり、彼らのカリキュラムを構築する際には、問題解決や課題解決を中心に置いた編成にするほうがよいと言われている。

子どもの場合、一般に彼らのカリキュラムは、「教科」や「単元」といった単位にそって進行することが多い。子どもは、気の遠くなるような長い時間をかけて、「人生のずっと後になって役に立つかもしれない知識」を、順序立てて、学ぶことが求められている。これに対して、オトナの学習は即時性を求められることが多い。こうした点に配慮しつつ、カリキュラムを構築し、支援を行うことが重要である。

以上、オトナの学習の諸特徴をP・MARGEという標語で解説してきた。ここで紹介した原則は、ノールズやリンデマンといった成人教育学者の諸理論をまとめたものである。彼らは大人の学習を子どもの学習と、相当かけ離れたものとして捉えていた。もちろん、こうした認識に対しては、「子どもも、オトナの学習の原理を使ってよく学ぶことができる。要するに効果的な学習は、状況設定の巧拙に依存にする」「子どもの学習の原理だって、大人に適用できる」というさまざまな反論も提出されたている。

しかし、あなたの提供している教育プログラム、あるいは研修がもしうまくいっていない、とあなた自身が感じるとき、この「P・MARGE」のチェックリストに従って、それを反省してみることは、それなりに有益だと思われる。

あなたの研修プログラムは、そこで学ぶ意味が十分学習者に伝わっているだろうか？

学習者は学ぶ意味を失い、日々の業務からの逸脱（ひとやすみ）として研修を捉えていないだろうか。

また、そこで学ばれる内容は、業務に戻ったあとでも、利用したり活用できる知識として構成されているだろうか？それとも単なる机上の空論を教えていないだろうか？

また参加者の経験をうまく学習内容にひきつけ、彼らに理解を促しているだろうか？
学習者は経験至上主義に陥ってはいないだろうか？

あなたの研修、P-MARGEでチェックしてみませんか？

＊＊＊

1　成人教育論については左記の文献を参照のこと。
マルカム・ノールズ（著）／堀薫夫、三輪建二（訳）（二〇〇二）『成人教育の現代的実践――ペダゴジーからアンドラゴジーへ』鳳書房、東京
マルカム・ノールズ（著）／渡邊洋子（監訳）／京都大学SDL研究会（訳）（二〇〇五）『学習者と教育者のための自己主導型学習ガイド』明石書店、東京
Knowles, M. S. (1998) The adult learner : the definitive classic in adult education and human resource development Fifth edition. Butterworth-Heinemann, MA

5 物語を通して学ぶ

❖本節のねらい
物語を通した学習について理解を深めます。
❖キーワード
論理・科学的様式、物語様式、ゴールベースドシナリオ

ある営業マンの述懐

某OAメーカーにつとめるトップセールスマンのAさんは、「自分がどのようにトップセールスマンになったのか」について左記のように語っている。

「営業のテクニックをどうやって学んだかですか？　うちの場合、新任で入ったときは、営業研修がありま す。それが終わると、最初の数日は先輩について歩きましたけど、それはすぐに終わりですよ。忙しい仕事場ですから、あとは自分で足を使って動くしかないんです。でも、実は、僕には、人には言わないですが、いろいろと学ばせてもらった空間があったんですよね。最近は肩身が狭いけど……そう、喫煙室なんですよ。とてつもない数字をあげる先輩たちが、何人かいて、その方たちはタバコ好きだったんです。毎日、夕方

になると営業から帰ってきて、疲れた顔して喫煙室にきますよね。そのときがチャンスなんです。『今日、どんな所に行きました？』と聞くと、その日の営業を話してくれるんですね。まるで『戦果』を語るみたいに。『競合他社の資料が部長のデスクのすみに置かれていてさ、ちゃんとフォローしたよ』とか『担当者同士のコミュニケーションが悪いため、少し仕切り直しが必要だ』……僕は、そういう先輩たちのストーリーをひたすら頭にたたき込んでいましたね」

「営業力の向上」は、どこの企業でも最優先の課題である。それを強化するためのあまたのＯＦＦ－ＪＴ研修があり、多くの研修会社からそれが教育プログラムとして提供されている。プログラムのなかには、一名当たりの受講料が三〇万円を超えるものがあるというから驚きである。

しかし、一方で形式的な教育プログラムだけでなく、営業力を向上させるため、先輩や上司と取引先を回る、いわゆるＯＪＴも行われている。特に日本の企業の大部分を占める中小企業では、ＯＪＴを通じた学習のほうが一般的である。先輩や上司が何気なく語ってくれた物語のなかで、学べることは実に多い。

物語の学習理論

物語を通した学習は、学習科学においてどのように扱われているだろうか。物語と人間の思考について思索を深めた心理学者にジェロム・ブルーナーがいる。

ブルーナーは、人間の根元的な認識には、「**論理－科学的様式（Paradigmatic Mode：パラディグマティックモード）**」と「**物語様式（Narrative Mode：ナラティヴモード）**」という二つの思考様式が存在することを指摘した。[1]

「論理・科学的様式」とは、普遍的な真理性と論理的一貫性を求め、簡潔な分析・理路整然とした仮説を導く思考様式である。一方、「物語様式」とは、「もっともらしさ（迫真性）」を求め、人間の意図や行為、人間の体験する苦境やドラマを含む出来事の変転を取り扱う思考形式のことである。先のAさんの学習にとって役立った「先輩の語り」は、後者の思考形式を指す。

ブルーナーは、それら二つの思考様式があくまで相互補完的であることを断ったうえで、前者と比較して、後者の「物語」的思考形式がともすれば軽視されがちであることを指摘し、教育の場面においてそれを復権することを主張している。

現場で要求されるナラティブモード

今一度、冒頭の事例に戻ってみよう。

世の中にある「営業力の向上」教育プログラムで、一般に行われていることとは、営業の鉄則や法則、顧客の反応パターンを記憶するという、いわゆる「Paradigmaticな教育」と考えることができる。

しかし、実際のビジネスでは、さまざまな出来事が起こる。

たとえば、誰が決裁権者なのかを見抜けず、何度も何度もプレゼンテーションを強いられることもある。担当者同士のコミュニケーションがうまくいかず製品の仕様について確認ができない場合もある。はたまた、せっかく製品を導入しても、競合他社の営業が来ている場合、緊急に何らかのフォローをしなければならない場合もある。

実際のビジネスの局面では、そうした出来事の「つながり」を読み解きつつ、そのときどきにベターな判断を行う必要がある。ある一つの場面で、効果的で普遍的な鉄則や法則といったものが、もし仮にあり、アタマのなかにたたき込んであっても、それだけでは「営業の現場」を乗り切ることはできない。あくまで出来事の連鎖のなかで、判断を行い、行動を選択する必要がある。つまり、先の思考で言うならば、ナラティヴモードの思考を重視しつつ、営業の実践力を向上させる必要がある。

ナラティヴモードの教材

それでは、そうした実践力を向上させるためには、どうすればよいだろうか。

経営学者ドナルド・ショーンのように「現場で実務経験を積むしかない」という意見もある。専門的で複雑な問題解決は、結局のところ、現場でしか習得できないということである。

しかし、現場の実務経験を積む前に、そこで起こる事柄をシミュレーションしておくことは有益だ。たとえ、架空の物語であってもよい。頻繁にビジネスの現場で起こる出来事を集めた物語を素材として、自分ならどのように振る舞うべきか、どのような判断を行うのがベターであったかをシミュレーションする機会があると、実際にビジネスの現場に出たときに、よりスムーズな形で現場適応ができる可能性が上がる。

近年、上記のような認識に立ったビジネス教材が登場している。株式会社NTTデータの発売するNACS教材（Narrative Approach for The Complicated Situations）は、まさにその一つである。[2]

この教材では、ある情報システムインテグレーターに勤務する中堅社員が「旅きぶん.com」というeコマースサイトの立ち上げを、複数の人々と協力して行う様子がマンガで描かれている。

翌日
……ですから この金額ならできると思います コスト的にも資料を見てもらえばわかるように…
だからさー
パラ パラ パラ
これでは 何を判断したらいいのか わからないんだよ
私の判断すべきことは何で その根拠はどこにあるのかをさ
君が私の立場だったらって考えてみたまえ…

マンガのなかでは、「プロジェクトの提案が上司の決裁を得られない」「営業社員と技術社員の確執」「後輩のモチベーションが低下する」など、さまざまな出来事が起こる。学習者は、このマンガを読みつつ、登場人物たちがどのように判断すべきであったか、などについて、付属するワークシートにまとめ、その後、他の学習者と議論することが求められている。

一つの絶対に正しい答えがあるわけではない。しかし、自身の経験や読み取った文脈を重ね合わせることによって、さまざまな局面で仕事のできる社員を育成することができるのだという。たとえば新入社員のなかに一人ベテラン社員を入れて、ベテランにファシリテーションを行ってもらいつつ、適宜経験を語ってもよいだろう。

NACSは紙教材であったが、同様のアプローチをとるeラーニングも登場している。

かつて人工知能、認知心理学の世界で活躍していたロジャー・シャンクは、eラーニング等の教材開発手法として、**ゴールベースドシナリオ**（Goal Based Scenario）を主張した。[3]

ゴールベースドシナリオでは、「学習目標をなるべくリアルにつくられたシナリオのなかに埋め込む」「シナリオのなかで学習者に試行錯誤を繰り返しさせること」によって、いわゆる「紙芝居式のeラーニング」を超える努力をしている。

たとえば学校法人産業能率大学総合研究所で開発された「TARA・REBA eラーニング」も、ゴールベースドシナリオ理論を参考にしている。[4]「TARA・REBA eラーニング」では、プロジェクトマネジメントの方法をストーリーに従って学ぶことができる。最初に学習者は「失敗モード」とよばれるストーリーを経験する。そこでは、いくつかの局面でミスを犯し、結果的にプロジェクトをうまく遂行できなくなってしまう。その後、「TARA・REBAモード」というシミュレーションモードに進み、先ほどの失敗例を

資料4　TARA-REBAeラーニング

反省し、「自分だったら（TARA）」どうするかを考え、具体的なアクションを決め、ストーリーを進めていくことができる。

単にプロジェクトマネジメントの知識や事例を頭にたたき込むだけでなく、実際に自分の頭で考えながら、試行錯誤しつつ学べる環境が用意されている。

一般に、ゴールベースドシナリオを導入したeラーニング教材では、シナリオは精巧につくり込まれる。このシナリオこそが、学習を成立させるキーファクターになるからだ。[5]

たとえば、ある会社の教材をつくる場合、開発者らは、そのステークホルダーたちにインタビューを繰り返し、実際に起こるであろう出来事を忠実に聞き取る。そのインタビューデータに基づきシナリオをつくる。そうしたシナリオは、その場の学習にとって重要なリアルな学習の文脈を与える。このように動画像等を用いて学習前に文脈を付与することを**アンカードイン**

ストラクション（Anchored Instruction）というが、そうした文脈づけによって、問題解決能力が向上したという報告がなされている。[6]

いずれにしても、よい物語は、よい学習につながる可能性が高い。あなたの会社には、どのような物語があり、それをどのように活用しうるか、考えてみる価値はある。

＊＊＊

1 Bruner, J. S.(1996) The Culture of Education.　Cambridge University Press, MA
2 転載許可：株式会社NTTデータ　ビジネスイノベーション本部
問い合わせ　教育ビジネスSU　松本氏、吉川氏
TEL: (03) 3503-0570　E-mail: edu-nacs@bis.nttdata.co.jp
3 Schank, R. C.(2001) Designing World-Class E-Learning: How IBM, GE, Harvard Business School, and Columbia University Are Succeeding at e-Learning. Mcgraw-Hill, MA
4 転載許可：学校法人産業能率大学　総合研究所
問い合わせ　eラーニング開発センター　松本氏、古賀氏
TEL: (03) 5758-5106　E-mail: elearning-sanno@hj.sanno.ac.jp
5 編者の中原も、「なりきりEnglish!」とよばれる企業向け英語教材を現在開発している。この教材は、携帯電話で稼働するソフトウェアだ。開発にあたっては、ゴールベースドシナリオ理論やアンカードインストラクション理論を参考にしている。
6 The Cognition & Technology Group at Vanderbilt（1994) From visual problems to learning communities : Changing conceptions of cognitive research.　Mcgilly, K.(1994)　Classroom lessons : Integrating cognitive theory and classroom practice.　The MIT Press,CA　pp157-200

6 誰もがはじめは初学者だった——熟達化

❖本節のねらい
一人前になるためには何が必要なのかを学びます。

❖キーワード
熟達化、領域固有性、注意を必要とする練習、認知的徒弟制

桃栗三年、柿八年⁉

「ほら、T君、ここの数字、また違うんじゃないの？　測定装置使うときに、ちゃんと試料をつくった？　パッパパッパッパとやって、すぐできるでしょ。うーん、それか、分析の過程で誤差補正したかな？　たぶん、どっちかだと思うなぁ……もう一回確かめてみて、このままの数字じゃ使えないよ」

「はい、Sさん、すみません……チェックしてみます」

T君は、某食品メーカーに勤める駆け出しの研究員。大学で化学の修士号を取得して、この研究所に勤めて一年。まだまだ、研究についていくのがやっと。日々、忙殺されている。OJTのスーパーバイザーであるA先輩からの指摘によると、今日も測定で失敗をしでかしたようだ。またやり直さなくては。

S先輩は、この研究所に勤めてもう一〇年。先輩の仕事はすこぶる速い。T君ならモタモタして手間取ってしまう試料の作成、分析の作業。彼がやると、まるで「樋《とい》を流れる流しソーメン」のようにすべてが流れるように進む。しかもエラーはいっさいない。

また、細かい測定の作業が得意である一方、仕事の全体像を見渡し、今、起こっていることがエラーなのか、それか新たな発見なのかを推測するのに長けている。だから余計な実験をしなくてもすむ。現在、仕事のかたわら大学院に通い、タンパク質の分析に関する博士論文を執筆しているのだという。効率のよいS先輩の仕事っぷりを見ていると、T君は自分のふがいなさに自信をなくしてしまいそうになる。

ある日の喫煙室。思い切ってT君はSさんに聞いてみた。

「Sさん、僕は、Sさんの仕事を見ていると、自信をなくしてしまうときがあるんです。僕なんかいつも失敗ばかりだし……モタモタしてばっかり。どうしたらSさんみたいに、仕事ができるようになるんでしょうか」

「いやー、君、まだはいって一年でしょ。そりゃ仕方がないよ。時間が圧倒的に足りてないんだもん。昔の人は言ったでしょ、桃栗三年柿八年、石の上にも三年って。僕だって、駆け出しの一年や二年は、本当にたいへんだった。今ほど、研究所の人たちも優しくなかったからね。グズー、ノロマー、オマエどこにアタマついてんだって怒鳴られてね。だんだんと、できるようになってくるよ、だんだんと。今の若い人、結果を早く求めすぎなんです。仕事ができるようになる前に、辞めちゃう人多いから、君はそうならないでね」

「そうか、Sさんも最初はできなかったんだ」「あまり急ぐ必要はないんだ……時間がかかるんだ」A君はSさんの話を聞いて、なんだか少しホッとした……半面、疑問がわいてくる。「仕事はどうやってできるようになっていく」のだろう？

熟達化とは何か

「ある領域の仕事ができるようになっていくこと」……これは、認知心理学、認知科学においては「**熟達化**」研究と言われる領域で研究されている。熟達化とは、ある領域での長期の経験に基づいて、まとまりのある知識・技能を習得し、有能さを獲得していくプロセスである。[1]

熟達者には二つのタイプがある。**定型化熟達者**（routine expert）と**適応的熟達者**（adaptive expert）である。定型的熟達者とは「決まった手続きを、早く、正確に、自動的に行える人のこと」を指す。一方、適応的熟達者とは「変化しうる状況のなかで、一定の手続きがない課題に対して、柔軟に、確実に対処できる人のこと」を指す。職種によって、必要とされる熟達者のタイプは異なっている。

レジ打ちなどは前者の熟達化を必要とする。一方、為替のディーラーの熟達化は、どちらかといえば後者に近い。

ちなみに熟達者が「有能さを発揮できる領域」は限られている。ある領域の熟達者だからといって、他の場面でも有能さを発揮できるとはかぎらない。こうした熟達の特性のことを、「**領域固有性**」という。

たとえば先ほどの事例で、Sさんは化学の測定装置を使った物質分析について、まとまった知識や測定技能をもっているので、彼は熟達者であると言える。だが、彼が熟達者だからといって、Sさんが、化学の他の分野に関しても、有能に振る舞えるわけではない。たとえて言うならば、熟達者には自分の土俵があるのである。

熟達者の特徴

熟達者は初心者と比べてどのような特徴をもっているのだろうか。ここでは、①**記憶力の向上**、②**下位技能の自動化**、③**問題の直感的把握**、などに分けて説明する。これまで、認知心理学や認知科学では、熟達者と初心者を同じ課題に取り組ませ、そのパフォーマンスを比較し、熟達者の特徴を明らかにしてきた。

①記憶力の向上は、文字通り、自分の土俵で覚えなければならないことをより高速に、確実に覚えられると言うことである。

たとえば、認知心理学者のチェイスとサイモンは、チェスの初心者・中級者・熟達者に対して、チェスの盤面の局面を一定時間見せて、それを再現させるという実験を行った。[2] その結果、上級者は初心者よりも、正確に局面を再現することがわかった。興味深いことに、チェスの駒の配置をまったくルールを無視して、ランダムに置いた場合には、そのような差はなかった。このことから熟達者はチェスのルールに従って、膨大なチェスの駒の数を記憶しているということがわかる。熟達者はモノゴトをやみくもに覚えているのではない。彼らはありうるルールや制約を、記憶を助ける資源として利用している。

ちなみに、チェスのプレーヤーだけでなく、バレエダンサーは初心者に比べて、振りつけのつながりを覚えるのに長けているといったものがある。[3] こちらも、でたらめな振りつけを与えた場合には、熟達者であるか、初心者であるかによって、パフォーマンスに差はなかった。

②下位技能の自動化とは、熟達者は、ある課題を遂行する際に、特段に注意を払わなくてもできてしまう部分が多くなっていくという意味である。多くの技能が自動処理によって行われるから、処理がすばやくエラーも少ない。先ほどの事例からいえば、A君がもたもたと試料の作成や測定装置を使った分析を行っているのとは対照的に、Sさんの場合、そのあたりは自動化されている。しかも、多くの場合は、時間はかけないSさんのほうが誤差は少ない。

③問題の直感的把握とは、熟達者は初心者に比べて、見るべきところを注視し、そこに認知的資源を傾けることができるということである。一般に熟達者は初心者に比べて、膨大な知識をもっている。たとえば、レスゴールドらは、X線読影の際に、熟達者は、自分の有する臨床の膨大な知識ドメインのなかから、有意味なパターンを検索し、X線読影を行っていることを明らかにしている。[4]

先ほどのSさんによれば、彼は測定結果の膨大なデータベースを有している。過去の経験に裏打ちされたこのデータのなかから、今測定したものが、どのような意味をもつのかを、パターン認識しているのだと思われる。一方、T君の場合は、そもそもそうしたデータベースがない。そればかりか、膨大なデータからパターン認識を行える推論がまだできない。だから、Sさんは効率的に実験を行えるのに、T君は非効率な実験を繰り返す。

誰でもはじめは初学者だった

しかし、S先輩は最初から「現在のS先輩」であったわけではない。確実なことは「誰でもはじめは初学者」であったということである。それでは、初学者であるS先輩が、いわゆる熟達者になるためには、いったい何をすればよいのだろうか。

この問いに対して、認知心理学は次のような答えを出す。

ある領域に熟達するためには、一般に長期にわたって「**注意を必要とする練習**（deliberate practice）」がどうしても必要だ。ただ単に意味のわからないことを繰り返すだけではダメである。注意を傾け、熱心に繰り返し、チャレンジしなければならない。専門家によって意見は異なるが、一般に、人がある領域に精通するためには五〇〇〇時間ほどの時間がかかるといわれている。五〇〇〇時間といえば、一日八時間を労働時間とすると、それだけでも二年。一日の休みなく行ったとしての数字であるから、実際にはもう少し時間がかかる。

しかも、先ほど述べたように、熟達化は、ある領域に固有の現象である。一つの領域がうまくいくようになったとしても、他の領域には適用できない。そう考えるならば、ひと通りの仕事の仕方を修めるためには、それこそ「桃栗三年、柿八年」くらいの時間は、どうしてもかかってしまうと言わざるをえない。

たしかに熟達化には、膨大な時間はかかる。しかし、それを一人の力だけで達成しようとは考えないほうがいい。熟達研究が明らかにしたもう一つの知見としては、「初学者は熟達者の仕事を観察しているだけでは一人前にはなれない」というものがある。なぜなら初学者は、熟達者の仕事の「どこに注目すればよいか」がわからないからである。ただ見ているだけでは、熟達者にはなれない。[5] 一人の人間が「熟達」し、その道のプロになるためには、それを外的に支援する仕組みが必要になる。

その最大の契機になるのは、先輩や上司などの有能な他者との共同作業であろう。認知科学者コリンズらによって主張された認知的徒弟制理論は、これに答えを出す。[6]

認知的徒弟制とは、①モデリング、②コーチング、③スキャフォルディング、④フェイディングという四つの支援のあり方を通じて、人を一人前にする学習モデルである。

まず①のモデリングでは、熟達者が模範を示し、学習者はそれを見て真似ることを行う。②コーチングでは、熟達者が手取り足取り学習者を指導し、助言する。③スキャフォルディングでは、自分でできるところは学習者に独力でやらせてみて、できないところだけを支援する。そして、だんだんと支援を少なくしていき、学習者を自立に導くのが④フェイディングである。人間が熟達するためには、こうした外的な支援、そして支援の解除がどうしても必要になる。

誰もがはじめは初学者だった。そして初学者から熟達するのに、多くの人の支援を必要とした。しかし、それなのに、人はいったんある領域に熟達すると、「自分が一人で育った」と思いがちである。そういう人が上司を務める職場では、たとえＯＪＴの機会がつくられたとしても、初学者がほったらかしになるという、いわゆる「放置」が横行する。

人は一人だけでは、一人前にはなれない。
そして、あなたも、一人の力で一人前になったわけではない。
人が一人前になるとき、その傍らにはかけがえのない他者がいる。

＊＊＊

1 波多野誼余男、大浦容子、大島純（二〇〇四）『学習科学』放送大学教育振興会、東京、一一頁
2 Chase, W. G. and Simon, H. A. (1973) Perception in chess. Cognitive psychology. Vol.4 pp55-81

Bransford, J., Barron, B., Pea, R. D., Meltzoff, A., Kuhl, P., Bell, P., Stevens. R., Schwaltz, D. L., Vye, N., Reeves, B., Roschelle, J. & Sabelli, N. H.(2006) Foundations and opportunities for an interdisciplinary science of learning. Sawyer, R. K.(ed.) the Cambridge handbook of the learning sciences. LEA pp19-34

3 Starkes, J.L., Deakin, J.M., Lindley, S. and Crisp, F.(1987) Motor versus verbal recall of ballet sequences by young expert dancers. Journal of Sport Psychology. Vol.9 pp222-230

4 Lesgold, A. M., Rubinson, P., Feltovich, R., Glaser, D. Klopefer, and Wang, Y.(1988)

5 Bransford, J., Barron, B., Pea, R. D., Meltzoff, A., Kuhl, P., Bell, P., Stevens. R., Schwaltz, D. L., Vye, N., Reeves, B., Roschelle, J. & Sabelli, N. H.(2006) Foundations and opportunities for an interdisciplinary science of learning. Sawyer, R. K.(ed.) the Cambridge handbook of the learning sciences. LEA pp19-34

6 Collins, A., J. S. Brown, and S. E. Newman(1989) Cognitive apprenticeship : Teaching the crafts of reading, writing and mathematics. Resnick, L. B.(ed.)(1989) Knowing, learning and instruction : Essays in honor of Robert Glaser. LEA. Pp453-494

◉コラム

コーポレートユニバーシティの成果は?

コーポレートユニバーシティとは、「企業が社員教育のために企業内に設立する教育メカニズム」の俗称である。まず、これが従来の教育部門はどのような相違点があるのか、見てみよう。[1]

コーポレートユニバーシティでは、「独立した教育専門部門において、全社の経営戦略に対して、全社的に教育カリキュラムを企画・開発し、全社の体制で教育を実施すること」を目指している。

コーポレートユニバーシティにいちはやく注目した米国アクセンチュア社の教育コンサルタント、ジェーン・マイスターは、それを「ビジネス上のニーズを満たす教育手段すべてを統合・企画・開発・実施する戦略的な中核機関」と定義している。[2] すなわち、「サービスの全社性」「経営戦略とのリンク」といった点がキーポイントになるだろう。

コーポレートユニバーシティの歴史については、一九五三年、米国のゼネラル・エレクトリック(GE)社が、クロトンビルに設立したリーダー研修センターが、最初の企業内大学と言われている。GEの前社長であるジャック・ウェルチは、クロトンビルを次世代のビジネスリーダーを育成する最前線と位置づけ、自らここでの教育にぼう大な時間を割いたことで有名である。

その後、一九六〇年代にはマクドナルドの「ハンバーガー大学」、「ディズニーの「ディズニーインスティテュート」などが相次いで設立され、今日では全世界に約二〇〇〇から五〇〇〇もの企業内大学が存在するといわれている。日本においても、富士通、ソニー、トヨタなどの名だたる企業

図表2　コーポレートユニバーシティと従来の教育部門との違い

	コーポレートユニバーシティ	従来型の日本型教育・研修部門	米国の教育研修部門
組織戦略	戦略的教育	終身雇用を前提とした抱え込む教育	部門目標にあった教育
実施組織	機能的に集中	構造的に集中	ラインに最適化
主　体	独立部署	人事部主体	事業部ごとに教育
教育戦略	経営戦略にリンク 外部教育機関の活用 全社カリキュラムの存在	課業に密着した教育 伝統的な教育	スキルギャップを埋める教育
予算のかけ方	投　資	コスト	コスト

が、二〇〇二年に企業内大学を設立し、話題となったことは記憶に新しい。二〇〇二年はまさにコーポレートユニバーシティ元年であった。

たとえば、富士通のコーポレートユニバーシティである「FUJITSUユニバーシティ」は、それまでバラバラであった全社のカリキュラムを統一し、提供する機関として活発な活動を続けている。また、トップマネジメントが参加するリーダー研修プログラムも数多く実施されている。

トヨタ自動車も「トヨタインスティテュート」というコーポレートユニバーシティを設立した。トヨタの次世代の経営者、ミドルマネジメント層の育成がその目標となっており、「グローバルリーダー育成スクール」「ミドルマネジメント育成スクール」という二つのカリキュラムが設置されている。

コーポレートユニバーシティを設立した日本企業の多くは、その目的を主として次世代の経営者的人材の育成に置き、GEのクロトンビルに学ぶことが多かったようである。日本版コーポレートユニバーシティの成果は、グローバルに通用する経営者の輩出として表われるはずだが、はたしてどうだろうか。

（中原）

＊＊＊

1 慶應義塾大学花田光世研究室（二〇〇〇）「コーポレートユニバーシティ研究調査報告書」を改変・修正した。

2 コーポレートユニバーシティについては左記の文献に詳しい。

ジェーン・マイスター（二〇〇二）「アメリカ企業内大学：その変容と進化」「特集：企業内大学『Aクラス人材』の生産工場」『ハーバード・ビジネス・レビュー』二〇〇二年一二月号、ダイヤモンド社

リクルートワークス研究所（二〇〇二）「グローバルCU現象——学習と経営の融合」『Works』五三号、リクルートワークス研究所（http://www.works-i.com/flow/works/contents53.html）

第2章
学習モデル
学び方で効果は変わるか

1 教育と学習は違うのか

❖本節のねらい
学習と教育の概念的な違いについて整理します。
❖キーワード
状況論アプローチ　学習カリキュラム　教育カリキュラム　学習モデル

受講者の不満と研修の問題点の関係

大手電機メーカーにつとめるA氏の担当していた、営業部門主任向け研修『マーケティング戦略の基礎』のアンケート集計がようやくかえってきた（図表3）。

そこに挙げられていた「物足りなかった点・不満だった点」を読みながら、人材育成担当者のA氏は思わずつぶやいた。

「おいおい勘弁してくれよ。どう考えても、これって研修の問題点じゃないだろ」

A氏の勤める大手電機メーカー・X社は、現在「生産性向上」を全社的課題としている。これにともない

図表3　アンケート結果(1)

【アンケート結果：物足りなかった点・不満だった点】

① マーケティング理論の解説中心だった。すぐに使える具体的戦略を構築するところまでやってくれないと、実践的とはいえない。

② いくら研修を受けてもモノは売れない。やっぱり、マーケティングのセンスは現場で磨くものだと思う。

③ 現在の状況において、戦略構築が営業部門の最重要課題だとは思えない。優先すべきテーマが他にあるはずだ。たとえば、情報共有化の問題など…。

④ 個人的には、アカデミックな理論に基づく分析がマーケティングには必要だと感じている。しかし、わが社の組織文化にそれがなじむかどうか疑問。

人材育成部門では、商品知識を中心に進めてきた従来の営業社員教育を見直し、戦略構築力・企画提案力の向上を柱とする研修に取り組むことになった。その中心的施策として今年度から実施されたのが『新任・営業主任研修：マーケティング戦略の基礎』である。「営業は、勘と、経験と、度胸」というX社・営業部門に支配的な風土を改革するためには、ロジカルな思考法を備えた若手営業社員を一人でも多く育成すべき、というA氏の提案から生まれたものだ。

古い風土に染まっていない新任の主任に、商品ポジショニング・価格・販売チャネル・プロモーション等の理論を〝刷り込む〟、それが研修のねらいだった。研修の準備にあたり、A氏は最新のマーケティング理論に詳しい講師を慎重に選びだした。さらに、自らもマーケティング理論を勉強したうえで、講師との綿密な打ち合わせを繰り返した。その結果はどうだったのか。A氏が知りたかったのは「講師の説明はわかりやすいものだったか」「研修を通じて、マーケティング理論は身についたか」といったことだ。

しかし、受講者の反応の多くは、A氏の考えていた研修の意図に対する回答にはなっていなかった。仮に、「受講者からの質問に、講師はきちんと答えられなかった」「多くの理論を扱いすぎで、すべて表面的な理解で終わってしまった」といった回答なら、素直に反省できたかもしれない。A氏の考える研修のねらいは、マーケティング理論を学ぶことだったからだ。その意味では、受講者から問題点の指摘はなかった。A氏は再度つぶやく、

「でも、受講者が満足していないのも事実だ……」

問題の所在はどこに？

さて、いったい何が問題だったのか。研修後のアンケートにおいて、「今回の研修で物足りなかった点・不満だった点」についての質問を行うのは通常のことである。しかし、人材育成担当者が意図した通りの回答が得られないことも多い。実際、このような質問項目で一番多いのは無回答である。

それに比べれば、今回の回答は、受講者が自社のマーケティングのあり方について、しっかりとした問題意識をもっていることを示しているとも言える。「具体的戦略構築にどう取り組むか」「マーケティングのセンスを現場でいかに磨くか」「営業部門にとっての優先課題は何か」「組織文化をどう変えるか」、これらはすべて重要なテーマである。このような問題意識をもつ社員は、「特になし」などと回答する社員よりもはるかに期待できるとも言える。

一方、人材育成担当者のほうでも十分な研修計画を練っていた。「X社・営業部門に支配的な古い風土を改革する」という長期ビジョン、「そのために、ロジカルな思考法を備えた若手営業社員を一人でも多く育成する」という受講者選定の理由、「商品ポジショニング・価格・販売チャネル・プロモーション等の理論修得」という研修のゴール、すべて明確である。さらに、綿密な研修運営の準備も怠っていない。つまり、どちら

にも非難されるような点はなかったということだ。

学習カリキュラムと教育カリキュラムの違い

レイヴとウェンガーによれば、そこに存在する問題は、学習と教育に関する認識のズレである。[1] それは、「X社のマーケティングを改革するために組織・個人がすべきこと（＝学習活動）」と「それを支援するために人材育成部門ができること（＝教育活動）」との混同である。

近年、人材開発の分野において、レイヴとウェンガーに代表される**状況論アプローチ**が、注目を集めている。[2] その特徴の一つは、従来あまり意識されることのなかった「**学習カリキュラム**」と「**教育カリキュラム**」の違いを明確化している点にある。

状況論アプローチでは、人間は研修や学校といったフォーマルな教育プログラムのなかだけでなく、現場で仕事に従事するなかでも、意識する・しないにかかわらず〝学んでいる〟とされる。つまり、学習を「日常のなかで複合的・継続的に進行する組織・個人の行動や考え方が変化していくプロセス」として理解するということだ。

たとえば困難なプロジェクトをやり遂げた部下の仕事ぶりが変わったとき、「あいつは学んだ」と感じることがあるだろう。このとき、部下は特別な教育プログラムを受けたわけではない。上司からの厳しい叱咤激励、先輩社員の何気ないアドバイス、同僚との激しい議論。プロジェクトのなかで日常的に起こるさまざまなことに影響されながら、彼自身の主体的な取り組みによって「仕事ぶりが変わった（＝学習した）」のである。

一方、教育とは、このような意味での、組織・個人による主体的な活動としての〝学習〟を、効果的・効率的に実現するための意図的な支援活動と見なすことができる。

たとえば、「プロジェクト管理手法」のセミナーを企画・運営することは、プロジェクト運営に従事するビジネスパーソンに対しての支援となる。ただし、セミナーという〝教育〟だけで、〝学習〟が実現するわけではない点に注意が必要だ。業務のなかでの上司や先輩社員の指導、実際のプロジェクト経験から紡ぎだされた実践知、さらには学習者本人の「いいプロジェクト運営を実現したい」という意志。教育プログラムのなかで修得したプロジェクト管理手法に加え、こういったさまざまな要因を、学習者自身がうまく協調させることによって、はじめて効果的なプロジェクト運営の実現（＝学習）が可能となる。

つまり、教育とはあくまでも〝支援〟であり、人材育成という活動における主体は学習者であるということだ。したがって、効果的な教育を実現するためには、学習という日常的・複合的・継続的な変化の方向と、そのプロセスがどのように進行していくかを理解したうえで、どの部分を、どのように支援するかを明確化することが重要となる。

受講者と人材育成担当者の認識ギャップ

このような視点から見ると、先に挙げた受講者のコメントはすべて「教育活動」についてではなく、営業部門における戦略構築力・企画提案力向上のための「学習活動」についてのものとなっていることに気づく。「理論を実践に移す」「現場で経験知を紡ぎだす」「問題や課題を発見する」「個人の知識・スキルを組織として共有する」、これらは、X社のマーケティングを改革するために組織・個人がすべきこと（＝学習活動）である。つまり、この例にある受講者は、明確な学習ビジョンをもっているということだ。しかし、学習活動と、その支援としての教育活動を混同している。それが問題なのである。

一方、人材育成担当者にも見落としがある。それは、教育活動の目的は、あくまでも学習活動の支援にあるということだ。たしかに、営業部門における戦略構築力・企画提案力向上という方向性は示されている。しかし、そのために何をすべきか（＝学習活動）についての具体的イメージが、受講者との間で共有されていない。つまり、受講者がどのような学習ビジョンを描いているのかを考慮せず、教育活動のみに焦点を当てている。それがもう一つの問題である。

ビジネスにおいて、現場のプレーヤーたちは、学習ビジョンは明確であっても、学習と教育の違いを意識していないことがある。一方、人材育成担当者は、現場のプレーヤーが抱いている学習ビジョンを考慮せず、教育のみを進めようとすることがある。そして、両者の認識ギャップが、企業の人材育成活動に対する不信感につながることも多い。事実、レイヴとウェンガーは、著書『状況に埋め込まれた学習――正統的周辺参加』において、今日の人材育成におけるいくつかの重大な問題が、本来異なる概念である〝学習〟と〝教育〟を混同していることから生じていると指摘している。

学習モデルという考え方

このような状況を避けるためには、目指すべき学習活動と、その支援のための教育活動のあり方について、関係者全員が共通認識をもつことが必要である。それには、〝**学習モデル**〟というツールが役立つ。これは、研修という場に限らず、現場での経験や自助努力を含む学習活動の全体像を示すことにねらいがある。いわ

図表4　学習モデル

- ・学習転移モデル（2）
- ・経験学習モデル（3）
- ・批判的学習モデル（4）
- ・正統的周辺参加モデル（5）

ば、「ビジネスモデルの人材育成活動版」である。

ビジネスモデルという概念が広く浸透した今日、ビジネスの全体的な構造・仕組みを明示することなく、自社・自部門のみに焦点を当てた事業企画が無意味なことは常識となっている。自社・他社・顧客を問わずすべての関係性を明らかにし、ビジネス全体の仕組みと流れを見極め、最大の利益を発生させるために経営資源を効果的・効率的に投入する。その設計図となるのがビジネスモデルである。

ビジネスモデルは、ビジネスの仕組みと流れについて、関係者の共通理解を促進し、協調的な活動を実現するために役立つ。人材育成活動における学習モデルも同様の効果を期待することができる。つまり、目指すべき方向性、そのための学習プロセスの全体像、学習を誘発するための効果的な支援のあり方等々について、関係者全員が共通認識をもつためのツールが学習モデルである。

そこで、この章の2～5では、上図の挙げる四つの代表的な学習モデルを紹介し、その特徴や違いを解説する。

先ほどのアンケートの意見には、この四つの学習モデルが典型的に反映されている。今回は、アンケートをもとにして考察を深めよう。そして、それぞれのモデルを前提とした場合の人材育成活動のあり方について考察を進めることにする。

＊＊＊

1　ジーン・レイヴ、エティエンヌ・ウェンガー（著）／佐伯胖（訳）（一九九三）『状況に埋め込まれた学習——正統的周辺参加』産業図書、東京

2　状況論アプローチに関する文献としては、左記が挙げられる。
加藤浩、有元典文（編）（二〇〇一）『認知的道具のデザイン』金子書房、東京
茂呂雄二（編）（二〇〇一）『実践のエスノグラフィ』金子書房、東京
上野直樹（一九九九）『仕事の中での学習——状況論的アプローチ』東京大学出版会、東京
上野直樹（編）（二〇〇一）『状況のインタフェース』金子書房、東京.

2 基礎から応用へと進む「学習転移モデル」

❖本節のねらい
学習転移モデルとその支援のあり方について考察します。

❖キーワード
学習転移モデル　知識観　理論体系　OFF－JT　OJT

基礎編と応用編を分けて考えてみる

『新任・営業主任研修：マーケティング戦略の基礎』のアンケート、最初の意見は次のような内容だった。

「すぐに使える具体的戦略を構築するところまでやってくれないと、実践的とはいえない」（図表5）

自分の意図からはずれたアンケート結果に腑に落ちないところはあったものの、人材育成担当者であるA氏は、受講者の意見を改めて検討することにした。

「そうは言っても、この研修は新しい営業社員教育の柱。このまま放っておくわけにもいかないか……」

学習と教育の違いを意識しつつ、A氏はこの意見を読み返した。そして、戦略構築力・企画提案力の向上

図表5　アンケート結果(2)

【物足りなかった点・不満だった点：意見①】
マーケティング理論の解説中心だった。すぐに使える具体的戦略を構築するところまでやってくれないと、実践的とはいえない。

を目指す学習プロセスについて、以下のような二段階を書き記した。それは、今回の研修を企画するにあたってA氏が抱いていた学習プロセスのイメージだ。

基礎編：商品ポジショニング・価格・販売チャネル・プロモーション等のマーケティング理論を修得し、戦略構築力・企画提案力の基礎を固める。

応用編：マーケティング理論をベースとした具体的戦略の構築に取り組み、現場での経験を通じて、実践的な戦略構築力・企画提案力を修得する。

こう表現してみることで、学習プロセスについて自分と【意見①】の間にほとんど違いがないことに、A氏は気づいた。その違いは、「応用編」のわずかな部分についてのみである。学習と教育の違いを意識しつつ読み解けば、【意見①】の主旨は、基礎固めを目指す学習（基礎編）に対してだけでなく、実践的な戦略構築力・企画提案力の修得を目指す学習（応用編）に対しても、積極的な支援活動（教育活動）を求める、ということだ。

A氏のモヤモヤした気持ちは少し解消された。なぜなら、A氏は「応用編」をすべて現場任せにするつもりはなく、今回実施した『新任・営業主任研修：マーケティング戦略の基礎』へのフォローアップ活動を行うべきと考えていたからだ。さっそく、A氏はフォローアップ活動の実施に向けて動きだした。こうつぶやきながら、

図表6　学習転移モデル（Lave 2000、より一部修正）

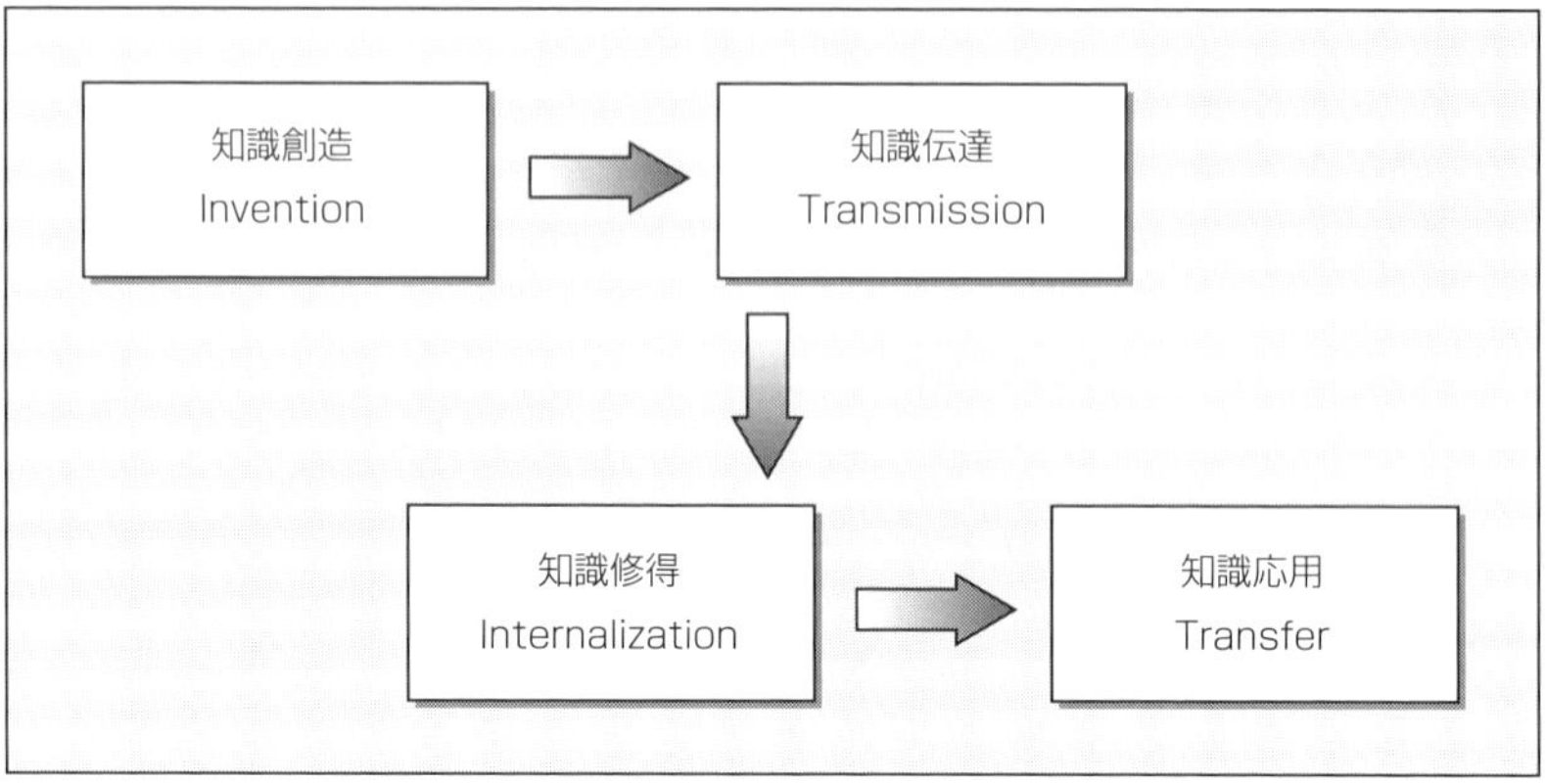

「基礎から応用へ。やっぱり、このプロセスが学習活動の基本だよな」

学習転移モデルとは何か

前節では、学習と教育が異なる概念であることを意識すべき、というレイヴとウェンガーの主張を紹介した。[1] 先の例からもわかるように、学習と教育の概念的な違いに留意して議論を整理し、学習プロセスの全体像（**学習モデル**）を提示することで、受講者と人材育成担当者の認識ギャップを解消できるケースが企業教育の現場には多い。

では、**【意見①】**に見られる学習モデルはどのようなものになるのか。それは、「**学習転移モデル（learning transfer model）**」だと言えるだろう。[2] そして、このモデルを前提とした人材育成方法は、学習転移アプローチとよぶことができる。

学習転移モデルでは、知識創造・知識伝達・知識修得・知識応用、という四プロセスで学習が構成されると考える。

【知識創造】研究者が伝達可能な知識を創造する。
【知識伝達】創造された知識を教育プログラム内で教員（講師）が伝達する。
【知識修得】伝達された知識を学習者が修得する。
【知識応用】修得した知識を学習者が現場で応用する。

つまり、学校や研修といった教育プログラム内で修得した知識・スキル（学習結果）を、ビジネス等の実務現場に〝転移する〟という意味で、「学習転移」である。したがって、企業教育の場合、学習転移アプローチは、OFF-JTでの知識・スキル修得を中心に進める人材育成であると言うことができる。

すぐに気づくことだが、学習転移モデルは小学校以来慣れ親しんできた学習活動のベースとなっており、あまりに当然すぎるために、学習モデルなどと改めてよぶまでもないと感じるかもしれない。しかし、このモデルがいくつかの制約を抱えていることに注意が必要だ。

実務家が感じるストレス

まず、「基礎から応用へ」という学習プロセスについて検討すべきだろう。このプロセスは、別の言い方をすると「基礎知識を修得するまで、応用は教えない」ということになる。これを文字通り実行することは、すでに応用の現場を知っている実務家にとって耐えがたいほどのストレスとなる。彼らの関心事は、知識の修得自体にあるのではなく、それをビジネス現場でどう応用するかにあるからだ。

つまり、「知識伝達」や「知識修得」の段階においても、実務家は「今学んでいる知識・スキルは、自分のシゴトにどう役立つのか」を常に考えているということだ。先に挙げた『新任・営業主任研修：マーケティング戦略の基礎』のアンケートにおける【意見①】も、「知識応用」の段階が見えないことによるストレスを反映していると考えられる。

この点は、ＯＦＦ‐ＪＴを進める際には特に注意すべきことである。ＯＦＦ‐ＪＴで取り組む学習内容がどのように実務と結びつくのかについて、学習者の十分な理解を得ることが不可欠だ。そのためには、たとえ「知識伝達」を中心とする研修の場合でも、オリエンテーションの段階では、「知識応用」までの学習プロセスの全体像をしっかりと説明することだ。また、実務経験が豊かな受講者を対象とするなら、「知識伝達」に特化せず、プログラムに応用方法や応用事例に関する内容を組み入れることも有効だろう。

応用力修得の鍵は現場での経験

一方、ショーンは、著書のなかで、「知識応用」の段階における問題を指摘している。[3] それは、高度な専門知識を要する今日の職業的実践において、応用力を修得する唯一の方法が、〝現場での経験〟しか存在しないという点である。

ショーンによれば、この点に関して最も整備されたシステムは、医学教育における研修医制度であるが、そこでも実践されているのは、先輩医師のやり方を「見て・真似て・繰り返す」という徒弟制的なものにすぎない。これは、ビジネスの分野においても同様である。つまり、応用力修得については、その大半をＯＪＴに頼らざるを得ない一方で、そのための効果的な方法論が欠如している。

では、ＯＪＴの成果を上げるにはどうすべきか。それには、人材育成担当者、学習者、現場で指導に当たる上司・先輩社員といった関係者全員が、協調的にコミットしていく状況をつくり出す必要がある。現場の上司・先輩社員に対しては、ＯＪＴの開始段階で、学習目標や進め方を説明するだけでは不十分だ。ＯＪＴ期間中は彼らと常に接触をもち、ＯＦＦ‐ＪＴでの学習内容、学習者の担当する業務内容、現場の指導方法について、共通の理解をもち続けることが重要である。

学習転移の前提にある知識観

さらにショーンは、学習転移モデルの前提となっている**知識観**に関する指摘も行っている。[4] このモデルは、知識とは限定された状況のみで効果を発揮するものではなく、状況の境界線を越えて、多くの（場合によっては普遍的な）状況で適用可能である、という知識観に基づいている。したがって、職人的な技のように、限られた文脈に依存した〝経験的知識〟や、特定の個人・場面に規定される〝事例的知識〟は対象とはなりえない。

つまり、このモデルは、**理論体系**が構築されているアカデミックな（抽象的）知識の学習には向いているが、暗黙的な知識・スキルの学習についての効果は定かではないということだ。われわれにとって、学習転移モデルはあまりに当然の前提に思えてしまうため、あらゆるタイプの知識・スキル修得に有効だと錯覚してしまう。しかし、それは理論体系が整備された知識を学習する場合のモデルであることを認識する必要がある。

この節で説明した学習転移モデルが抱える三つの制約のうち、人材育成担当者が見落としがちなのは、「知識観」に関する部分だろう。学習転移アプローチを採用するにあたっては、対象の実務分野において、転移可能な抽象的理論体系がどこまで有効かを検討しなければならない。これは、理論体系と実務分野の関係を整理することでもある。

理論体系と実務分野の関係を整理する

税務・会計といった分野については、実務が理論体系の上に成り立っていると見なすことに異存はないだろう。税に関する法律体系が存在しなければ、税務は存在しない。つまり、関連する法律体系の修得が、税務を行ううえで必要不可欠ということだ。しかし、マーケティングや経営戦略となると、理論体系は存在するものの、実務が理論体系の上に成り立っているとは言い難く、理論体系の有効性についても意見が分かれるに違いない。これらの分野において、暗黙知・経験知の重要性はしばしば指摘されることだ。そして、学習転移モデルに向かない、つまり転移可能な理論体系の有効性が不確かなのは、コミュニケーションや発想法といったテーマかもしれない。

では、人材育成という分野は、いったいどれにあたるのだろうか。それは、本書を読み終えてから、読者自身で判断してほしい。

＊＊＊

1 ジーン・レイヴ、エティエンヌ・ウェンガー（著）／佐伯胖（訳）（一九九三）『状況に埋め込まれた学習——正統的周辺参加』産業図書、東京

2 Lave, J. (2000) Lecture at Connecting Learning & Critique Conference, The Learning & Critique Network, November 2000, UMIST, Manchester.

3 Schön, D. (1987) Educating the Reflective Practitioner: Toward a New Design for Teaching and Learning in the Professions, Jossey-Bass, San Francisco.

4 ドナルド・ショーン（著）／佐藤学、秋田喜代美（訳）（二〇〇一）『専門家の知恵——反省的実践家は行為しながら考える』ゆみる出版、東京

3 マイセオリーづくりを支援する「経験学習モデル」

❖本節のねらい
経験学習モデルとその支援のあり方について考察します。

❖キーワード
反省的実務家　行為のなかの省察　経験学習モデル　ファシリテーター

理論vs.経験

『新任・営業主任研修：マーケティング戦略の基礎』のアンケートには、こんな意見もあった。

「やはり、マーケティングのセンスは現場で磨くものだと思う」（図表7）

少し気を取り直し、フォローアップ活動に向けて動きだしていたA氏は、また憂鬱な気分になってきた。

「まだ新任の主任なのに、すっかり古い体質に染まってるよ。もう手遅れかなぁ……」

先日書き記した「学習転移モデル」を再度確認し、自分と【意見②】の間には、想定している学習モデルに大きな違いがあることに、A氏は気づいた。さらに、学習転移モデルが、理論体系が整備された知識の存

図表7　アンケート結果(3)

【物足りなかった点・不満だった点：意見②】
いくら研修を受けてもモノは売れない。やっぱり、マーケティングのセンスは現場で磨くものだと思う。

在を前提としている点に着目すると、両者の違いがマーケティング理論に関する知識観の違いから生じていると解釈できた。

【意見②】の背後にある知識観はこういうことだろう。真の営業力とは現場での実践を通じて得られる職人技（暗黙知）であり、教室で学んだマーケティング理論を現場に転移（応用）するというやり方はなじまない。つまり、体系的なマーケティング理論の実践的な有効性には同意していないということだ。

では、【意見②】の知識観にフィットする学習モデルはどのようなものか。これまで学習転移モデルを当然のように受け入れてきたA氏には、まったく見当がつかなかった。というより、アカデミックな理論に基づく営業活動の優位性を信じ、「営業は勘と、経験と、度胸」といった考え方を、前近代的なものとして見下していたのである。不快感のこもった口調で、A氏は言った、

「あまりにも単純な現場主義だ。こんな古臭い考え方をする奴には、学習も教育も関係ないだろう」

経験知を紡ぎだす反省的実務家

さて、〝現場主義〟的な活動は、本当にアカデミックな理論に基づく活動より劣っているのだろうか。多様な分野における専門家の実践活動について研究を行ったショーンな

ら、おそらくA氏の意見に異議を唱えるだろう。[1]

ショーンは、著書において、従来のイメージとはまったく異なる〝専門家（professional）〟の振る舞いを描いている。

たとえば、経営コンサルタントのプロフェショナルな仕事ぶりを想像してほしい。通常われわれは、経営学の高度な専門知識を駆使し、現場の問題を鮮やかに解決していく姿をイメージするだろう。これに対し、ショーンが描くのは、不確実で、不安定で、矛盾に満ちた現場で葛藤する専門家の姿である。刻一刻と変わる現場の状況を瞬時に読み解き、専門家はそこだけで通用する〝束の間の理論〟を即興的に構築する。

しかし、それはあくまでも限定的・一時的な理論にすぎず、その状況が過ぎ去れば、〝束の間の理論〟は消え去っていく。そして、新たな状況に直面すると、専門家はまた別の〝束の間の理論〟を即興的に構築する。つまり、ショーンが描く〝プロフェッショナルな実践〟とは、アカデミックな研究の蓄積から体系的に構築された専門知識を現場に適用するのではなく、混沌とした活動のなかで限定的・一時的な対処法を次々と即興的に生みだしていくことだ。

このような専門家の振る舞いを、ショーンは「**行為のなかの省察（reflection in action）**」とよんでいる。専門家は「状況の分析」と「対応のための行為」を流れのなかで同時かつ継続的に実行しているということだ。そして、「行為のなかの省察」を特徴的な振る舞いとする専門家を「**反省的実践家（reflective practitioners）**」と名づけた。従来、実務家が現場経験から紡ぎだす知見（経験知）は、前近代的・非科学的と見なされてきたが、「行為のなかの省察」や「反省的実践家」といった概念は、その有効性を見直すきっかけとなった。

学び方を学ぶ経験学習モデル

それでは、ショーンが示した新たな専門家像は、どのように人材育成と結びついていくのだろうか。現場経験のなかから即興的に生みだされる経験知は、実践で大きな効果を発揮する。しかし、それは限定された状況で一時的に活用されるだけの〝束の間の理論〟に過ぎない。つまり、経験知の獲得自体は、「行為のなかの省察」という振る舞い方の修得に（無意味ではないものの）必ずしも結びつかないということだ。そうだとすれば、優れた「反省的実践家」になるためには、いったい何を学ぶべきか。

コルブによれば、それは「学び方を学ぶ（to learn how to learn）」ことである。[2]

一九八〇年代後半、コルブが提唱する「**経験学習**」という概念が、ビジネス分野で注目を浴びた。その理由は、この概念が学習を「知識の修得と、その応用」とは見なしていないことにある。コルブにとって学習とは、知識を受動的に覚えることではなく、「自らの経験から独自の知見（マイセオリー）を紡ぎだすこと」である。そして、このような学習観に基づき、コルブは実践・経験・省察・概念化という四ステージからなる「**経験学習モデル（experiential learning model）**」を提唱している。

【実践のステージ】　学習者は、現場においてさまざまな状況に直面する。そして、即興的な対応策を用いながら、それらの状況を乗り越えていく。

【経験のステージ】　実践体験のなかで、学習者はその後の活動に役立つようなエピソード的経験（成功体験・失敗体験）を積んでいく。

図表8　経験学習モデル（Kolb 1984、より一部修正）

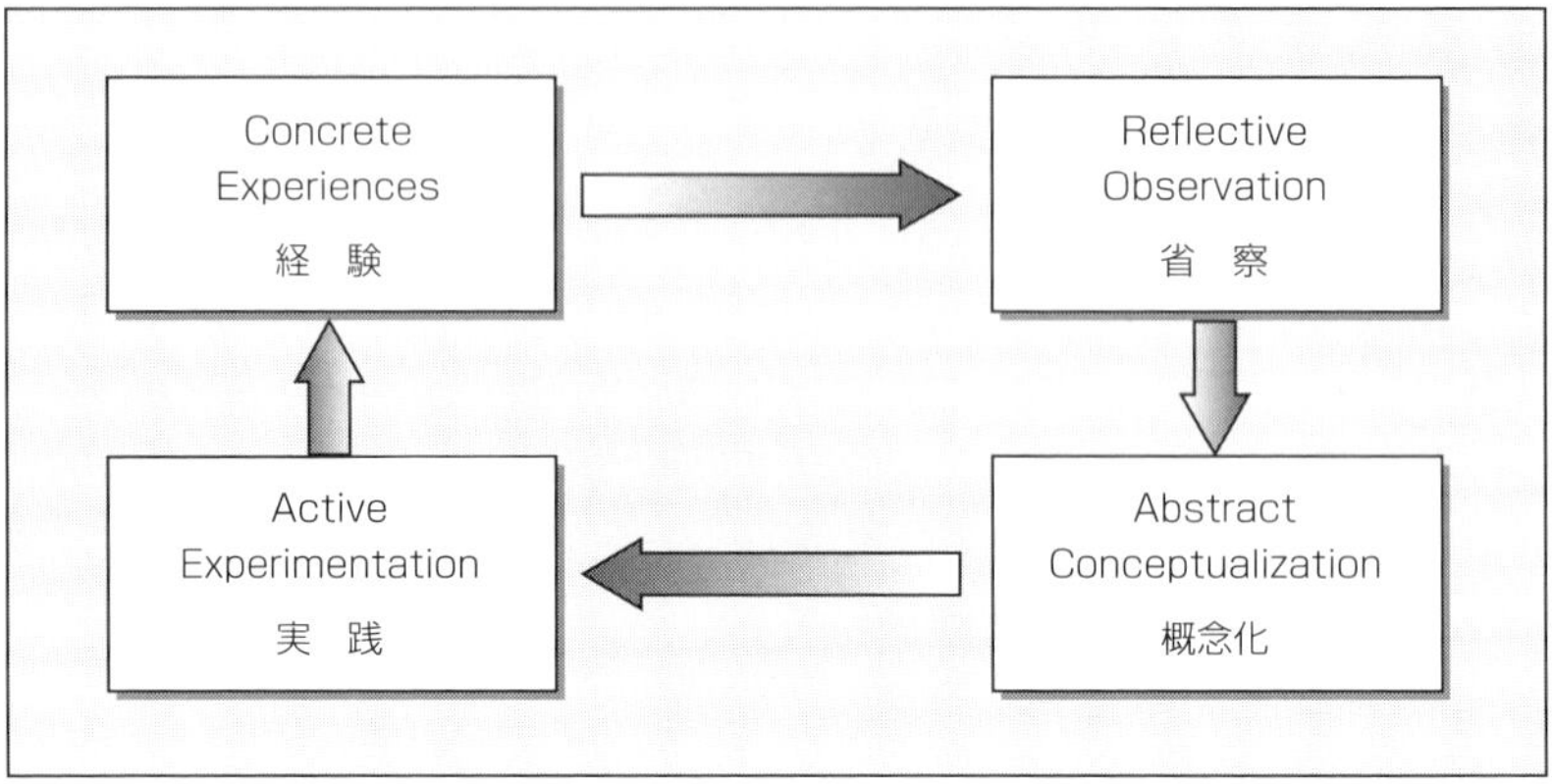

【省察のステージ】　ただし、学習者は「自分にとって何が役立つ経験か」を抽出できていない。現場の状況に埋め込まれているからだ。そこで、実践体験を振り返り、その後の活動に役立つと思われるエピソードを抽出することが必要となる。

【概念化のステージ】　抽出したエピソードについて検討を進め、学習者はその後の活動に役立つ独自の知見（マイセオリー）を紡ぎだす。ただし、これらは普遍的な理論である必要はない。重要なのは、マイセオリーを学習者が自ら構築することにある。

経験学習モデルでは、以上のプロセスから得られたマイセオリーを新たな【実践のステージ】で活用し、実践・経験・省察・概念化というサイクルを繰り返していく。つまり、学習とは終わりなきプロセスであり、四ステージのサイクルを継続すること自体が学習と見なされているのである。そして、このサイクルを継続するという実践のスタイルを体得することが、「学び方を学ぶ」ということを意味する。

経験学習の支援に向けて

以上を踏まえると、経験学習モデルを前提とする学習活動に対して、どのような支援活動（教育）を行うべきかが見えてくるだろう。理論上の世界とは違い、現実のビジネスは不確実で、不安定で、矛盾に満ちた混沌のなかにある。そんな場での〝実践力〟を身につけるには、現場での経験が必要不可欠である。しかし、それは教育活動が不要であることを意味しない。効果的・効率的に〝経験から学ぶ〟ためには、省察と概念化のステージに対する的確な支援がＫＦＳ（Key Factors for Success）となる。

実務家にとって、役立つと思われるエピソードを経験のなかから的確に抽出することは、実は非常に難しい。現場に身を置き、次々に起こる問題と格闘している最中にそんな余裕はない。したがって、**【省察のステージ】**として行う研修では、自分自身が埋め込まれた状況から一歩抜けだす必要がある。そのためには、学習者とは違った視点からの問いかけができる他者の存在が役立つ。それが、近年注目を浴びている〝**ファシリテーター**〟である。[3]

また、エピソードから独自の知見を紡ぎだす**【概念化のステージ】**では、アカデミックな理論も大いに役立つだろう。自分が現場で経験したことは、既存の理論ではどのように理解されているのか。理論を〝覚える〟のではなく、〝自分の経験を映す鏡〟と見なす姿勢が明確であれば、経験学習モデルと理論を学ぶことは矛盾しない。

ただし、「学び方を学ぶ」という経験学習のねらいを忘れてはいけない。紡ぎだされた知見が即成果に結びつくとは限らない。それはマイセオリーが役立たないからではなく、役立つような状況に直面してないからである可能性も大きい。

また、紡ぎだされた知見自体が役立つものであったとしても、短期的な成果に目を奪われてはいけない。「学び方を学ぶ」ということの意味を踏まえ、経験から学ぶという実践スタイルを関係者に理解してもらうこと。それも人材育成担当者にとって重要なミッションである。そして、その第一歩は、人材育成担当者である自分自身に向けられるべきだ。読者は短期的な成果に目を奪われていないだろうか。

＊＊＊

1 ドナルド・ショーン（著）／佐藤学、秋田喜代美（訳）（二〇〇一）『専門家の知恵――反省的実践家は行為しながら考える』ゆみる出版、東京
2 Kolb, D. A. (1984) Experiential Learning: Experience as the Source of Learning and Development, Prentice Hall, Englewood Cliffs.
3 ビジネス分野でのファシリテーションに関する参考文献としては、左記が挙げられる。
堀公俊（二〇〇四）『ファシリテーション入門』日本経済新聞社、東京
中野民夫（二〇〇三）『ファシリテーション革命――参加型の場づくりの技法』岩波書店、東京

4

教育の中身を決めるのは誰か「批判的学習モデル」

❖本節のねらい
批判的学習モデルとその支援のあり方について考察します

❖キーワード
批判的思考　批判的学習モデル　手段探求　目的合意　背景批判

人材育成担当者のミッションとは？

「戦略構築よりも、優先すべきは情報の共有化ではないか」

いくつかの問題点を整理できたことで、A氏は「学習モデル」という考え方の有効性を感じつつあった。そんなとき目に入ったのが、『新任・営業主任研修：マーケティング戦略の基礎』の受講者アンケートにあったこの意見だ（次頁図表9）。

これを読んだA氏は、戸惑いを感じながらつぶやいた。

「たしかに情報共有も重要課題だよ。でも、だからといってマーケティング研修が不要ってことにはならないだろう」

図表9　アンケート結果(4)

【物足りなかった点・不満だった点：意見③】
現在の状況において、戦略構築が営業部門の最重要課題だとは思えない。優先すべきテーマが他にあるはずだ。たとえば、情報共有化の問題など…。

営業活動における戦略構築力・企画提案力の向上を支援するにあたっては、「学習転移モデル」と「経験学習モデル」のどちらを前提とするかによって、異なる教育プログラムが考えられる。このことを理解したA氏は、『新任・営業主任研修：マーケティング戦略の基礎』の今後の展開において、どちらのモデルを中心に据えるかの検討を進めていた。つまり、そのときA氏の意識は、〝教育の方法〟に向かっていたということだ。その最中にふと目にしたのが、〝教育の中身〟について指摘した【意見③】である。

A氏にとって、【意見③】の指摘はある意味納得できるものであった。それは、「営業部門において情報共有がうまくいっていないのは問題だ」という認識がA氏にもあったからだ。しかし同時に、A氏には【意見③】の指摘をすんなり受け入れることにも抵抗があった。なぜならば、営業部門の生産性向上のために何をすべきかを決めるのは、人材育成担当者のシゴトだと考えていたからである。つまり、いくつかの重要課題に優先順位をつけ、課題解決に必要な知識・スキルの修得支援プログラムを企画・運営することが、人材育成担当者のミッションだとA氏は考えていたのである。A氏はこうつぶやく、

「今何を学ぶべきかを決めるのは、人材育成担当者だよなぁ……」

学習転移モデルと経験学習モデルの共通点

さて、〝教育の中身〟を決めるのはいったい誰なのか。この問題に答えるために、そもそもこの問題がどのような議論の流れから生じてきたのかを整理することから始めたい。前節では、学習者独自の知見を実践から紡ぎだすことに注目にした「経験学習モデル」を紹介した。そして、このモデルが学校教育に典型的に見られる「学習転移モデル」とは異なる知識観に基づいていることを確認した。つまり、そこでの議論は二つのモデルの差異に焦点が当てられていたということだ。

一方、ウィルモットは、これらのモデルには共通点があることを指摘している。[1] それは、暗黙知と形式知の違いこそあれ、二つのモデルはともに「知識・スキル修得の支援」を教育と見なしているということだ。多くの読者にとって、教育に関する以上、知識・スキルの修得という共通点は当然と思えるかもしれない。しかし、状況論アプローチでは、学習（教育ではない）を「日常のなかで複合的・継続的に進行する組織・個人の行動や考え方が変化していくプロセス」と理解していたことを思い起こしてほしい。学習をこのように理解するなら、変化の方向性、つまり「何が望ましい行動や考え方なのか」が重要なポイントとなるだろう。

仮に、何が望ましい行動や考え方なのかを学習者が認識しているのであれば、その実現に必要な知識・スキルを修得することで、学習者の行動や考え方は変化していくかもしれない。しかし、学習者自身が、望ましい行動や考え方（＝変化の方向性）を認識できていない場合、たとえ豊富な知識・スキルを身につけたとしても、現場での行動や考え方が変化することはないだろう。「営業部門はスタッフ部門との連携を強化すべきだ」とか、「自分はもっと広い視野から顧客ニーズを把握すべきだ」といった意識がなければ、学習は起こらないということだ。つまり、このような意味での学習を実現するには次のような二段階のプロセスが必要ということになる。

ステップ1：行動や考え方について、学習者自身が〝あるべき姿〟を描くこと
ステップ2：〝あるべき姿〟を実現するために必要な知識・スキルを修得すること

この点に着目すると、学習転移モデルと経験学習モデルでは、ステップ1が所与と見なされ、もっぱらステップ2に焦点が当てられていたことに気づくだろう。したがって、これらの学習モデルを前提とした教育は、知識・スキルの修得支援を目指したものとなるのである。

批判的学習モデルの系譜

では、ステップ1に焦点を当てたとき、どのような学習モデルが考えられるのか。近年、ステップ1を組み込んだ人材開発の方法として、**批判的思考（critical thinking）**に基づくさまざまな試みが行われている。批判的思考の起源は、ハーバマス流の**批判理論**、M・フーコーをはじめとする**ポストモダン思想**、**現象学**等々、多岐にわたっている。しかし、この分野における批判的思考の概念には共通点が見られ、一般に「ふだん、無意識にとっている自分の行動や考え方を、自覚し、〝批判的〟に振り返る」という意味で用いられている。

したがって、ここでの〝批判〟とは、他者の行動や考え方を非難したり、構想・企画の欠点を探しだすこ

とではない。批判の対象は自分自身、特に自分の置かれた状況を無批判に〝当たり前〟と見なす姿勢である。つまり、自分の行動や考え方について、学習者自身が〝あるべき姿〟を描くプロセスを重視し、自分自身の状況を意識的に省察することを通じて、現状に対する問題意識を育むことが、批判的思考の目指す学習（**批判的学習モデル**）である。

批判的思考の三段階

このとき、どのレベルまで省察を深めるかによって、問題意識の深さが変わってくることに注意しなければならない。レイノルズは、人材開発の分野における批判的思考には、以下のような三つのレベルでの省察が存在していると指摘している。[2]

【手段探求モード（instrumental mode）】 活動の背後にあるモノの見方・考え方と、そこから導きだされた活動目的を所与とし、目的達成のために効果的・効率的手段を採用しているかを〝批判的〟に省察する。

【目的合意モード（consensual mode）】 活動の背後にあるモノの見方・考え方を所与とし、そこから導きだされた具体的な活動目的が、他者の視点からも納得できる合理性をもっているかを〝批判的〟に省察する。

【背景批判モード（critical mode）】 現在取り組んでいる活動の背景まで立ち返り、設定された活動目的や手段を〝正しい〟と受け入れてしまった自分自身のモノの見方・考え方を〝批判的〟に省察する。

たとえば、「戦略構築力・企画提案力の向上が必要」という現状認識と、そのために「マーケティング理論を導入する」という活動目的を所与として、その導入方法の効果・効率を検討するのが、手段探求モードである。また、「戦略構築力・企画提案力の向上が必要」という現状認識を所与としたうえで、そのためにマーケティング理論を導入することが有効かを検討するのが、目的合意モードである。これに対して、【意見③】のように、「生産性向上を実現するためには、戦略構築力・企画提案力の向上が必要」という現状認識は〝正しい〟のかという問題まで立ち返って検討するのが、**背景批判モード**である。

人材育成における【意見③】のような問題意識を重視する研究者グループ（批判経営教育派）は、三つのモードすべてのレベルでの批判的思考を促すような人材育成活動が必要であると主張している。特に、学習移転モデルや経験学習モデルにおける省察が、手段探求モード・目的合意モードに留まっている点を踏まえ、より深いレベルでの問題意識を育むには、批判的学習を通じた背景批判モードでの省察が不可欠であると指摘している。

批判的学習の支援にむけて

以上を踏まえると、前提とする学習モデルによって、誰が〝教育の中身〟を決めるのかは、違ってくると言えるだろう。学習転移モデルや経験学習モデルを前提とするならば、人材育成担当者が「何が重要課題か」を見極め、その課題を解決するための知識・スキル修得を目指す教育プログラムを企画することになる。一方、批判的学習モデルを前提とすると、人材育成担当者が何を学ぶべきかを決めることはできない。「何が重要課題か」を見極めること自体が学習のねらいであり、その支援が教育に求められるからだ。

では、批判的学習モデルを前提とした人材育成活動を進めるには何が必要なのか。まず、適切な他者の存在がＫＦＳ（Key Factors for Success）となるだろう。ふだん、無意識にとっている自分の行動や考え方を、自覚し、〝批判的〟に振り返る。これを学習者が独力で達成するのは極めて困難だ。したがって、効果的な批判的学習を実践するには、学習者が置かれた状況を外部から見つめ、学習者自身の気づきを引き出すようなディスカッション・グループやファシリテーターの役割が極めて大きい。

そして、最も重要なのは、人材育成担当者自身が批判的思考を実践することだ。担当した教育プログラムの背景まで立ち返り、その目的や手段を〝正しい〟と受け入れた自分自身のモノの見方・考え方を〝批判的〟に省察してほしい。自分の置かれた状況を無批判に〝当たり前〟と見なす姿勢では、批判的学習モデルを前提とした学習の支援はできないはずだ。

＊＊＊

1 Willmott, H. (1997) Critical Management Learning, In Burgoyne, J. and Reynolds, M. (Eds.), Management Learning: Integrating Perspectives in Theory and Practice, Sage, London, pp161-176.

2 Reynolds, M. (1997) Toward a Critical Management Pedagogy, In Burgoyne, J. and Reynolds, M. (Eds.), Management Learning: Integrating Perspectives in Theory and Practice, Sage, London, 312-328.

5 学習と仕事の境界線「正統的周辺参加モデル」

❖本節のねらい
正統的周辺参加モデルとその支援のあり方について考察します。
❖キーワード
学習転移問題　正統的周辺参加モデル　仕事のなかでの学び　組織学習　クロス・ファンクショナル・チーム

人材育成の範囲はどこまでか？

アンケートにあった次の意見も、A氏が想定していた内容の回答ではなかった（次頁図表10）。

「アカデミックな理論がわが社の組織文化になじむかどうか疑問」

しかし、A氏の反応はこれまでとは違っていた。本質をズバッと突かれたような気がしたからだ。

「これも研修の問題とは言いがたい。でも、企業教育にとっては本質的な問題だ」

研修のアンケート結果について検討を進めるなかで、企業教育に関する自分の考え方が変化してきたことを、A氏は実感していた。特に、さまざまな学習モデルの理解を通じて、個人の主体的活動としての〝学習〟

図表10　アンケート結果(5)

【物足りなかった点・不満だった点：意見④】
個人的には、アカデミックな理論に基づく分析がマーケティングには必要だと感じている。しかし、わが社の組織文化にそれがなじむかどうか疑問。

とその支援活動としての〝教育〟の違いについては、十分に整理することができた。

しかし、何か見落としがあるようにも感じていた。【意見④】を読むことで、それが何であるかがはっきりした。学習転移型、経験学習型、批判的学習型のモデルが対象としていたのは、個人の学びであり、それを組織のパフォーマンス向上にどう結びつけるかという視点は存在しない。学習と教育の関係には鋭く切り込む一方、学習と仕事の関係についての考察は不十分ということだ。

ただ、学習と仕事の関係に深く入り込むことに、A氏がためらいを感じていたのも事実だ。【意見④】が指摘する組織文化の問題。これに踏み込むのは、〝人材育成〟の範囲を超えているように思えたからだ。人材育成担当者にとって〝学習と仕事の境界線〟がもつ意味は重い。組織人である以上、「われわれは責任をもって個人を育成する。その成果を現場全体に浸透させるのは各部門・部署の責任だ」という見解も一概に逃げとは言えないはずだ。しかし、……。

しばし沈黙したのち、A氏はきっぱりと言い放った、

「パンドラの箱かもしれないけれど、思い切って開けてみようじゃないか！」

学習は実務に役立つか――学習転移問題

さて、学習と仕事の境界線というテーマに対し、研究者はどのようにアプローチして

きたのだろうか。人的資源開発の分野において、このテーマは「**学習転移問題（Learning Transfer）**」とよばれ、一九五〇年代には解決に向けたさまざまな試みが始められていた。

しかし、そのほとんどは実務家の要求を満たすようなレベルには至らなかった。それは、企業教育における個人の学習成果が組織のパフォーマンス向上に結びつかない原因を、もっぱら個人にあると見なしていたからである。現場の組織に起因する問題は不問のまま、「現場で実力を発揮できるレベルにまで、個人が成長していない」とか、「現場では役に立たないような知識・スキルを学んできた」といった理由づけに応えるために、新たな教授法と教材の開発が進められてきた。

そして、保守的な組織文化、硬直的な組織編成、偏った上司の評価、同僚の非協力的な態度、といった組織のパフォーマンス向上を阻害する問題については、人的資源開発の範囲外と見なし、その解決を組織論など他の研究分野に委ねていた。

仕事のなかの学び——正統的周辺参加モデル

このような状況に対し、一九九〇年代初頭、人材育成と組織行動の相互構成的な関係を理解するための革新的な枠組みを提唱したのが、レイヴとウェンガーである。[1] 彼らの革新性はどこにあったのか。それは、新たな教授法や教材を開発するのではなく、「個人としての学習成果をいかに組織としての仕事に結びつけるか」という問題設定自体を否定したことである。彼らは、この問題の前提にある〈学習vs.仕事〉・〈個人vs.組織〉といった二項対立的な認識の変更を迫り、それに代わる新たな考え方として、「**正統的周辺参加**」という概念を提唱した。

この概念は非常に複雑で、関連分野も多岐にわたっているため、ここでは学習と仕事の関係という側面に絞って説明したい。[2] その場合、正統的周辺参加論の中核にあるのは、「仕事のなかの学びこそ本来の姿である」という主張だと言える。

レイヴとウェンガーは、徒弟制的な共同体において、新人がどのように一人前の職人になっていくのかに注目した。そして、そのような状況における学習者（新人）にとって、学習は仕事のなかの日常的行為に埋め込まれたものであり、〈学習vs.仕事〉という対立概念が存在しないことを明らかにした。

共同体の実践活動に参加するとき、学習者が意識しているのは、「問題意識の育成」や「知識・スキルの修得」といったシステマチックに細分化された目的ではなく、トータルな意味での実践活動における行為の熟練である。他者の目には、「彼は知識を身につけている」とか、「彼女は重要な問題点に気づいた」と映るような状況であっても、学習者本人にとっては「いい仕事をしよう」と思っているだけで、「今、自分は学習している」という意識はないということだ。

さらに、このような状況では〈個人vs.組織〉という対立概念も解消されている。実践活動における行為の熟練は、共同体全体が行う実践活動への貢献度によって評価されるからだ。知識・スキルの修得といった概念自体が存在しない場合、「あいつは知識レベルは高いのに、それを共同体のパフォーマンス向上に結びつけていない」といった評価はありえない。共同体の活動成果と個人の学習成果は一体不可分の関係にあり、学習者個人にとっても、〝いい仕事〟とは「自分の担当業務をうまく遂行した」という個人レベルのことではなく、「共同体全体にとっての活動目的を達成した」という組織レベルのものとなる。

以上のような、学校的な教育システムが存在しない場における学習のあり方（正統的周辺参加モデル）を踏まえ、レイヴとウェンガーは、〈学習vs.仕事〉・〈個人vs.組織〉という対立概念を生みだしているのは、学校に代表される〝正式〟な教育システムの下で行われるものだけを学習と見なす姿勢であると主張している。このような主張は、企業研修やＭＢＡコースにおける個人の学習を前提として研究を進めてきた人的資源開発の分野にとって、**仕事のなかでの学びや組織学習**の重要性に目を向けるきっかけとなった。

クロス・ファンクショナル・チームの教育的効果

では、正統的周辺参加モデルは、企業における人材育成に対し、どのような示唆を与えてくれるのだろうか。ここで重要なことは、新しい研修プログラム、効果的な教授法、わかりやすい教材、といった〝処方箋〟が示されているわけではないということだ。反対に、正統的周辺参加モデルは処方箋レベルの解決策の限界を示していると言えるのではないか。なぜならば、〝学習と仕事の境界線〟を越えた試み自体はすでに始まっており、その事例は現在の人材育成担当者が関わっていない活動のなかに見出せるからだ。

今日、縦割り組織の弊害を打破するため、さまざまな部門から若手・中堅社員を集め全社的なプロジェクトを進める、いわゆる〝**クロス・ファンクショナル**〟な活動が、多くの企業で実施されている。このような活動の効果は、全社的なプロジェクトの実現のみにあるのではない。クロス・ファンクショナル・チームに参加することで、若手・中堅社員が組織横断的な考え方を身につけていくといった、人材育成面での効果も大きい。

また、クロス・ファンクショナル・チームには、プロセス・コンサルテーションの専門家が参加し、問題解決をファシリテートすることも多くなりつつある。つまり、クロス・ファンクショナル・チームとは、組織横断的なプロジェクト・チームである一方、〝学習と仕事の境界線〟を越えた人材育成の場でもあることを意味する。

これまで、クロス・ファンクショナル・チームのような活動は、いわゆる「人材育成活動」とは見なされてこなかった。しかし、その計画・実施を人材育成部門が担当していなくても、ここは人材が育成されていく場であるという認識は広まっている。そして、このような、〝学習と仕事の境界線〟を越えた人材育成の場が、ビジネスの現場全体に広がっていく可能性は大きい。

人材育成担当者のミッション再定義に向けて

以上のような状況に対応していくためには、人材育成担当者のミッションを再定義するといった、根本的な対応が必要となるだろう。

たとえば、実践的な教育プログラムとして多くの企業で実施されているプロジェクト型研修。多くの場合、研修中に策定した企画案について、担当部門の重役・本部長等を招いた企画発表会が実施されるものの、それが実際にビジネス化されることは皆無に等しい。企画はあくまでも学習の一環と見なされるからだ。

しかし、〈学習vs.仕事〉という対立を乗り越え、プロジェクト型研修を真に実践的なものとするには、誰かが企画案のビジネス化に取り組まなければならない。もちろん、その〝誰か〟とは人材育成担当者以外にない。この場合、担当部門との交渉、予算の確保、人事の調整等を行う**社内ビジネス・インキュベーター**としての役割が必要だ。

また、〈個人vs.組織〉という対立を乗り越え、部門・部署全体のパフォーマンス向上に寄与するには、各部門・部署から参加者を集めて行われる研修に代わって、部門・部署の所属メンバー全員が同時に参加するような研修が必要かもしれない。部門・部署が抱えている問題の解決を研修のなかで行うということだ。この場合、人材育成担当者は、それぞれの問題解決に役立つ専門家（講師）を選定すると同時に、部門・部署のメンバーによる問題解決をファシリテートすることが求められるだろう。**問題解決のプロセス・コンサルタント**の役割を担うということだ。

もちろん、ここで挙げた「社内ビジネス・インキュベーター」や「問題解決のプロセス・コンサルタント」といった役割は、従来の人材育成担当者のミッションにはないものだ。そして、このような役割を明確に定義している企業も現時点ではおそらくないだろう。しかし、〝学習と仕事の境界線〟を越えた試みが、従来的な意味での「人材育成」とは違う領域で始まっているという事実を認識しなければならない。

やはり、正統的周辺参加モデルは、〝パンドラの箱〟かもしれない。しかし、開けられた箱の底には、〝希望〟が残されていることを忘れないでほしい。

＊＊＊

1 ジーン・レイヴ、エティエンヌ・ウェンガー（著）／佐伯胖（訳）（一九九三）『状況に埋め込まれた学習――正統的周辺参加』産業図書、東京

2 レイヴとウェンガーの著書・『状況に埋め込まれた学習――正統的周辺参加』で提唱された重要な概念の一つに「実践共同体」がある。その後、この概念はウェンガーを中心としたメンバーによって研究が進められている。その参考文献としては、左記の文献が挙げられる。
エティエンヌ・ウェンガー、リチャード・マクダーモット、ウィリアム・R・スナイダー（著）／櫻井祐子（訳）（二〇〇二）『コミュニティ・オブ・プラクティス――ナレッジ社会の新たな知識形態の実践』翔泳社、東京

●コラム

アクションラーニング活用のポイント

個人や組織の実務能力を高めるための学習方法として、ボーイング社やシェル社がリーダーシップ養成のプログラムとして活用しているのが「アクションラーニング」である。これが近年注目を浴びている。

アクションラーニングは「個人や組織の学習能力を高めるために、現実の問題・課題を題材に質問を中心とした小グループによるディスカッションで策を考え・実施することで、実務上の問題解決や課題達成のなかでリフレクション（内省）しながら個人やグループ・組織が学習していくプロセス」である。[1]

その特徴は左記のようにまとめられよう。

・参加者にとっての実際の（＝責任を持った）問題や課題を題材としている
・策を考えるだけでなく、責任をもって実際に問題解決や課題達成に向けて行動する
・議論や行動からのリフレクションによって学ぶ

アクションラーニングが注目を浴びるようになったのは、個人だけの力では解決しえない複雑な問題・課題が増加しチームとしてのアプローチが重要になるなかで、組織として望ましい成果を得

るためには各個人の学習だけではなく、チームあるいは組織としての学習（活動）が必要であるといったニーズが根底にあると考えられる。

アクションラーニングの一般的なプロセスについて、アクションラーニングの第一人者と言われているマーコードは次のように述べている。[2]

ステージ１　問題の理解と問題の再定義（真の問題は何かを考え・定義する）
ステージ２　目標の設定と標準化（目標を設定し、それをグループや組織のものとする）
ステージ３　行動計画の作成と検証（行動計画を作成し、具体的な段取りをつけ、検証する）
ステージ４　実行とリフレクション（具体的に行動し、その結果をグループで省察する）

場合によってはこれらプロセスが繰り返されることになる。そして、それぞれのプロセスのなかではグループディスカッションが行われるが、それらは意見を交わす議論ではなく、メンバー間の「質問」とそれに対する「回答」が中心となる。質問について深く考えることで、事の本質に迫り、リフレクションを促すことを狙ってのものである。

また、マーコードは「アクションラーニングを推進するための六つの構成要素と二つの基本ルール」を示している。

構成要素１　問題（プロジェクト、挑戦、機会、課題）
重要かつ緊急度が高く、解決に際してグループに責任をもたせることができる問題、プロジェクト、課題を題材とすることで、行動を促す。たとえば、学習者が「組織風土の改革を求められているマネジャー」であれば、その「改革（プロジェクト）」を題材としてアクションラーニングの場に持ち込むことになる。

構成要素２　グループ

四～八人からなる多様なバックグラウンドを持ったメンバーでグループを構成し、複雑で困難かつ組織的な問題に取り組む際に必要な、多様な見方を学びあえるようにする。たとえば、営業・経理・管理・人事……といったようなさまざまな職種のメンバーが集まることで、問題に対して多様なアプローチを検討できるとともに、議論を通じてお互いの異なる立場や見方を知り合うことが期待される。

構成要素３　質問とリフレクションのプロセス

メンバーには意見や考えを述べさせることより、質問とリフレクションを重視させ、「何を知っているか」ではなく「何を知らないか」に焦点を当てる。たとえば、他のメンバーからの「風土改革が必要なのはなぜですか？」「社員はどのように感じていますか」といったさまざまな質問に答えることで、問題の本質に迫っていくことができる。

構成要素４　問題解決のための行動を起こす

アクションラーニングでは問題の解決策を考えるだけでなく、解決のための実際に行動し、そこからリフレクションを得る。そのために、組織内でアクションラーニングを実施する場合、グループによって作成された解決策が実行されることが保証されていなければならない。たとえば「風土改革のために組織横断のプロジェクトチームを編成する」という決定をした場合、組織は原則的にはその実施・実現を支援する必要がある。

構成要素5　学習へのコミットメント

単なる問題解決の作業に終わらせず、個人・グループ・組織の能力開発という長期的な利益にも価値を置き、プロセスや失敗などから学ぶことを忘れないようにする必要がある。たとえば、「風土改革プロジェクト」の推進だけを考えれば独断専行で進めた方がスピーディかもしれないが、そこで個人もグループもしっかり省察することを忘れず、そのためのプロセスを実施するようにしなくてはならない。

構成要素6　アクションラーニングコーチ

学習を促し、問題をできるだけ早く解決するためのコーチを存在させる。コーチの役割はそれぞれのセッションで何を学習し、どのようにして問題を解決させるかをメンバーに考えさせることである。コーチの発する問いかけは、たとえば「そこから何を学ぶことができますか？」「それは問題の本質に迫る質問でしょうか？」といったものである。

そして、上記を効果的・効率的に進めるために必要な「二つの基本ルール」として、メンバーの

「意見を述べたい」「判断を下したい」という衝動を抑え、傾聴し省察するという態度へと変化させるための「ルール1　意見は質問に対する回答のみ」、セッションが望ましくない方向に進んだ際にタイミングを逸せずに軌道修正するための「ルール2　アクションラーニングコーチはいつでも介入できる」を挙げている。

以上のプロセス、構成要素、ルールからも分かるとおり、ディスカッションの中で、参加者やグループは問題解決や省察を通じて、個人の学習能力（特に問題の本質への迫り方）や実務能力（計画や段取り）、チームビルディングや学習する組織の構築を学んでいくことになるのだ。

（北村）

＊＊＊

1　現実の問題を題材とした学習全般をアクションラーニングと呼ぶ場合もある。

2　マイケル・J・マーコード（著）／清宮普美代、堀本麻由子（訳）（二〇〇四）『［実践］アクションラーニング入門――問題解決と組織学習を同時に進める画期的手法』ダイヤモンド社、東京

◉コラム

コーチングは誰のためにあるのか?

企業内、それも職場の人材育成で「コーチング」という言葉が日常的に聞かれるようになって久しい。[1] コーチングは簡単に言えば「クライアント（コーチングされる側）が本来もっている力や可能性が最大限に発揮できるようになるために、質問を中心としたコミュニケーションを通じて取るべき行動を一緒に探すことで、クライアント自身の気づき、意思決定、実践、学びを支援する」ことである。

その前提にある考え方は「答えはクライアントがもっている（知っている）」ことであり、コーチの役割は何かを教え込むことではなく、クライアントがもっている答えを対話のなかで引き出し、それを成果に結びつける支援をすることである。したがって、コーチングの主役はコーチではなく、あくまでもクライアントである。

コーチングが注目を浴び、今や職場での教育の中心として扱われるようになった大きな要因は、業務がより複雑化するとともに、よりいっそうのスピードも求められるようになったことだろう。組織内の個人個人は、市場や顧客に適切かつスピーディに対応するために、上司や先輩の指示を待つのではなく自分自身でスピーディに判断すること、また、誰かから教えられるのを待つのではなく自らが知識や情報を獲得しながら仕事のなかで学んでいくことが求められている。

また、指揮・指導する上司や先輩の側も、組織として成果をあげるために、部下が「指示待ち」

にならず自律的に動けるようにするための育成や動機づけが重要になってくる。さらに、ジェネレーションギャップが拡大し、個人の価値観が多様化するなか、コミュニケーションギャップを埋めるための態度やスキルも求められる。

このような環境のなか、従来とは違う人材育成やマネジメントのスキルとして脚光を浴びたのが、コーチング（スキル）である。

従来の人材育成は、上司や先輩、あるいは講師といった「知っている人」が「知らない人」に知識やスキルを教え込む（場合によっては叩き込む）といった知識伝授を前提にしたものがほとんどだった。ところが、コーチングによって、人材育成は知識の伝授だけでなく、学ぶ側が学べるように支援するといったことも重要であることが認識されたのである。このようにコーチングは、学びの中心が「教える側」ではなく「学ぶ側」であることへの気づきを促した。

ただし、コーチングで育つのはクライアントだけではない。コーチもクライアントと一緒に育っていくことが多い。第一に、コーチの側もコーチやメンターになるための研修や学習を通じ、コミュニケーションスキルが向上することである。

コーチングはコミュニケーションをベースにした業務や学習の支援活動であり、支援する側であるコーチには、「傾聴し共感する」「適切な質問をする」「観察し適切なタイミングで関与する」といったスキルが求められる。こういったスキルは指示を中心としたマネジメントをしてきた上司、あるいは知識を一方的に伝授（あるいは押しつけ）してきた指導者にとっては新たな重要なスキルとなる。

第二に上司や指導者としての自分を振り返る機会を得られるということである。

コーチとしてのトレーニングを受けることで、スキルアップだけでなく、それまでの自分を振り返る機会を得ることができる。よかれと思って行ってきた「指示を中心としたマネジメント」や「一方的な知識伝授」が、部下や後輩とのコミュニケーションギャップを広げてしまうかもしれない(あるいは広げてしまっていた)ことをコーチングの学習で気づくことができるはずである。

第三に、コーチングのための日常的なコミュニケーションのなかで、クライアントから多くの学びや気づきを得られるということである。

コーチングをするなかでコーチはクライアントの気づきや考えに多く触れられるようになる。そのなかにはコーチ側が気づかなかったり、考えが及ばなかったりすることも多々あるはずである。つまり、上司や先輩にとって一方的に「教える」相手であった部下や後輩が、「学ぶ」相手としても認識されうる存在になったとも言える。

このように、コーチングはコーチとなる上司や先輩、ひいては組織全体にとっても大きな「学び」や「気づき」の機会となり得るのである。

(北村)

＊＊＊

1 榎本英剛、増田弥生(二〇〇一)「コーチングとは何か」『ハーバード・ビジネス・レビュー』二〇〇一年三月号、ダイヤモンド社、五〇〜六五頁

第3章

動機づけの理論

やる気を出させる方法

1 やる気の出る研修とやる気の理論

❖本節のねらい
動機づけに関する心理学の歴史を簡潔に振り返ります。

❖キーワード
生理的動機　親和的動機　達成動機　マズローの欲求段階説

やる気の出る研修はないものか？

「近頃どうも主任クラスに元気がない。何か、やる気の出る研修でもやってもらえないだろうか」

最近、Aさんを悩ませている研修の企画は、ある事業部長のこんなひと言から始まった。

伝統ある大手電機メーカーX社は、もともと社員の離職率は低い。毎年行う従業員意識調査でも、会社に対する社員の満足度は比較的高い。最近は、オフィス環境の整備に力を入れており、本社ビルや事業所は、以前より広く明るくなり、社員には一人ずつゆったりとしたデスクスペースが与えられるようにもなった。しかし現場の管理職からは、「どうも今の主任には元気がない」、「若手が、がむしゃらに挑戦することが少なくなった」という声が聞かれるようになっていた。

そこで人材開発部では主任クラスを対象に、「やる気の出る研修」を企画することとし、Aさんがその担当者となったのだった。しかし、いったいどうすれば主任クラスのやる気を引き出せるのだろうか。

これまで、人が学んだり働いたりする「やる気」について研究を行ってきたのが、教育心理学や産業心理学などの心理学である。私たちはしばしば、「あいつにはやる気がない」など、やる気を個人の資質のせいにしてしまいがちである。しかし、そもそも人ははじめからやる気に満ちた存在なのだろうか。

心理学では、人は何かの「欲求」によってつき動かされる存在だと考えることから出発する。このため心理学では人のやる気を、「動機づけ（モチベーション）」とよぶ。「動機づけ」とは、人を行動に向かわせる欲求である。つまり、人がどのようなことに動機づけを感じるかがわかれば、人のやる気を引き出すことも可能なのである。この章では、こうした「やる気」に関する諸理論について説明する。[1]

「やる気」を説明する理論

一九世紀以降、経営者にとって労働者を動機づけることの重要性が高まるにつれ、動機づけに関する研究がさかんに行われるようになった。これらの研究が人間の動機づけとして着目したのが、「**生理的動機**」、「**親和的動機**」、「**達成動機**」である。以下、順に説明しよう。

一番はじめに人間の動機づけとして考えられたのは、「生理的動機」であった。生理的動機とは、飢えや渇き、苦痛など、人間の生存に関わる欲求である。生理的動機が考えられた一九世紀初頭は、多くの工場労働者たちにとって、労働は何よりも生きるための手段であった。そこで労働者への動機づけとして、生存に直結する生理的動機が考えられたのである。生理的動機では、人間は動物とそれほど変わらない存在として捉えられる。

しかし一九三〇年代になると、人間関係学派によって人間は感情をもった「社会的生物」であることが主張されるようになった。このような人間関係学派の発見から、動機づけとして考えられたのが、人間の感情を重視する「親和的動機」である。親和的動機は、**「ホーソン実験」**から発見された。

「ホーソン実験」とは、人間関係学派の拠りどころとなった有名な実験である。ハーバード大学のメイヨーを中心とするチームによって、イリノイ州ホーソンにある電機工場で行われた。メイヨーらは、照明や休憩時間といった物理的条件を変え、労働条件と生産高の関係を調べる大規模な実験を行っていた。するとそのなかに、物理的条件が劣悪であっても、対象となった女子工員の生産高が下がらない場合があった。調べてみると、仕事のペースなどが自由に決められるだけでなく、監督者との折り合いがよい、他のメンバーとの関係がよいといった、職場の人間関係が、働く意欲に大きく影響していることが明らかとなった。

このように良好な人間関係によってもたらされる動機づけが、親和的動機である。親和的動機とは、「仲間に存在を認められ、仲良く行動をともにしたい」という欲求である。心理学では、ホーソン実験における発見から、人間には「生理的動機」だけでなく社会的生物としての「親和的動機」が重要であると考えられるようになった。ちなみに、ホーソン実験では、実験的なプロジェクトに参加していることへの誇りも、女子工員たちの意欲に影響していた。このように、新しい試みなどにより注目されることとの効果を、**「ホーソン効果」**という。

生理的動機、親和的動機の次に、人間の動機づけとして考えられたのが、「達成動機」である。達成動機は、「目標に向かって何かを成し遂げたい」という欲求である。漠然と働くより、たとえば「この仕事を通じて、自分の企画力をもっと高めたい」など、自分なりの目標をもっているほうが、仕事のやりがいを感じやすい。

達成動機の研究は、一九五〇年代頃から、心理学者マレー、マクレランド、アトキンソンらによって行われた。マレーは、人間の行動は、人間の内側にある「要求（need）」に方向づけられていると考え、屈従、親和、攻撃など、二〇の要求をリストアップした。そのなかの一つが「達成動機」である。マクレランドは、難しい課題に取り組み、目標を達成しようとする達成動機が経済発展を促がすことを、歴史的分析から明らかにした。また、目標達成の成功、失敗といった自己認知が、達成動機に影響すると考え、達成動機を高める訓練プログラムも開発した。

一方、アトキンソンは、達成動機は目標達成に成功したいという動機（**成功への接近傾向**）と、失敗する恐怖（**失敗回避傾向**）との差から、導かれると考えた。たとえば、仕事において、とても達成することが困難な難しい課題を与えられたり、失敗することによるマイナス面が強調されたりすると、かえって達成動機は弱まってしまう。達成動機にとっては、適度な目標や課題を設定することが大切なのである。

以上、心理学における動機づけ理論として、生理的動機、親和的動機、達成動機について見てきた。今日、働く意欲として最も重視されているのは、達成動機であろう。いわゆる、「仕事のやりがい」や、「仕事で自己実現したい」という欲求である。

先ほどのX社の場合を考えてみると、オフィス環境を整備しても主任クラスに元気がないのは、快適なオフィスといった生理的動機より、仕事のやりがいなどの達成動機を求めているからかもしれない。オフィス環境が快適であるといった生理的動機や、職場の人間関係がよいといった親和的動機も大事ではあるが、私たちが就職・転職を考えたり、仕事に対するやる気が最も高まるのは、その仕事において目標を達成したいという達成動機によって動機づけられるときである。

しかし一方で、いくら仕事のやりがいがあっても、劣悪なオフィス環境のなか、職場の人間関係も悪く、たった一人毎日遅くまで残業をしなければならないとすれば、それもまた働く意欲を下げる結果となるだろう。

結局のところ、人間の動機づけはどれか一つだけということではなく、実際には生理的動機や親和的動機、達成動機が絡み合っているものである。

「やる気」の段階

このような複数の人間の欲求に段階があると考えたのが、マズローである。マズローは、人間のさまざまな欲求を段階的に位置づける**「欲求段階説」**を唱えた。

マズローは、人間の欲求を最も低次の欲求から**「生理的欲求」**、**「安全の欲求」**、**「親和の欲求」**、**「自我の欲求」**、**「自己実現の欲求」**の順に階層化し、低次の欲求が満たされるとより高次の欲求があらわれると考えた。高次の欲求ほど、自己実現の欲求のように人間の内面的な欲求になっていることが特徴である。

マズローと同様、人間の欲求を、低次の欲求と高次の欲求とに分けて考えたのが、マグレガーやハーズバーグである。マグレガーとハーズバーグは、動機づけを経営手法と結びつけて考えた。[2]

マグレガーは、低次の欲求に基づく人間モデルを**「X理論」**、高次の欲求に基づく人間モデルを**「Y理論」**と呼んだ。X理論とは、人間は生来怠けもので、金銭などで刺激したり、厳しく監督しなければ働かなくなると考える人間モデルである。これに対し、Y理論とは、人間は本来進んで働きたがるものであり、自己実現のために自ら行動しようとすると考える人間モデルである。

マグレガーは、生活水準が向上し低次の欲求が満たされるにつれ、人は、Y理論のように高次の欲求を求

図表11　マズローの欲求段階

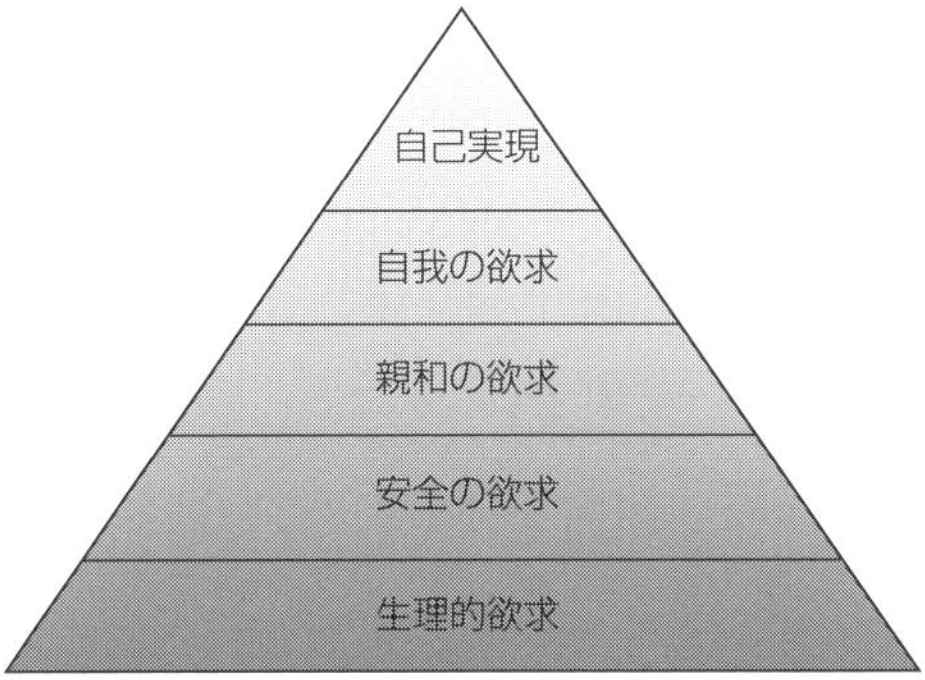

めると考えた。そして、Y理論に基づく、新たな経営手法の必要性を主張した。

一方、ハーズバーグは、人間の欲求には、仕事への不満につながる欲求と、仕事への満足につながる欲求との二種類があることを発見した。

ハーズバーグは、二〇〇人の経理担当者、エンジニアに対するインタビューを行った。すると、作業環境など低次の欲求は、それが満たされなければ仕事への不満感を増すが、満たされたからといって仕事へのやる気をかきたてるわけではなかった。仕事への動機づけを高めていたのは、達成感や人から認められることといった、より高次の欲求であった。

そこでハーズバーグは、作業環境など低次の欲求を「**衛生要因**」、達成感や人から認められることといった、仕事の動機づけを高める要因を「**動機づけ要因**」と呼んだ。そして、低次の欲求に関する「衛生要因」は仕事の不満を減らすのに役立つにすぎず、仕事の動機づけを高めるためには、より高次の「動機づけ要因」が必要であると提唱した。これが、「**動機づけ・衛生理論**」である。

このようにこれまで心理学においては、さまざまな人間の動機づけを低次の欲求から高次の欲求までの段階に分けて考えてきた。

しかし人間の欲求は、諸理論が考えるほど段階的だろうか。最近では、社員の自由な発想や創造を支援するため、オフィス空間のデザインに力を入れる企業も見られる。たとえば日本テレコムの新しいオフィスは、マーケットや街をイメージした、仕切りがなく誰もが気軽に集えるオープンな空間となっている。[3]オフィス環境という、社員の生理的欲求を満たすことが、より高次の欲求である仕事のやりがいに通じることもある。一方、給与などの待遇に関係なく自分の好きな仕事をしたいというように、生理的動機や親和的動機よりも自己の達成動機を第一に重視する人もいるだろう。このように、人の「やる気」は実際にはとても複雑であり、その内容によって低次と高次に分かれたり、必ずしも低次から高次へと段階的に進むものでもない。

人が学んだり働いたりするためのやる気を、別の切り口から研究してきたのが基礎心理学や教育心理学である。次の節では、人のやる気に関するもう一つのアプローチを紹介しよう。

＊＊＊

1　動機づけについては左記の文献に詳しい。
市川伸一（二〇〇一）『学ぶ意欲の心理学』ＰＨＰ新書、東京
宮本美沙子、奈須正裕（編）（一九九五）『達成動機の理論と展開』金子書房、東京
大村彰道（編）（一九九六）『教育心理学Ｉ　発達と学習指導の心理学』東京大学出版会、東京

2　経営手法から見た動機づけについては、左記に詳しい。
ダイヤモンド・ハーバード・ビジネス・レビュー編集部（編著）（二〇〇五）『動機づける力』ダイヤモンド社、東京

3　「社員を満たす会社」『日経ビジネス』二〇〇五年四月四日号、日経ＢＰ社、三二〜三三頁

2 外側からのやる気、内側からのやる気

❖本節のねらい
動機づけに関する基礎心理学の理論について簡潔に振り返ります。

❖キーワード
外発的動機づけ　内発的動機づけ　知的好奇心　自己の有能さ　自己決定

仕事に面白さを感じるとき

「最近、仕事に慣れたせいか、新しいことに挑戦する面白さは少なくなってきているかなあ。この仕事で自分が成長しているという実感が、薄くなっているんだよね」

人材育成担当者のAさんの問いに、主任Bさんはこう答えた。Aさんは主任クラスに元気がない理由を調べるため、まずは親しい主任であるBさんにインタビューすることにしたのだった。

事業部で開発を担当するBさんは入社一二年目で、最近はプロジェクトのリーダーも任されるなど、将来が期待される技術者である。しかしBさんは、会社や仕事に特に大きな不満はないが、その代わりに、面白さを感じることも少なくなってきているというのだった。

たしかに、他社と比較してもX社の主任の給与はそれほど悪くない。またX社では、数年前から全社的な労働環境や職場環境の向上に取り組んでおり、一カ月の残業時間や開発スケジュールがそれほど厳しいわけでもなかった。Aさんは、それにもかかわらず主任クラスのやる気が落ちているのは、「仕事の面白さ」が影響しているのではないかと考えた。それでは、どのようなとき、人は仕事に面白さを感じるのだろうか。

人が仕事そのものに感じる面白さ、やりがいを、「**内発的動機づけ**」という。これに対して、報酬など外部から与えられる動機づけが「**外発的動機づけ**」である。前節では、人の動機づけ理論として、欲求の内容による区分と欲求段階に関する理論を見てきた。しかし今日、学校や企業における動機づけの考え方に大きな影響を与えているのが、内発的動機づけの理論である。そこでこの節では、外発的動機づけと内発的動機づけの理論について述べる。[1]

賞罰に象徴される外発的動機づけ

内発的動機づけが研究される前、動機づけとして研究されてきたのが外発的動機づけであった。外発的動機づけは、報酬など、何らかの他の欲求を満たすための手段としてある行動を取ろうとすることである。生理的動機のように作業環境や罰則、苦痛などの刺激が、外発的動機づけである。仕事において「評価されたい」、「出世したい」、「上司から怒られたくない」と思う気持ちもまた、外発的動機づけと考えられる。親和的動機は、ちょうど外発的動機づけと内発的動機づけの中間にあたる。

外発的動機づけは、一九世紀末から二〇世紀半ばまで一世を風靡した「行動主義」に基づく考え方であった（第1章の行動主義的な学習理論を参照）。行動主義では、学習がどのようにして行われるかについて、動

図表12　スキナー箱

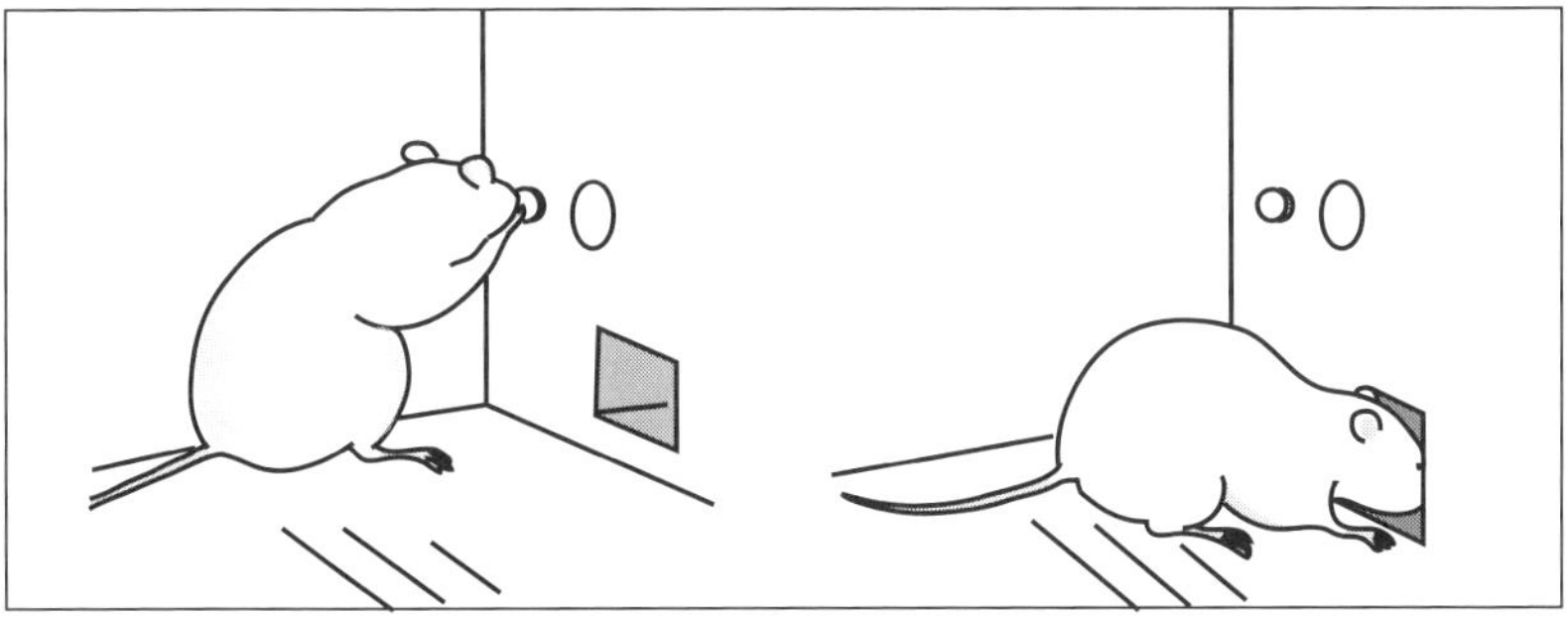

物を使ったさまざまな実験が行われたが、外発的動機づけは、これらの動物実験から発見された動機づけである。実験のなかでも有名なのが、心理学者のスキナーが、**「スキナー箱」**を用いて行った実験である（図参照）。

スキナー箱とは、なかのボタンを押すと、自動的にエサが出てくる仕組みの箱である。このスキナー箱にネズミを入れると、あるとき、ネズミが偶然ボタンに触れてエサが出てくることがある。はじめは偶然エサを出したネズミも、この実験を繰り返すうちに、箱に入るとすぐにボタンを押してエサを出すようになる。ネズミは、エサに動機づけられてボタンを押すという行動を取るようになったのである。

このような実験から、行動主義の心理学は、人間の学習にも何度も同じことを繰り返すことが必要だと考えた。そして、学習をスムーズに行うために、賞罰といった外発的動機づけを重視したのである。

やる気につながる内発的動機づけ

しかし、学習に対する考え方が変化するにつれ、外発的動機づけへの批判も高まってくる。そこで出てきたのが、内発的動機づけの考え方であった。内発的動機づけに関する研究は、一九六〇年代からさかんに行われるようになった。内発的動機づけとは、他の報酬を得るための手段としてではなく、やっていること自体に感じる楽しさ、やりがいによる動機づけである。前節で見た達成動機もまた、内発的動機づけと考えられる。

一般に、仕事や学習などの高次の活動には、外発的動機づけより内発的動機づけのほうが効果的であるといわれる。その理由の一つは、外発的動機づけでは、その動機づけが与えられない状況になったとき、活動への意欲が低下する可能性があるからである。

また外発的動機づけでは、金銭的報酬や罰などの外的賞罰にばかり注意が向くため、活動自体へのコミットメントが低くなり、結果として低いパフォーマンスしか発揮できない可能性も生まれる。テストがないと勉強しなかったり、テストの点数を気にするあまり、テストに出る範囲以外は勉強しないといった学生の行動を考えると、わかりやすいだろう。

これに対して内発的動機づけは、仕事へのやる気を考えるうえで、現在にもつながる重要な考え方である。それでは、どのようなとき、人は内発的に動機づけられるのだろうか。

内発的動機づけの源として重要と考えられているのが、「**知的好奇心（epistemic curiosity）**」と、「**自律性（autonomy）**」である。

知的好奇心の重要性を指摘したのは、心理学者であり教育学者のブルーナーである。ブルーナーは、新しいことを学ぶこと自体に感じる面白みや興味を「知的好奇心」と捉えた。たとえば、先ほど主任Bさんが言った「新しいことに挑戦する面白さ」が、知的好奇心である。新しいことや珍しいものに面白さを感じ、探求しようとする知的好奇心を感じるとき、人は内発的に動機づけられる。

このような知的好奇心を活用した学習法としてブルーナーが提唱したのが、「**発見学習**」である。この学習法は主に学校で用いられるもので、教師が体系化された知識を教えるのではなく、生徒自身が自分で仮説を立て、その仮説を検証することによって主体的に学んでいく学習法である。

一方、心理学者であるデシは、内発的動機づけの源として自律性が重要であることを指摘した。自律性とは、自分が周囲の環境を効果的に処理することができ（**自己の有能さ**）、自己の欲求をどのように充足するかを自由に決定できる（**自己決定**）と感じている状態である。[2]

たとえば同じ仕事でも、他者から強制されて行っているときと、自分から選択して行っているときとでは、内発的な動機づけは異なるだろう。自分から選択して行っている場合には内発的動機づけは高まる。しかし、自分ではどうすることもできず、自己の有能さや自己決定を認識できない状況に置かれると、内発的動機づけは低下する。

このように、基礎心理学では動機づけを外発的動機づけと内発的動機づけとに分け、より高度な活動を行うためには、外発的動機づけより内発的動機づけのほうが重要であることを明らかにしてきた。内発的動機づけは、知的好奇心や自己の有能さ、自己決定といった人間の感情に密接したやる気である。内発的動機づけを高めるためには、その人がもっている知的好奇心を活かし、自由に環境に働きかけたり、欲求を満たす方法を自己決定できるようにすることが必要である。この自己決定と意欲との関係については、次節で詳しく見よう。

外発的動機づけと内発的動機づけの関係

ところで、内発的動機づけは、報酬のような外発的動機づけを与えることでかえって下がってしまう場合もある。デシが大学生を被験者として行った三日間の実験では、金銭など外的な報酬の提供が内発的動機づけを低下させるという**「アンダーマイニング現象」**が発見された。

実験では、デシはまず、学生をパズルが解けると金銭的な報酬が与えられるグループと、無報酬のグループとに分け、報酬が与えられるグループには二日目だけ、報酬を与えた。そして自由時間に学生たちがどれだけ自発的にパズルを解こうとするか観察した。すると、報酬を与えられるグループは、二日目の自由時間には熱心にパズルを解こうとしたが、報酬が与えられない三日目になると、とたんにパズルに対する興味を失ってしまったのである。

一方、外発的動機づけが次第に内発的動機づけへと変わっていくこともある。たとえば、最初は上司に命令されて嫌々始めた仕事が、いつの間にか楽しくなり、天職と思えるようになることもある。このように人間が周囲の規範や価値を自分のものとしていくことを、デシは**「内在化（internalization）」**とよんだ。

デシによれば、内在化には**「取り入れ（introjection）」**と**「統合（integration）」**という二つの過程がある。取り入れとは、規範や価値をそのまま鵜呑みにして受け入れている状態である。たとえば上司に言われた通り、まずはその仕事をやってみるといった状態が、「取り入れ」である。これに対して、規範や価値を自分なりに噛み砕いて消化している状態が、統合である。たとえ上司に言われた仕事であっても、「今、さまざまな分野の仕事をやっておくことがきっと将来の役に立つだろう」というように、その経験を自分なりに意味づけている状態が「統合」である。統合の状態になると、はじめは外から与えられた仕事であっても、自ら進んでやろうという気持ちになる。そうしているうちに、その仕事自体が楽しいという内発的に動機づけられた状態になることもある。

このように、外発的動機づけと内発的動機づけは、必ずしも対立するものではない。外発的動機づけはときに内発的動機づけを低下させることもあるが、外発的動機づけが内発的動機づけへと変わることもある。どちらの動機づけも、使い方によってうまく人を動機づけることもあれば、その効果を下げてしまうこともあるのだ。

企業における外発的動機づけと内発的動機づけ

それでは今日、企業において外発的動機づけと内発的動機づけは、どのように使われているだろうか。たとえば、一般に成果主義と混同される「ノルマ主義」などは、外発的動機づけを応用したマネジメント手法であるといえる。短期的な売上げなどの目標を達成した場合に、給与や賞与が上がるノルマ主義は、報酬などの外発的な動機づけによって、働く人のやる気を高めようとする考え方である。

しかし、ノルマ主義が行き過ぎると、誰もが自分の短期的売上げだけを追求する結果主義に陥ったり、チーム力の低下につながったりするおそれがある。また、報酬による動機づけだけでは、もし他社が少しでも高い報酬であった場合、社員が容易に転職してしまうことにもなりかねない。

これに対して、たとえば、社員の仕事における自律性や主体性を尊重したキャリアの複線化や社内公募制などは、内発的動機づけに基づくマネジメント手法であるといえる。

キャリアの複線化とは、管理職としてのコース以外に、ある職能や仕事におけるプロフェッショナルとしての専門職コースや、転勤をともなわない勤務地限定コースなど、個々人の働き方に応じた多様なキャリア・ルートを準備することである。

また、社内公募制とは、企業が仕事に必要な能力やスキルなどの要件を社員に提示したうえで必要な人材を広く社内から募集し、その仕事を希望する社員が要件さえ満たしていれば、自由に応募できるようにする仕組みのことである。キャリアの複線化も社内公募制も、いずれも社員の仕事に対する自律性や主体性を尊重することで、社員の仕事に対するやる気を高めようとする人事施策である（キャリア関連施策については、第7章参照）。

このように、今日でも企業では、外発的動機づけや内発的動機づけを用いたマネジメントが行われている。特に、企業で働く人にとって、仕事のやりがいに直結する内発的動機づけの向上は、今後いっそう重要になっていくと考えられる。しかし、仕事のやる気は、内発的動機づけだけではない。先述したように、はじめは嫌だった仕事でも、やっているうちにいつの間にか内発的に動機づけられることもある。社員の自律性や主体性を尊重すると同時に、ときには外発的な動機づけ（たとえば上司の命令や異動、昇進など）によって社員が自分では気づかないような能力を育成し、仕事の枠を広げていくことも重要であろう。

＊＊＊

1　内発的／外発的動機づけについては左記に詳しい。
エドワード・L・デシ、リチャード・フラスト（著）／桜井茂男（監訳）（一九九九）『人を伸ばす力―内発と自立のすすめ』新曜社、東京
大村彰道（編）（一九九六）『教育心理学Ⅰ　発達と学習指導の心理学』東京大学出版会、東京
高橋伸夫（二〇〇四）『虚妄の成果主義――日本型年功制復活のススメ』日経ＢＰ社、東京
2　エドワード・L・デシ、リチャード・フラスト（著）／桜井茂男（監訳）（一九九九）『人を伸ばす力―内発と自立のすすめ』新曜社、東京

3 「やる気のなさ」は学習される？ やる気を殺す上司の振る舞い

❖本節のねらい
学習性無力感に関する理論を簡潔に振り返ります。

❖キーワード
学習性無力感　統制の所在　原因帰属　随伴性の認知

無気力は人間の性質か？

「どうも今の主任には元気がない」
「近頃の若手には、やる気が感じられない」

最近、人材育成課のAさんは、社内でこうした管理職の言葉をよく耳にする。しかしどうやら、主任たちにはやる気の出ない理由があるようである。Aさんは、数人の主任から話を聞いてみることにした。

事業部長から「やる気の出る研修」の依頼があった事業部で設計を担当している主任Cさんは、仕事の不満について、「上司から開発の全体方針が伝えられないまま、何度も設計が変更されること」を挙げた。開発主任のDさんは、以前、上司から十分な説明がないまま開発を打ち切られた経験があり、それまでの努力や成果を認めてもらえなかったことや、主任にはあまり権限や裁量がないことを不満として挙げた。

どうも主任クラスに元気がない原因は、彼らだけにあるのではなく、職場の上司にもあるのではないか。そう考えたAさんは、上司も視野に入れて研修を考えることにした。しかし、具体的に上司のどのような振る舞いが、主任のやる気を失わせているのだろうか。


2で見たように、内発的動機づけには、知的好奇心や、自己の有能さ、自己決定の認識が大きく影響する。言い換えると、人は、自分が環境を変えたり、自分でやり方を自由に決めたりできない状況が長く続くと、もともともっていた意欲を失い無気力になってしまいがちなのである。無気力もまた、学習されるものである。

無気力は性格ではない

無気力の状態が、学習によって獲得されるものであることを指摘したのは、セリグマンとメイヤーである[1]。セリグマンとメイヤーは、犬を使った実験から、電気ショックを与えられても逃れられない状況に置かれた犬は、電気ショックから逃れられる状況になってもじっと電気ショックを受け続けるだけであることを発見した。また、仮に逃れることを学習したとしても、それには長い時間がかかった。

一方、はじめから自分で脱出できる条件になった犬には、このような現象は見られなかった。このことからセリグマンらは、犬は自分がコントロールできない状況に長く置かれると、受動的で無気力になってしまうことを発見し、このような状態を「**学習性無力感（learned helplessness）**」とよんだ。「無気力」というものは、ある個体の性質や性格をあらわす言葉ではない。無気力とは、文字通り、後天的に「学習されるもの」なのである。

その後、セリグマンらの実験結果は、人間についてもある程度言えることが明らかとなった。すなわち人もまた、自らの力でコントロールできない状況に長く置かれると、やる気を失ってしまうのである。

主任Cさんの言うように、目的を告げられないまま設計の変更が続いたり、主任Dさんのように、理由も告げられずに開発が打ち切られたり、開発における自己の権限や裁量が少ないといった状況は、自らの力ではコントロールできない状況である。こうした状況が長く続くことによって、CさんやDさんは開発や設計という仕事に対する意欲を失い、無力感にとらわれてしまう可能性がある。

またコントロールできない状況は、不快な状況だけに限ったことではない。たとえば一定の給料が支給されるといった一見よい状況であっても、それが自分の働きぶりに関わりなくいつでも支払われるような場合には、人はやはりやる気を失ってしまうのである。

成功や失敗を左右しているものは何か

このように学習意欲は、私たちが環境をコントロールできる存在であると感じられるかどうかによって左右される。このことをロッターは、「**統制の所在（locus of control）**」という概念であらわした。[2] 統制の所在とは、自分の成功や失敗、賞罰などの結果を左右しているものが、どこにあると感じているかという信念である。成功や失敗が、自らの能力や行動に関係なく、環境による結果であると感じている場合が「**外的な統制**」、逆に自らの行動による結果であると感じている場合が「**内的な統制**」である。

同様のことを、ド・シャームは、「**オリジン（origin）**」と「**ポーン（pawn）**」という言葉であらわした。オリジンとは、自分が自分の行動を引き起こす原因であると感じている状態であり、ポーンは誰かに動かされていると感じている状態である。

いずれにしても、自分自身に状況を変える力があり、主体的に行動していると感じるとき、人間の内発的動機づけは高まる。前節で触れたデシは、これらの研究から、内発的動機づけの源として、自己の有能さと自己決定という概念を導き出したのである。

このことは、たとえば企業の評価制度に当てはめるとわかりやすい。評価制度は、給与や昇進と結びつく点では外発的動機づけであるが、仕事の成果を本人が直接知ることでやる気を高めるという点では、内発的動機づけとも考えられる。

この評価制度において、評価基準や評価の過程が明らかにされず、上司の主観によって一方的に評価が決まるような場合、部下は自分自身では状況を変えられないと感じ、やる気を失うに違いない。逆に、どのような能力や行動が求められているのか、どのようなプロセスで評価されるのかが明らかである場合には、部下は自分自身の働きぶりによって状況を変えられると感じ、主体的に行動しようとするだろう。このように評価プロセスや評価基準を明確にしたうえで、上司が部下を適切に評価し育成することは、社員の不公平感を減らすだけでなく、仕事への動機づけにおいても重要である。

原因は自分のなかにあるのか、外にあるのか

さて、学習の結果がどのような原因によるものと考えるかによっても、私たちの学習意欲は異なる。この

図表13　ワイナーの「学習の成否の帰属の２次元的分類」[4]

安定性／原因の所在	安定	不安定
内的	能力	努力
外的	課題の難しさ	運

ことを指摘したのが、「**帰属理論（attribution theory）**」である。[3]

帰属理論は、主に社会心理学の分野で研究が行われてきた。ワイナーは、ロッターの「統制の所在」から、学習意欲は学習結果の原因を自分のなかにあると考えるか、自分の外にあると考えるかという「**原因の所在**」と、その原因が容易に変化しうるものか否かという「**安定性（可変性）**」という二つの次元の組み合わせによって異なると考えた（表）。

学習の結果をもたらす原因が、外部にではなく自分の内部にあると考える（内的）ほうが、学習者の意欲は高まる。また、その原因は変えられないものではなく（安定）、容易に変えられる（不安定）と考えているほうが、さらに学習者の意欲は高まる。

表中で学習者の意欲が最も高まるのは、学習の結果をもたらす原因を、「努力」に求めるときである。学習者が、学習結果をもたらす原因は自分の内部にあり、しかも容易に変えることができる「努力」にあると考えるときには、結果が成功であれ失敗であれ、最も学習意欲は高まる。逆に、原因は自分以外にあると考えたり、原因は自分にあってもそれが能力のように容易に変えることができないものであると考えるときには、学習意欲はそれほど高まらない。

リヒトとドゥエックは、実際に子どもの教育場面において帰属の仕方と学習意欲との関わりを調べた。成果を自分の力ではどうすることもできないと考え、学習に対して意欲を失っている子ども（無力感群）は、自分の力で変えることができると感じている子ども（熟達志向群）と比べ、難しい課題を与えられたときに最後までやり遂げず、あきらめてしまう者の割合が高かった。

このことは、仕事にも当てはまる。たとえば、上司から仕事の成果が上がらない原因を、いつも自分の能力や運のせいにされ続けたらどうだろうか。仕事の成果が上がらなかったとき、上司から、「もっとやる気を出せ！」、「この機能の開発は、そもそも最初から無理だったんだ」、「ま、今回は運が悪かっただけさ」というように言われたとしよう。

これらは、上司にしてみれば本人に良かれと思っての励ましの言葉であったかもしれない。しかしそれらが、仕事の成果を本人の力ではどうすることもできない課題の難しさや運のせいにするものであったり、ただ能力不足を指摘されるだけのものであれば、やる気は高まるどころか逆に失われるだろう。

こうしてみると、部下のやる気にとって職場の上司の振る舞いは、大きな影響力をもっている。職場の人材育成で、「コーチング」という言葉が日常的に聞かれるようになって久しい（コラム　コーチングは誰のため？　参照）。コーチングとは、上司や先輩が質問を中心としたコミュニケーションを通じて、クライアント（コーチングされる側）の気づきや意思決定、実践、学びを支援するための手法である。こうしたコーチングの手法もまた、上司が部下のやる気を殺さないために必要な手法の一つといえるだろう。

結果をコントロールできることを認知させる

これまで見てきたように、やる気とは、本人が、自分を取り巻く環境や学習成果をどの程度自分がコントロールできると感じているかによって異なるものである。環境や学習成果に対してコントロールが可能であると認識することを、「**随伴性の認知**」とよぶ[5]。人は、随伴性を認知しているときほど内発的に動機づけられ、意欲が高まる。逆に、随伴性が認知できない状況が長く続くと、やる気を失い無気力になってしまう。重要なのは、本人に環境や学習成果を自分がコントロールしていると認知させることである。

企業の場合、社員の「随伴性の認知」には、職場の上司の振る舞いが重要である。企業の組織や制度そのものの問題もあるが、身近な上司の振る舞いによって部下の認知は変わる。主任のCさんやDさんも、設計の変更や開発打ち切りの理由について上司からきちんと説明されていれば、やる気を失わなかったかもしれない。

それでは、無気力になってしまった人のやる気は、どうすれば高めることができるのだろうか。次の節では、その方法について考えよう。

＊＊＊

1　セリグマンとメイヤーの理論については左記に詳しい。
鹿毛雅治、奈須正裕編著（一九九七）『学ぶこと・教えること　学校教育の心理学』金子書房、東京

2　学習意欲と統制との関係については左記に詳しい。
市川伸一（二〇〇一）『学ぶ意欲の心理学』ＰＨＰ新書、東京

3　帰属理論については左記に詳しい。
大村彰道（編）（一九九六）『教育心理学Ｉ　発達と学習指導の心理学』東京大学出版会、東京

4　市川伸一（一九九五）『学習と教育の心理学』岩波書店、東京、三一頁

5　随伴性の認知については左記に詳しい。
宮本美沙子、奈須正裕（編）（一九九五）『達成動機の理論と展開　続・達成動機の心理学』金子書房、東京

4 やる気を高める方法

❖本節のねらい
学習意欲向上に関する理論について簡潔に振り返ります。

❖キーワード
結果期待　効力期待　能力観　ＡＲＣＳモデル

自己効力の高め方

Ａさんは、主任へのインタビューや動機づけ理論の勉強を通じて、主任クラスのやる気を高めるには、業務のやり方や、上司の振る舞いなどを改善する必要があることに気づいた。そして同時に、やる気が下がってしまった主任には、もう一度自信を取り戻し、元気になるような研修ができないかと考えていた。

やる気の出る研修として、Ａさんは、以前見学した部長研修を思い出した。部長研修とは、はじめて部長になった人向けの研修である。そこでは管理職としての心構えや、部下への接し方といった行動を、ロールプレイングやディスカッションを交えて学ぶ。

「よい部長、悪い部長」というテーマでグループディスカッションをしていたときのこと。ある部長が、数日前、部下の叱り方で失敗した話をし始めた。すると、他の部長も次々と自分の失敗談を話し始め、議論は

図表14　バンデュラの効力期待と結果期待[2]

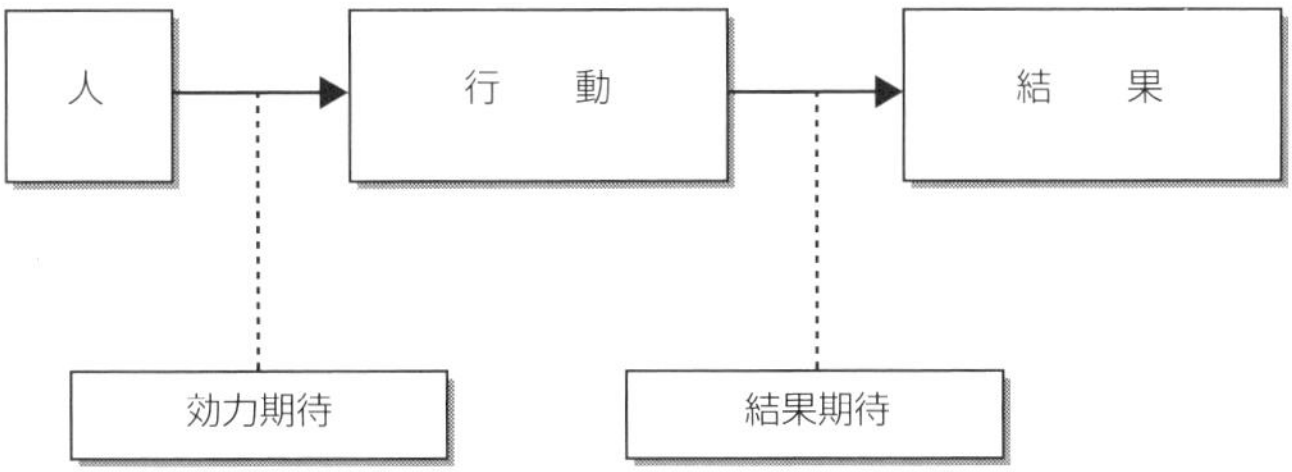

たいへん盛り上がった。そこでAさんは、主任クラスの研修でも互いに失敗談や経験を話し合うことで、元気が出るのではないかと考えた。

さて、こうした研修で、本当にやる気は高まるだろうか。また、業務のやり方や上司の接し方は、どのように改善すればよいのだろうか。

バンデュラは、人のやる気には、自分の行動がある結果をもたらすという「**結果期待（outcome expectation）**」だけでなく、その行動をうまく行うことができるという「**効力期待（efficacy expectation）**」をもつことが大切だと考えた。

たとえば禁煙をする場合、頑張ればきっとタバコをやめられる、という自信や期待がなければ、なかなか人は自分から禁煙しようとはしないだろう。このように、自分はある行動を取れるはずだという自信（効力期待）があるときに、人間のやる気（結果期待）は高まる。バンデュラは、個人によって知覚された効力期待を、「**自己効力（self efficacy）**」とよび、この自己効力の高低が動機づけに大きく影響すると考えた[1]。

さらにバンデュラは、この自己効力を高めるためには、「行為的情報」、「代理的情報」、「言語的説得の情報」、「生理的喚起の情報」の四つの情報が有効であるという。

① 行為的情報……実際に自分でやってみることで得られる情報
② 代理的情報……他者が成功したり失敗するのを見ることによって得られる情報
③ 言語的説得の情報……言葉による説得によって得られる情報
④ 生理的喚起の情報……声が震える、赤面するといった生理的反応に関わる情報

たとえば仕事でも、実際にやってみて成功体験が得られれば、自信がついて自己効力は高まるだろう。また、先ほど例に挙げた部長研修のように、成功体験だけでなく、失敗体験をお互いに語り合うことにより、「失敗したのは自分だけではない」と励まされたり、「次はこうすれば成功する」とヒントを得ることで、失っていた自信を取り戻すことができるかもしれない。

このように自分でやることで得られる情報（行為的情報）や、他者の行動を見ることによって得られる情報（代理的情報）は、言葉による説得や、赤面のような生理的症状を克服することによって得られる自信よりも、さらに強い自己効力につながる。

能力観の重要性

一方、やる気には、能力に対する考え方（**能力観**）が影響していると考えたのが、ドゥエックである。同じぐらいの能力をもっていても、問題があるとすぐにあきらめてしまう子どもと、最後まで粘り強く挑戦し続ける子どもがいる。ドゥエックは実験を通して、こうした違いがなぜ生まれるかを明らかにした。[3]

図表15　ドゥエックによる実験の結果

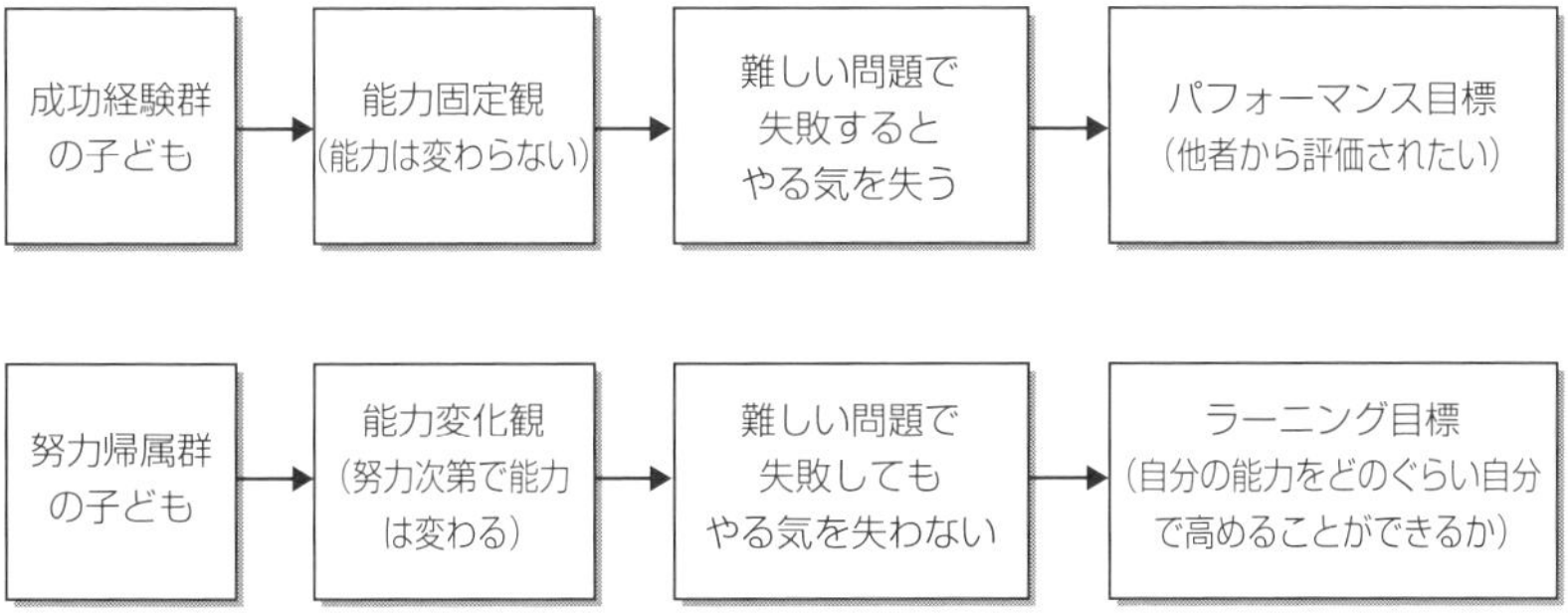
成功経験群の子ども
能力固定観（能力は変わらない）
難しい問題で失敗するとやる気を失う
パフォーマンス目標（他者から評価されたい）
努力帰属群の子ども
能力変化観（努力次第で能力は変わる）
難しい問題で失敗してもやる気を失わない
ラーニング目標（自分の能力をどのぐらい自分で高めることができるか）

ドゥエックは、八歳から一三歳の学習に対して無気力状態になった子どもたちを集め、二つのグループに分けた。一方のグループにはやさしい問題を多く与え、自信をつけさせ（「成功経験群」）、もう一方のグループには、やさしい問題と難しい問題とを与え、難しい問題ができなかったときには、それは努力が足りなかったためであることを繰り返し話した（「努力帰属群」）。

すると、成功経験群の子どもに比べ、努力帰属群の子どものほうが、難しい問題で失敗してもやる気を失わず、根気よく学習を続けたのである。このことから、能力は努力次第で変えられるという考え（**能力変化観**）をもつ人は、能力は固定的でコントロールできないものだという考え（**能力固定観**）をもつ人に比べ、内発的に動機づけられやすいことが、明らかとなった。

ドゥエックはまた、達成しようとする目標の違いが、内発的な動機づけや持続的に努力する姿勢に関係すると考えた。能力固定観のように、他者から評価されることに関心をもち、成功したり、他者に勝ちたいという「パフォーマンス目標」をもつ場合、他者から思うような評価が得られなかったり、一度失敗すると、目標達成に対するやる気を失いやすい。

これに対し、能力変化観のように、自分の有能さを他者に示すことよりも、自分の能力をどのくらい自分で高めることができるかという「ラーニング目標」をもつ場合には、目標達成のプロセスに関心があり、他者の評価や成功・失敗に関わりなく、目標達成に向けて持続的に努力していこうとする姿勢につながる。

このような動機づけの理論を活用し、研修を企画したり教材を開発する際に学習者の動機づけを高める方法をモデル化したものが、ケラーの**ＡＲＣＳ（アークス）モデル**である。[4] ケラーは、学習意欲を四つの側面から捉え、各側面の頭文字をとってＡＲＣＳ（アークス）と名づけた。

【ＡＲＣＳモデル】

① 注意（Attention）

学習者の興味関心を引き、探究心を喚起する。マンネリを避け、学習者に「面白そうだなあ」と思わせることである。

② 関連性（Relevance）

学習目標に対して親しみをもたせ、与えられた課題を受身的にこなすのでなく、学習者が自分のものとして積極的に取り組めるようにする。目標に向かうプロセスを楽しめるようにし、学習者に「やりがいがありそうだなあ」と思わせることである。

③ 自信（Confidence）

ゴールを明示し、成功の機会を与える。自分の努力によって成功したと思えるような教材にし、「やればできそうだ」と思わせることである。

④　満足感（Satisfaction）

学習の結果を無駄に終わらせない。目標に到達した学習者をほめて認める。公平な評価を行い、「やってよかったなあ」と思わせることである。

ARCSモデルと同じく、心理的プロセスをモデル化したものに、マーケティングで使われる**AIDMAモデル**がある。米国のローランド・ホールによって提唱されたモデルで、消費者が消費行動を取るまでの心理的プロセスをモデル化したものである。注意（Attention）→興味（Interest）→欲求（Desire）→記憶（Memory）→購買（Action）の頭文字をとって、「AIDMAモデル」と言う。

消費者にある商品を買ってもらう場合には、まず、その商品を知らない消費者の注意を引き、商品に興味をもってもらうことから始まる。やがて使ってみたいな、と思われれば欲求の段階へと進み、その商品が記憶される。そして店先などで商品を見つけるとその記憶が喚起され、購買へとつながるのである。AIDMAモデルは消費行動のモデルであるが、学習においても同じように、学習者の興味・関心を引き、行動へと動機づけることが重要である。

それでは、研修以外で主任のやる気を高めるために、上司の接し方や業務のやり方はどのように改善したらよいのだろうか。これまで見たように、人は自己決定できないと感じたり、仕事の目的や方針がわからないとやる気を失ってしまう。

『日経ビジネス』誌が行った仕事や会社の満足度調査では、上司に不満を感じる理由として、最も多くの五八・九％の人が挙げているのが、「ビジョンが曖昧だから」である。同様に仕事に対する不満の理由として、四割近くの人が「仕事の目的や目標が曖昧だから」を挙げている。[5]このようにやる気の低下には、自己効力や能力観、目標観だけでなく、実際の目標の明確さも大きく影響しているのである。経営学者の高橋伸夫は、こうした会社のビジョンや、自分の仕事の目標や長期的展望、社内での転職可能性などを「見通し」とよび、社員の働く動機づけには、長期的な見通しこそが重要であるという。[6]

Aさんは、主任に対しては、自分の日頃の仕事を振り返り、それぞれの業務が会社の事業にとってどのような意味をもつ業務かを考え、改善案を提案する研修を企画した。受講者には業務でうまくいかないと感じている点、どうすればうまくマネジメントできるかという点を話し合ってもらい、日頃の業務プロセスで実行すべき目標を具体化してもらう。また上司に対しても、仕事の目標や方針を主任にきちんと伝え、日々の業務のなかで、主任クラスの意欲や能力を高めてゆくような指導手法を身につけてもらうことにした。それと同時に、上司面談を見直し、上司と部下とが仕事の目標やプロセスについてきちんと話し合う場にしていこうと考えている。

さて、あなたがAさんなら、主任クラスのやる気を高めるためにどのような研修を考えるだろうか。これまでの理論を活用して、ぜひ考えてほしい。

＊＊＊

1　自己効力による動機づけについては左記に詳しい。
新井邦二郎（編著）（一九九五）『教室の動機づけの理論と実践』金子書房、東京
宮本美沙子、奈須正裕（編）（一九九五）『達成動機の理論と展開――続・達成動機の心理学』金子書房、東京

2　宮本美沙子、奈須正裕（編）（一九九五）『達成動機の理論と展開――続・達成動機の心理学』金子書房、東京、一一七頁

3　ドゥエックの実験については左記に詳しい。

大村彰道（編）（一九九六）『教育心理学Ⅰ　発達と学習の心理学』東京大学出版会、東京

鹿毛雅治、奈須正裕（編著）（一九九七）『学ぶこと・教えること　学校教育の心理学』金子書房、東京

4　ARCSモデルについては左記に詳しい。

鈴木克明（二〇〇二）『教材設計マニュアル――独学を支援するために』北大路書房、京都

5　「特集　社員を満たす会社」『日経ビジネス』二〇〇五年四月四日号、日経BP社、三〇～五二頁

6　高橋伸夫（二〇〇二）『できる社員は「やり過ごす」』日経ビジネス人文庫、東京

5 我を忘れて没頭する「フロー理論」

❖本節のねらい
フロー理論について説明します。
❖キーワード
フロー　モチベーション・マネジメント　モチベーション・エンジニアリング

なぜ研修は盛り上がるのか？

「研修は本当にあっという間でした。特に、合宿でメンバーと朝まで議論して提案を練り上げたことは、たいへんでしたが自分にとってとても大きな経験と自信になりました。一緒にグループワークをした仲間とは、これからもお互い長いつきあいになっていくと思います」

研修を終えたばかりの課長Bさんは、まだ興奮冷めやらぬ表情で人材育成担当者のAさんにこう語った。

今回Aさんが担当しているのは、若手管理職を対象に行われるプロジェクト研修である。この研修は、各部門の若手管理職がそれぞれの職場の課題をもち寄り、グループワークを行いながら実際の改善提案をまとめていく実践型の研修である。全八回の研修の最後には二日間の合宿を行い、提案資料をまとめるとともに、最終提案を社長や事業部長の前でプレゼンテーションする成果発表会がある。

毎年行われるこのプロジェクト研修は、特に最後の合宿では徹夜をするグループも出るほど盛り上がる。今年も課長Bさんのグループは、最終提案をまとめるためにメンバー全員がほとんど徹夜の状態で作業を行っていた。しかし、こうしたハードな内容にもかかわらず、プロジェクト研修に対する参加者の満足度は比較的高く、最後は課長Bさんのような感想を述べる受講者がとても多い。

とはいえ、参加者同士がその後職場に戻ってからも連絡を取り合ったりすることは、実はそれほど多くない。また、成果発表会で発表された改善提案のなかで、本当に業務改善につながった提案は、これまでにまだ二事例しかない。何より最近では職場も忙しくなり、かつて研修に参加した管理職からも、若手管理職を二日間合宿させることに反対する声が聞かれるようになった。そこで人材育成課では、来年からプロジェクト研修を見直すことになっている。

このプロジェクト研修のように、内容のハードさや、実際の業務に結びつくかどうかにかかわらず、研修自体が非常に盛り上がり、参加者の満足度も高い研修がある。

こうした研修では、参加者にはいったいどのような動機づけが働いているのだろうか。これを説明するのが、チクセントミハイによる**「フロー（flow）」**の理論である。[1]

米国の心理学者チクセントミハイは、取り組んでいる内容そのものの意義や厳しさとは関係なく、取り組んでいる内容自体に楽しみを見出し、没頭する状態があることを指摘する。このような状態が、**「フロー状態」**である。最後となるこの節では、異色の動機づけ理論であるフロー理論について述べよう。

フロー理論とは何か

チクセントミハイは、これまでの動機づけの理論では、仕事の楽しさや仕事自体へのコミットメントによる動機づけをうまく説明できないと考えた。従来の外発的動機づけや内発的動機づけ理論では、「遊び」のように、やっていること自体に没頭し楽しさを感じる人々がいるのはなぜかを説明できていない。

外発的動機づけ理論では、仕事とはそもそも苦しくつまらないものであると考える。一方、自己決定感や有能感、達成感を重視する従来の内発的動機づけ理論では、取り組む内容そのものはあまり注目されない。

しかし、プロジェクト研修のように徹夜をするほどハードであっても、やっている最中は夢中で、終わってみたらとても楽しかったという経験もある。チクセントミハイが注目したのは、このように、人があることに没頭して取り組んでいる状態であり、それがやっていることの苦しさ、難しさに関わらないという点である。チクセントミハイは、チェス・プレイヤー、ロック・クライマー、ロック・ダンサー、外科医などへのインタビューを通じて、フローの要素として次のような状態があることを発見した。

① 行為と意識の融合（やっていること自体に打ち込み集中している状態）
② 限定された刺激領域への、注意集中（目の前のことにだけ集中している状態）
③ 自我の喪失・忘却、自我意識の喪失（やっていることに完全に集中しているため自我がなくなっている状態）

④ 自分の行為が環境を支配しているという感覚（集中し周囲の環境と融合していると同時に、それらの環境は自分次第であるという感覚になる状態）
⑤ 首尾一貫した矛盾のない行為を必要とし、フィードバックが明瞭（やっていることのステップが正しいかどうかが明瞭にわかり、全体のステップが流れるように首尾一貫している状態）
⑥「自己目的的」な性質（やっていること自体が楽しく、その流れを保ち続けたいという状態）

このように、楽しみによって動機づけられた自己目的的活動において、「全人的に行為に没入しているときに人が感ずる包括的感覚」がフローである。

先ほどのプロジェクト研修において、徹夜で資料を作成しているときの参加者の状態は、まさにこのフロー状態であったといえる。参加者は、ほぼ寝食を忘れてディスカッションや改善提案資料の作成に没頭していた。もちろん参加者の研修に対するやる気のもとには、経営層へのプレゼンテーションや自らの研修評価があったかもしれない。

しかし課長のBさんが述べたように、提案資料を作成しているときには、参加者は時間を忘れるほど目の前の作業に集中していた。そして、このように研修に没頭していたのはその行為が純粋に楽しかったからである。必ずしも経営者の前でのプレゼンテーションや研修評価によって動機づけられていたからではない。

企業研修だけでなく、たとえば仕事においても、やっている途中は辛いが、終わったときには大きな達成感を感じたという経験をもつ人は多いだろう。このようにフロー状態とは、報酬や評価などの外的な動機づけではなく、やっていること自体を楽しみ、そのことに没頭している状態である。

チクセントミハイが取り上げたチェス・プレイヤーやロック・クライマーだけでなく、最近では企業で働く人のなかにも、いわゆる知識労働者のように、仕事自体に楽しみを見出し仕事の楽しさによって動機づけられる人が増えつつある。フロー理論は、こうした新しいタイプの労働者像にマッチした、新たなやる気の理論といえる。

「やる気」のマネジメント

さて、これまで第3章では、学習の動機づけについてさまざまな理論を見てきた。最近、日本でも「モチベーション・マネジメント」、「モチベーション・エンジニアリング」といった言葉が生まれ、社員を動機づける手法への関心が高まっている。[2] そこで最後に、「やる気」のマネジメントについて述べよう。

現代の私たちの仕事や学習にとって、達成動機などの内発的動機づけはとても重要である。やっていること自体に意義を見出し、目標を達成しようと思うことは大きな意欲につながるからである。しかしチクセントミハイが指摘したのは、ときに困難で辛い過程であっても、人はそこに楽しみを見出し内発的動機づけを感じることもあるという点であった。

これまで見てきた動機づけ理論では、人が何によって動機づけられるかはわかっても、具体的にどのような状況のとき動機づけられるかは、実はあまりよくわかっていなかった。金井と高橋は、人が現実に動機づけられる理由は、必ずしも諸理論だけでは説明できないとして、これを動機づけ理論の「ミッシング・リンク（失われた輪）」とよぶ。[3] フロー理論は、まさにこのミッシング・リンクである「人が動機づけられている状況」に着目した理論であった。

それではなぜ、人は辛く困難な状況であっても、そこにやりがいを見出すことがあるのだろうか。第一に それは、やっていること自体に楽しみを感じるからである。たとえ辛く困難な状況であっても、人は自分が好きなことをしているときには、それらが苦にならないはずである。

第二に、金井と高橋は、「夢」の重要性を挙げる。金井らは、プロジェクトXのようにメンバーが失敗や困難を乗り越えて目標を達成することができたのは、彼らが夢を共有していたからだという。最近、日本企業でもミッションやビジョンの重要性がいわれ、さまざまな企業が、「○○・ウェイ」「行動憲章」などの形で、自社のミッションやビジョンを明確化している。こうした企業のミッションやビジョンは、その企業にとっての夢でもある。そして、社員が「この企業」で働く意味ややりがいを見出すのは、職場環境や報酬、上司のマネジメントが優れていたり、仕事そのものに楽しさや面白さを見出すからだけではない。その企業が掲げるミッションやビジョンに共鳴するからでもある。

人の「やる気」は、諸理論が考える以上に複雑なものである。どれか一つの手法だけで、マネジメントできるものではない。「やる気」のマネジメントは、研修だけでなく職場の上司のマネジメントから企業のミッションやビジョンの明確化まで、企業のさまざまなレベルにおいて行うものである。

＊＊＊

1　フロー理論については左記に詳しい。
M・チクセントミハイ（著）／今村浩明（訳）（二〇〇〇）『楽しみの社会学』新思索社、東京
今村浩明、浅川希洋志（編）（二〇〇三）『フロー理論の展開』世界思想社、東京

2　モチベーション・マネジメントについては左記に詳しい。
小笹芳央（二〇〇二）『モチベーション・マネジメント――最強の組織を創り出す、戦略的「やる気」の高め方』ＰＨＰ研究所、東京
小笹芳央（二〇〇二）『モチベーションカンパニー――組織と個人の再生をめざすモチベーションエンジニアリングのすべて』日本能率協会マネジメントセンター、東京
3　金井壽宏、高橋潔（二〇〇四）「第3章　モチベーション論のミッシング・リング　仕事に打ち込む『元気の素』を探る」『組織行動の考え方――ひとを活かし組織力を高める9つのキーコンセプト』東洋経済新報社、東京、五七～七九頁

◉コラム

eラーニングはいつ、どこで?

eラーニングとは、ひと言でいえば「**情報通信技術を活用した学習**」のことを指す。Web、携帯電話等のさまざまなメディアが手段として用い、いつでも、どこでも学習を行うことができる。日本では、大企業を中心に普及し、約半数以上の企業が何らかのかたちでeラーニングを人材育成体系のなかに組み入れている。

ところで、eラーニングに関するセミナーや情報交換の場にでかけると、いつも繰り返される質問に左記のようなものがある。

「御社では、eラーニングを、社員にいつ・どこでやらせています?」

eラーニングは教育・学習の新しい形態であるだけに、eラーニング以前からの各企業や組織における規則・制度、あるいは職場の常識といったものが通じないことがあり、それが企業の人材開発担当者の悩みの種となる。

たとえば、社員に業務上必要な知識を学ばせる場合を考えてみよう。

従来型の通信教育（冊子と添削課題からなるもの）での学習は、業務時間内に行われるべきだろうか、あるいは業務時間外に行われるべきだろうか? ここには二つの立場がありうる。

「業務に関する学習は業務の一部であり、すべて業務時間内に行われるべきだ」

「業務に関するものであっても通信教育のような自学自習は自分のためであり、業務時間外に行われるべきだ」

どちらの立場をとるかは、会社それぞれのルール、学習や教育に関する伝統、労働環境、労働組合と会社の関係などによって異なるだろうが、現実にはこの点を曖昧なままにしている企業は多い。

ところがeラーニングの導入で、その「宿題」の先送りが許されなくなる。通信教育と同様に業務上必要な知識に関するeラーニングを受講させる場合、そのeラーニングが会社の端末（パソコン）を用いなければできないものであれば、学習時間に関するルールなどが曖昧であったとしても、それは「業務の一環である」「業務時間中に行え」と宣言しているのと同じことになる。

なぜなら、会社の端末やネットワークを「業務以外」で使うことは端末の私的利用となり、一般にそれは禁じられているはずだからである。個人情報保護やセキュリティ強化の観点から、社外への端末持ち出しを禁止している会社であれば、学習する場所も社内に限られてしまう。こうして業務時間外、社外での学習は事実上不可能になってしまう。かくして「いつ・どこでやらせるか？」を決めざるを得なくなるのだ。

実際、eラーニングを導入している企業はこの問題にどう対応しているのだろうか？

まず制度面に関して、あえて「eラーニングは自己啓発のためのもの」とした例がある。この会社では、業務に関する学習であっても、集合研修以外は社員が自主的に就業時間外に行うもの、という風土が根づいていた。そのため、「自学自習であるeラーニングを業務の一環として行う」ことには経営層からの抵抗が大きかった。そこで、この会社の担当者は、まず社内・社外のいずれでも学習できるようにeラーニングシステムを整えたうえで、「eラーニングは自己啓発のためのものとし、原則、業務時間中には行わないこととする。ただし、上司の指示または許可があった場合には業務時間内に行っても構わない」というルールをつくり社内に通達した。

これにより、業務時間中の学習に対する規制と、学習の場所や時間に関する選択肢の提供を両立することができた。結果的には従来通り業務時間外の学習が多かったものの、業務時間内の学習も以前に比べ増えたという。また、職場で行うか否かの相談を通じて上司が学習への関与を深めた、という副次的な効果も得られたそうである。

また、風土面の対策として、「集合研修の代替としてeラーニングを業務の一環として業務時間中に行う」と定めたうえで、上司からの指示のもとで学習させる際に学習中であることがわかるようにディスプレイ上に小さな旗を立てた会社や、社内の各営業所の一角に学習専用のスペースをつくり「このスペースにいる間は研修所にいるのと同じ扱いとし、学習を中断させてはいけない」とした会社もある。

eラーニングの導入・展開は、社内の教育や学習に関する制度や風土などを見つめ直すよい機会となるかもしれない。

（北村）

第4章

インストラクショナルデザイン

役に立つ研修をいかにつくるか

1 効果的な研修をつくるには？

❖本節のねらい
なぜインストラクショナルデザインを用いるのか、その役割とメリットを説明します。

❖キーワード
インストラクショナルデザイン　ＩＤプロセス　ＡＤＤＩＥモデル

経験があれば研修はできるのか

「まいったなあ。まいったなあ。うまくいかないものなんだなぁ」

Ａくんはため息まじりに、窓の外を見ていた。その姿を見ていたＢさんが話しかけた。

「どうしたＡくん。なにかあったのか？」

「あ、Ｂさん。実は、研修を担当することになって、やってみたのはいいのですが、失敗してしまったみたいなんです」

Bさんは、今でこそ現場を離れているが、前職では、大手外食チェーンで研修を担当してきた。教育研修の第一人者である。

「そうなのか。ちょっと詳しく聞かせてごらん」

「実は、こういう辞令を受け、それで……」

X社は、ファミリーレストランや居酒屋など多業種展開する外食チェーンである。ここ数年業態が流行に乗り、直営店、フランチャイズ店ともに増加している。しかしながら、最近、顧客よりサービスの質についてのクレームが相次いでいた。

経営陣は、業態の急激な成長により増大する店舗数に、現場のマネジャーである店長の数が追いつかず、未熟な店長が増えていることに問題があると考えた。実際に顧客からのクレームの内容を分析すると、ある店舗のサービスには問題が出ていないが、一部の店舗のサービスは悪いとする結果が出ていた。つまり、店舗間のサービスにバラつきがあるという結果であった。

それまでは現場で優秀な人材を選抜し、店長候補としてOJTによって育成してきた。しかし、店舗が増えるに従い、新規出店地には優秀な店長を派遣せざるを得ず、その結果、既存店舗の店長の質が低下するという原因をつくってしまった。その結果、店舗ごとにサービスの違いが発生する原因となっているようであった。

そこで、問題とされた店長の研修を見直すことにした。

「つまり、Aくんが店長を育成する研修の担当することになったんだね」

「はい。現場での経験も積んできているので、はじめはうまくいくと思っていたんです」

「それで、何がうまくいかなかったの？」

「はい。実は……僕は、入社以来、本社にて長年店舗管理を担当してきました。そのなかで、現場の店長と接することも多かったですし、アドバイスをすることもありました。そのため、研修自体は未経験でしたが、店長を育成することもできると思っていました。そこで、現在店舗を見ているなかで有望だと思っていた人たちを集めて、店舗管理をしているときに気づいた、店長として配慮すべきポイントなどを教える研修を行いました。みな、すばらしいノウハウを教えてもらったと大満足だったんです」

「はじめての研修で、満足して帰ってもらえたんだったらすごいじゃないか。それなのに何がだめだったのか？」

「はい、実は、満足したのは研修の間だけで、研修から三カ月後の、ちょうど育成した店長たちが活動し始めた頃から、現場から、研修に対するクレームが寄せられるようになったのです。そのあとはもう、クレームの嵐です。もう自信を失ってしまいましたよ」

「そうか。それはたいへんだったな。話を聞いていてもよくわからなかったのだが、この研修の学習目標はなんだったんだ？」

「学習目標……？　何ですか、それは？」

「学習目標というのは研修によってどのようなことを学習するのかという目標だよ。研修では、何を学習することを目指したんだ？」

「いえ、特に決めていません」

「特に決めていない？　学習者が何を学ぶのかを決めずに研修を行ったのか？」

「はい。とにかく今まで店舗管理をしてきたなかで、感じてきたことを語りました」

「うーん。それではクレームが来るのも仕方ないかもしれないな。君はインストラクショナルデザインをまったく考慮していないからな」

「インストラクショナルデザイン？　いったい、何なんですか？」

インストラクショナルデザインとは何か

「いいかい、Aくん。**インストラクショナルデザイン（Instructional design：ID）**とは、教育を効果的、効率的に、設計・実施するための方法論だ[1]」

「教育を設計・実施する方法論ですか……そんなものがあるんですか？」

「より詳しい定義で言えば、『教育活動の効果・効率・魅力を高めるための手法を集大成したモデルや研究分野、またはそれらを応用して教育支援環境を実現するプロセスのことを指す』[2]といったものだな。米国では、軍の教育などに積極的に用いられていて、教育工学や心理学といった分野の研究成果が蓄積されているものだ」

「なんだかすごいですね」

「そうだよ。**インストラクショナルデザイン**を使って研修をつくっていれば、クレームも少なかったかもしれないよ」

「ほ、本当ですか。Bさん。お忙しいところ申し訳ありませんが、その、インストラクショナル…デザインというのを教えていただけないでしょうか」

「わかった。もちろん、概要だけになるが、大丈夫か?」

「はい。よろしくお願いします」

インストラクショナルデザインプロセスの実際

「インストラクショナルデザインでは、教材・研修づくりの具体的な順番のことをIDプロセスという。これは、教材や教育を開発するときに、どのような活動を行っていけばいいのかをプロセスとして示したものだ。IDプロセスにはさまざまなものが開発されているが、最も有名なADDIE(Analysis:分析、Design:設計、Development:開発、Implementation:実施、Evaluation:評価)を紹介しよう」

Bさんは、Aくんをホワイトボードの近くに寄せた。


「いいかい。ちょっとこの図を見てごらん。これをADDIE(アディー)とよぶ。『分析』『設計』『開発』『実施』『評価』それからフィードバックや改訂を示している」

「ADDIEかあ……。Bさん、もしかして研修の開発というのは、この『分析』『設計』『開発』『実施』『評価』を行わなければいけないのですか」

「別に、いけないというわけではないが、行ったほうが効果は高くなると思うぞ。このプロセスに沿っていくことで、研修や教材開発の一連の流れを踏襲することができるからな」

「やっぱりそうですか」

図表16　ADDIE モデル[3]

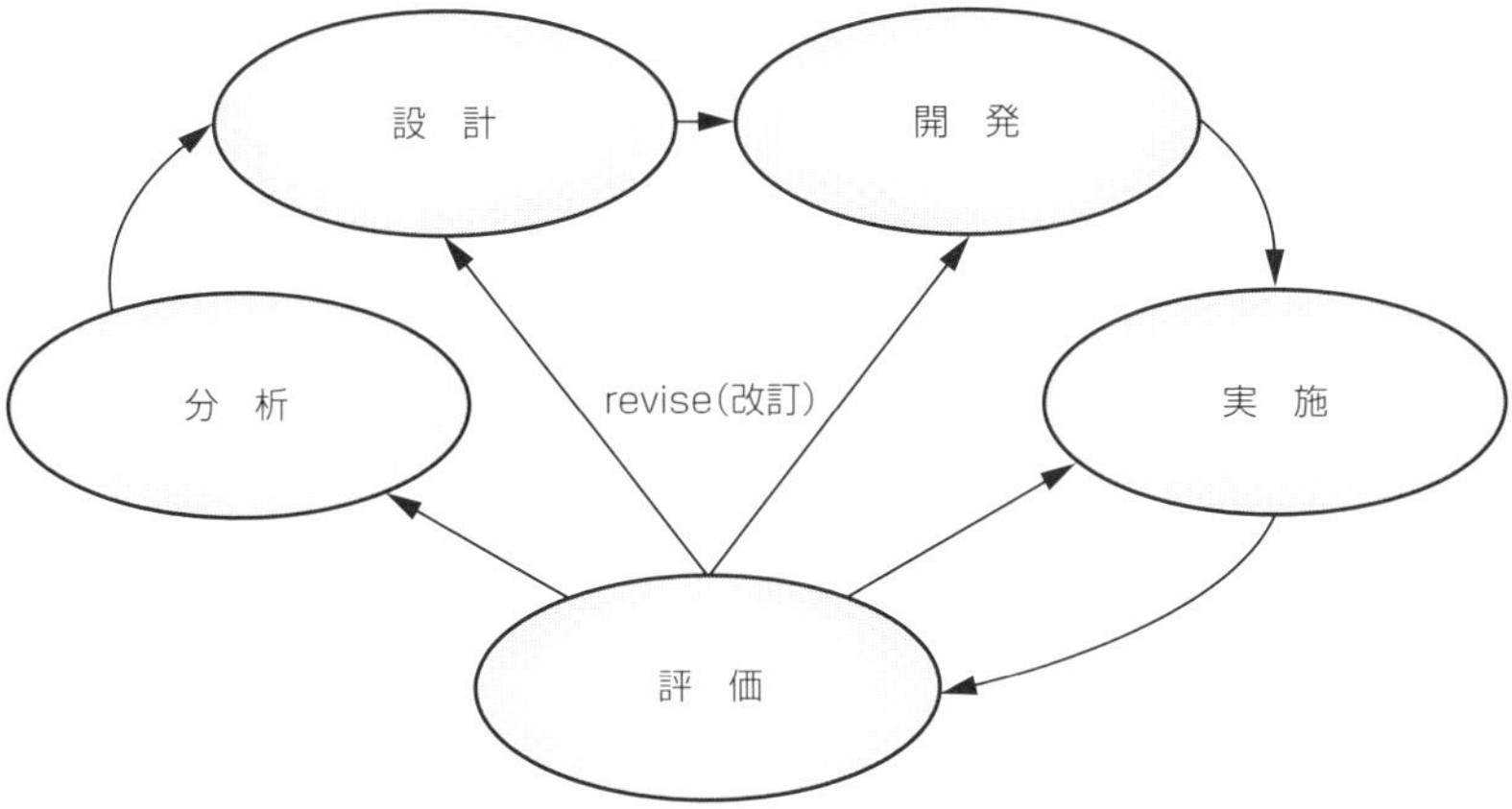

「ほかにも、プロセスとしてフィードバックを行っているから、一度だけの取り組みではなく、継続的な取り組みへ発展させることもできるし、過去の事例から未来の研修に活かすことができるというメリットがあるからな」

「具体的には、どんなことをするんですか」

「そうだな、分析では、研修の目的や学習者、組織の課題、業務内容、必要な知識など研修の目的や要件を洗い出す。設計では、分析結果をもとに、研修で用いる教材やツールなどの設計図を描く。ちょうど、家を建てるときに、いきなり建て始めることはせずに、設計図を描くだろう。その設計図を描くときには、きちんと分析を行っている。つまり、どんな家に住みたいかとか、建築基準法はどうなっているのかとかを考慮する。それをイメージするとわかりやすいと思う。

開発では、設計や画面イメージに基づき、研修で用いる教材やツールを開発する。実施では、実際に研修を行う。このあたりはイメージしやすいんじゃないか。

評価では、研修全体や教材などの問題点を洗い出し、改善を行うというものだ。この評価というのは、別に成績をつけることではなく、研修自体がうまくいったかどうかを評価するんだ。

Ａくん。君の場合であれば、ＡＤＤＩＥプロセスに則っていれば、研修を勘に頼らなくてもすんだだろうし、研修をつくるうえでのチェックポイントもわかったと思うよ」

「そうですね。たしかに、分析や設計といった発想はまったくありませんでした。それが加わるだけでも、何かうまくいく気がします。もう少し、ＩＤについて教えていただけませんか」

「Ａくん。すまんが今日はもう時間がない。また、明日時間を取るからそれでもいいか」

＊＊＊

1　ウォルター・ディック、ルー・ケアリー、ジェームス・О・ケアリー（著）／角行之（監訳）（二〇〇四）『はじめてのインストラクショナルデザイン』ピアソン・エデュケーション、東京
2　鈴木克明（二〇〇六）「〔総説〕e-Learning実践のためのインストラクショナル・デザイン」『日本教育工学会論文誌』二九巻三号（特集号：実践段階のe-Learning）、一九七～二〇五頁
3　Gagnem,R.M., Wager, W.W.,Golas, K.C., & keller,J.M. (2005) Principles of Instructional Design(5th Ed.). wadsworth/Thomson Lerning, P21

2 研修づくりの第一歩は教育目標の分析

❖本節のねらい
研修や教材を作成する前に、研修や教材としての責任の範囲を明確にすることを説明します。

❖キーワード
ニーズ分析　対象者分析　学習目標の明確化　目標行動　評価条件　合格基準

教材の責任範囲を明確にする

「さて、Ａくん。昨日はすまなかったな」

「いえ、貴重なお時間をいただきありがとうございます」

「では、早速始めようか。昨日がＡＤＤＩＥの概要だったので、今日はその具体的な進め方を中心に話を進めていこう[1]」

「よろしくお願いします」

「まず、ＩＤにとって必要なことは、研修や教材の責任範囲を明確にすることだ」

「責任の範囲ですか？」

「今回の研修について、Ａくんにはいろいろなクレームが寄せられているんだってね。そのクレームのなか

図表17　研修の責任範囲

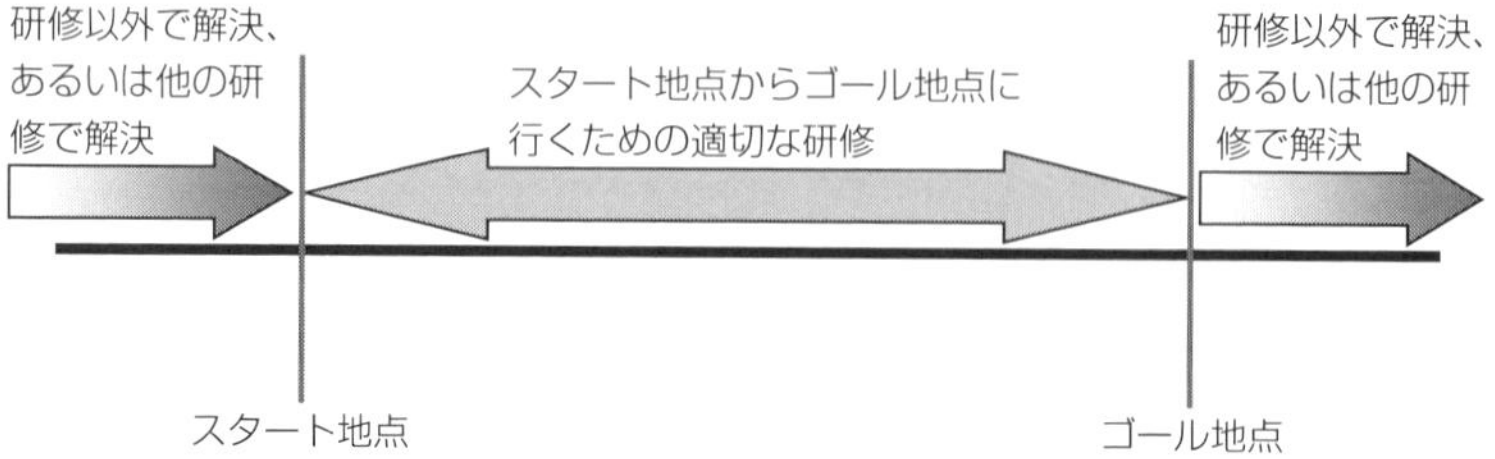

には、研修の責任ではないと感じるところはなかったかい？」

「そういえば、いくつかそれは僕の責任じゃないと思うようなものがありました」

「そうだろう。それは、研修の責任範囲を明確にしていないからだよ。その研修が、誰を対象とするもので、最終的にどんなことができるようになることを目指しているのかを明らかにしておかなければ、余計なことをいわれてしまうんだ」

「では、責任の範囲を明確にするのはどうやっていけばいいのですか？」

「図表17を見てごらん。この図では、教育の範囲をスタート地点から、ゴール地点までとしているのがわかるだろう。このようにスタート地点とゴール地点を決めることで責任範囲を明確にするんだよ」

求められていることを明らかにする

「まずは、最終的に何ができるようになっているのかを明らかにしていくことを考えてみよう。図でいえば、ゴール地点を設定することになる。ゴール地点とは、研修が終わったときに学習者が到達している地点だから、到達したことで、研修の目的を達成できるものでなくてはならない。そこで、研修が何を目的としているのかを確認することから始めよう。結論から先に言うと、昨日、Aくんは、なぜ研修担当になったかを語ってくれたと思うが、その点がまさにゴール地点を定めることになるんだよ」

「研修担当になった理由ですか」

「そう。君は、店長の質の低下が問題視されたから研修担当になったんだよね」

「はい。そうです」

「店長の質の低下が原因で何らかの問題が起こっているんだろう？　だったら、問題を解決するために、店長は何ができるようになっていればいいのかを明らかにすれば、この研修のゴールを設定できるんじゃないか？　こんなふうに、研修に対して求められていることを明らかにすることを**ニーズ分析**とよんでいる」


ひと息おいて、Bさんは続けた。


「だけどね、注意しなければいけないのは、ニーズがあるからといっても何もかも研修で解決することはできないということだ。教育には「できること」と「できないこと」がある。研修でできることは限られているから、研修として何を扱うのかをきっちり決めておいて、関係者の合意を取っておく必要があるぞ。

たとえば、店舗のサービスを向上させるためだったら、店長の育成法を見直すこと以外にも、本社と各店舗間の意思疎通を綿密に行うことや、従業員の数を増やすこと、業態を集中させること、新たなＩＴシステムを導入することも解決策になるだろう？　具体的には従業員が足りないために、店長も現場のオペレーションをしなければいけない状況なのに、店長のマネジメント能力が低いといっても始まらないだろう？　この場合だったら、無理に研修をするのではなく、従業員を増やすことを考えたほうがいいということだ」

「今回のように店長を育成する場合であれば、具体的にどのような能力をもった店長を育成すればいいのか。また、どのくらいの人数を育成すればいいのか。さらに、いつまでに育成しなければならないのかを明確にしていくんだ」

「あっ、はい。たしかに、何が問題だったのかを考えていませんでした。少しずつわかってきた気がします」

しっかりとゴールイメージを描く

「ここまで、ニーズ分析について考えてきたから、次にニーズ分析の結果を研修の目的として記述することを考えてみよう」

「ところでAくん。ニーズ分析の話は理解したかな」

「はい。理解しました」

「ほー。どういうふうに理解したんだ」

「ええと。ちょっと言葉ではあらわし難いのですが……」

「そうだろう。実は、『理解した』というのは、客観的に捉えることが非常に難しいのだ。つまり、A君と私との間で、同じように『理解した』つもりでも、違った捉え方をしている可能性があるんだ。他にも『学習した』というのもわかりづらいな。ゴールイメージを『○○を理解する』とか『○○を学習する』とすると、どの程度学習するのかとか、どういう状態であれば理解したといえるのかがわからないことになる。そこで、このゴールイメージをきっちりと記述することを考えてみよう。これを学習目標の明確化とよんでいる[2]」

「**学習目標の明確化**とは、ゴール地点となる学習目標を『**目標行動**』『**評価条件**』『**合格基準**』という三つの観点から、より鮮明に、より具体的に描写することだ。**目標行動**とは、研修の結果として、どのような行動をとれるようになればいいのかを具体的に示したものだ。**評価条件**とは、どういった条件の下で行った行動であれば、研修として合格とするのかについての基準である。何か、参考書を見ながらとか、何も見ないでといった基準だ。最後に、**合格基準**は、どの程度で合格とみなすのかということだ。イメージはわくか？」

「すみません。ちょっとイメージできません」

「では、一緒に考えてみよう。目標行動を描くうえで重要なのは、測定ができるということだ。測定とは、簡単にいえば、テストできることと考えればいい。テストを作成できないものは、目標行動として適切ではない。また、『○○できる』と記述すると楽に書けるかもしれない。『店舗で扱っている原材料について理解する』ではなく、『店舗で扱っている原材料の扱い方を説明できる』のほうが具体的だろう。後者であれば、説明させてみて、説明できていなければ目標行動に達していないことがわかる。『できる』の形で書き記していくことを、**学習目標を行動目標化する**ともいう」

「次に、評価条件について考えてみよう。たとえば、とっさの判断を迫られる場合、つまり店舗の火災時に消火活動を行うのであれば、マニュアルなどを見て判断しているようでは行動が遅くなるだろう。そういった目的の場合であれば、評価条件は、『何も見ないで』となる。逆に、膨大な選択肢のなかから最も適切なものを選ぶという場面、具体的には、店舗の年度末のシステム調整などの場合であれば、マニュアルなどを見ていても問題ないだろう。一年に一回しかない作業をすべて丸暗記する必要はない。つまり、評価条件は、具体的に使われる場面を想定して決める」

「最後に、合格基準について考えてみよう。すべて達成できて合格なのか、それとも八割でいいのかといったところだ。店舗の火災時の消火活動などについては、すべて正解できなければならないだろう。しかし、計算問題のようなものであれば、多少計算間違いなども発生するので、それを考慮してもいいだろう。この合格基準は、やみくもに決めてしまうと、なんとなく、すべて達成できたら合格というように決定してしまいがちだ。しかし、この基準によって、効率が大きく左右されることになる。この基準により、研修に費やさなければならない時間は変化することになるからだ。このような点も考慮し、合格基準を設定する必要がある」

スタート地点を明確にする

「さて、ここまででゴール地点が明確になった。次に、スタート地点を決めることを考えていこう。スタート地点を決めるということは、誰を対象に研修を行うのかを決めることだ。これを**対象者分析**とよんでいる。対象者分析では、研修の対象となる人がどのような知識をすでに保有しているのかを中心に調査する。これがわかると、ピンポイントに絞った研修にすることができる。今回の対象は誰だったかな?」

「今回は、現場で働いている若手社員です」

「そうであれば、対象者分析として調べるのは若手社員だ。対象とする若手社員がすでに現場でどのような業務を行っているのかを調べ、前提知識としてどのようなことを身につけているのかを調べることになる。対象としている若手社員がどのような知識をもっているのかがわかれば、その知識をもとにゴール地点までの差がはっきりしてくるだろう」

「あっ、はい。同じ学習目標でも、対象者が違えばまったくイメージが変わりますね」

「スタート地点とゴール地点が決まれば、この差を埋める研修をつくっていけばいいことになる。どうだ、少し全体像が見えてきたんじゃないか」

「はい。すごく明確になってきました。すぐにでも研修をつくり直したいくらいです」

「まあまあ。では、今日はこのくらいで」


一般に教材は「つくること」が一番重要だと思われている。しかし、それは違う。つくる前に、ニーズが何かを見極めること、ゴールを見極めることがもっとも重要なのだ。はじめよければそのあとはうまくいく。逆に、はじめがダメならすべてコケる。「つくる前の分析」にこそ、最大の労力を傾けたい。

＊＊＊

1 インストラクショナルデザインについては左記を参照のこと
鈴木克明（二〇〇二）『教材設計マニュアル――独学を支援するために』北大路書房、京都
2 鈴木克明（二〇〇二）『教材設計マニュアル――独学を支援するために』北大路書房、京都

3 何を指針にどのような教材をつくるのか？

❖本節のねらい
研修や教材を作成するうえでの学習支援理論について説明します。

❖キーワード
教授設計理論　ガニエの九教授事象　ＧＢＳ（ゲームベースドシナリオ）

研修設計の秘訣

「さて、Ａくん。久しぶりだな。どうかな。何か変化はあったかな」

「はい、もう一度、研修を行えることになりました。今度は、先日教えてもらった通り、研修のスタート地点とゴール地点をきっちりと決められたと思います」

「ほぅ。それはすばらしい進歩だな。順調そうじゃないか」

「教えていただいた点については、少しずつできていると思うのですが、ちょっと悩んでいることがあるんです」

「何に悩んでいるんだ」

「ゴール地点を決めましたし、対象者についても分析しました。でも、実際の研修をどのように進めていくのかがわからないんです。どんな順番で扱っていくのが効果的かとか、どんなふうに教えていけばいいのかがよくわからないのです。学習者が良い学習をするためにはどんなふうに支援すればいいのか、ＩＤでは、この点に何か知見はあるのですか？」

「なかなか、いいところに気がついたようだね。それはすばらしい進歩だよ。もちろん、ＩＤには『教材をどのように設計すればいいのか』についてのたくさんの知見がある。知見というと、少しわかりにくいかな。要するに、『こうやったらうまくいきますよ』という秘訣集だ。そういうものを**教授設計理論**とか**学習支援理論**という。まず、最も有名なもので、なおかつ、きっと今の君に役立つ理論の**ガニエの九教授事象**を説明しよう。ガニエは、授業や教材を構成する指導過程を、学びを支援するための外側からの働きかけ（外的条件）と捉え[1]、九つの働きかけを提案している。

ガニエの九教授事象は、研修の構成を考えるうえで非常に役立つものだ。ところで、Ａくんは、どのように研修を進めていたかい？」

「まずは、挨拶をして、打ち解けてから、新しい内容を扱うようにしていました。すぐに始めると、なんとなく取っつきが悪かったので、そうやっていました」

「わりといい線いっていたんだね。研修が終わった後に満足していたのも、少しわかる気がするな。それなら、このガニエの九教授事象を使えば、もっとわかりやすくできるんじゃないかな」

「本当ですか。是非教えてください」

ガニエの九教授事象

1　学習者の注意を獲得する
2　授業の目標を知らせる
3　前提条件を思い出させる
4　新しい事項を提示する
5　学習の指針を与える
6　練習の機会をつくる
7　フィードバックを与える
8　学習の成果を評価する
9　保持と転移を高める

「ガニエの九教授事象は、この九つのステップだ。まず、『学習者の注意を獲得する』とは、研修のはじめに研修に集中させるための仕組みを用意することだ。Aくんが挨拶をするというのも、この活動に含まれているといえるね。「これから学習するぞ」という気持ちをもってもらうことだ。二つ目の『授業の目標を知らせる』では、その日に行う、またはその時間に行う学習目標を提示することである。その講義では、『今日は決算処理、特に期首処理ができるようになることを目標とします』といったように、何を目標にするのか、何をゴール地点とするのかをしっかりと伝えておくことだ。三つ目の『前提条件を思い出させる』では、その日に行う学習目標に到達するためには、どのような知識を使うのか思い出させることだ。前回は、『期末処理を行ったので、今日は期首処理を行います。期末処理では、○○を行いましたが覚えていますか』という形だ。前回の復習という要素が強い」

「ここまでわかるかな?」

「はい……」Aくんはなんとか理解しているようだ。

Bさんはさらに続ける。

「四つ目の『新しい事項を提示する』では、はじめて扱う項目を提示する。新しく学ぶ内容を示すことだ。先ほどからの続きでいえば、『それでは、期首の処理の方法を示します』というものだ。五つ目の『学習の指針を与える』では、学習目標を達成するためのヒントを与えることだ。『期首の処理において注意するポイントは……である』

六つ目の『練習の機会をつくる』では、学んだ学習内容を練習する。このときには、間違ってもかまわず、どんどんと練習をしてもらう。実際に、期首処理の問題を解いてもらうことがいいだろう。七つ目の『フィードバックを与える』では、間違えた場合に、なぜ間違えたのかを指摘してあげよう。なぜ、間違ったのかをきちんと知らせてあげることが重要だ。八つ目の『学習の成果を評価する』では、テストを使って、どれだけ学習できたのかを調べる。九つ目の『保持と転移を高める』では、行った学習について忘れてしまう頃にもう一度確認をすることだ。つまり、復習をすることだ」

「どうだ。特に、目新しいところはないだろう?　目新しくはないだろうが、この九ステップにあわせて、自分の研修で行ってきたことを照らし合わせてごらん?　いかに足りないところがあったのか、また、いかに詰め込みすぎていたのかがすぐにわかるんじゃないか」

「そういえば、復習がすっかり抜けていたことがわかりました」

「ガニエの九教授事象は、特別な難しいところはない。しかし、この九事象を念頭に置くことで、研修途中で、新しい内容について覚えが悪いときなどに、前提条件は思い出させただろうかと振り返ることなどができるようになることがこの知見のすばらしいところだ。どうだ、これで研修のつくり方はイメージできるようになったんじゃないか?」

「本当ですね。今、過去に受けたわかりやすいなと思ったことがある研修を思い返してみたのですが、このガニエの九教授事象に沿っているということがわかりました。僕もこの通りに設計すれば、わかりやすい研修になるのですね」

「もちろん、すぐにうまく行くかはわからないが、理論に基づいて行ってみることは上達の近道になるだろうな」

「ありがとうございます。早速つくってみたいのですが、Bさんにお会いできる機会はすくないので、何か別の理論もあったら教えていただけますか」

「かなり、意欲的になってきたな。わかった。では、少し変わったものを紹介しよう」

シミュレーションを使った学習——GBS (Goal Based Scenario)

「コンサルティング会社アクセンチュアで実際に行われていたものを紹介しよう。それが、GBS (Goal-based scenario:ゴールベースドシナリオ)だ。GBSは、人工知能、認知科学の研究者であったロジャー・

シャンクが開発した教育手法だ。そのルーツは「事例に基づく推論」という、シャンクらの認知過程研究にある。ＧＢＳで用いる教材は、なるべく現実に近い状況設定に近いシナリオから構成されている。そのシナリオには、学習者が達成しなければならない明確なゴールがある。学習者はシナリオのシミュレーションにそって、学習を進める。学習のプロセスでは、アドバイスやフィードバックが豊富にもらえる。一回で成功することとはまずない。何度も何度も失敗して、試行錯誤を繰り返しながら、シナリオによるシミュレーションで、必要なスキルを身につける……それがＧＢＳだ[2]」

「シミュレーションですか。そんなゲームみたいなもの、使えるんですか」

「もちろん、使えるさ。最近では、ゲームを教育や社会での問題解決に利用しようとする動きだってあるんだよ。そういうゲームを**シリアスゲーム（serious game）**という。

シミュレーションを使った学習の面白いところは、学習者は特に学習しているということを意識せずに学んでいけるところにある。あれを学ぶぞ、これを学ぶぞと意識するのではなく、設定されたシナリオを解いていく過程で、自然に考えていくことができる」

「それはすごいですね。ぜひ、僕も受けてみたいですし、つくってみたいです」

「すばらしい意欲だね。でも、そんなに簡単じゃないぞ。シナリオは学習者にとって自然なものにしなければならない。また、学習者の選択できる選択肢の分だけ余計に教材をつくらなければならない。何より、ただ遊んでもらうだけでもダメだ。しっかりとシナリオのなかに学習目標を取り入れなければならない。ＧＢＳを提唱したシャンクは、シナリオづくりに膨大な時間をかけるべきだ、と言っている[3]。ホンモノらしいストーリーをつくるためには、関係者への膨大なインタビューを行わなければならない」

「そうですか。それはたいへんそうですね」

「もちろん、簡単ではない。しかし、適材適所で用いることができればこれほど有効なものもないだろう。今日紹介したもののほかにもたくさんの教授設計理論がある。それぞれの特色をつかみ、いつでも使えるように準備をしておくことができればいい。自分の引き出しを増やしておこう」

＊＊＊

1 鈴木克明（二〇〇二）『教材設計マニュアル――独学を支援するために』北大路書房、京都
赤堀侃司（二〇〇四）『授業の基礎としてのインストラクショナルデザイン』日本視聴覚教育協会、東京

2 山崎将志（二〇〇一）『Eラーニング―実践的スキルの習得技法』ダイヤモンド社、東京
鈴木克明（二〇〇五）「教育・学習のモデルとＩＣＴ利用の展望：教授設計理論の視座から」『教育システム情報学会誌』二二巻一号、四二～五三頁

3 Schank, R. C.(2001) Designing World-Class E-Learning: How IBM, GE, Harvard Business School, and Columbia University Are Succeeding at e-Learning. Mcgraw-Hill, MA

4 明日のために評価せよ

❖本節のねらい
カークパトリックの四段階評価について解説します。
❖キーワード
カークパトリックの四段階評価

評価の必要性

Aくんの長い苦闘は、もう終わりに近づいてきた。名誉挽回とばかりに、IDを用いてもう一度研修を行った。Bさんの教えに従い、研修の責任範囲を明確にした。さらに、ガニエの九教授事象を用いて研修を行った。

それ以上に、Aくんは気合を入れていた。絶対に成功させるという思いが目の輝きとなってあらわれていた。

Aくんは感じていた。「前回とは違うはずだ」

研修はできた。つまづいたことはあっても、なんとかやってみた。気合で乗り切ったともいえるかもしれない。

「今回の研修はタメになったよ！」参加者からの研修後のアンケートでは、そのような意見も聞くことができた。しかし、Ａくんはもう一つ課題があることに気づいていた。

研修の効果をどう評価するか

「Ｂさん‼」

Ａくんは、大声で、廊下を歩いていたＢさんをよび止めた。

「どうしたＡくん。もう一度研修をやっているんだってな。どうだ、うまくいっているか？」

「研修はうまくいっています。しかし、一点だけどうしてもお伺いしたいことがあるんですが、時間をとっていただけますでしょうか。できれば、今すぐにお伺いしたいのです」

「わかった。わかった。ちょっと待っていなさい。今、行くよ」

「なんだね、聞きたいことというのは？」

「はい。今回、Ｂさんに教えていただいたことを守ったことで、研修はとてもうまくいきました。ですが、うまくいったということを、上司に説明したいのですが、どうすればいいのかがわかりません。この研修を今後の店長育成研修として認めてもらいたいのです。使った予算とか、得た効果などいろいろ考えなければいけないことはありそうですし、説明しなければいけない関係者はたくさんいます。彼らにわかるように、彼らの求めるデータを出すにはどうすればいいのでしょうか」

図表18　カークパトリックの四段階評価

レベル１	反応（Reaction）	研修に対して満足したか
レベル２	学習（Learning）	研修で扱った内容を理解したか
レベル３	行動（Behavior）	研修で扱った内容を実務において、活用できたか
レベル４	業績（Results）	研修で扱った内容が業績に貢献したのか

「わかった。とても具体的な質問だな。せっぱつまっているようだから、率直に答えよう。今回は、要するに研修の評価を行うということだ。そして、その研修の評価結果を関係者に示し、認められればいい。しかし、どのような評価を行えばいいのかがわからないということだろう」

「はい。その通りです」

「では、カークパトリックの四段階評価を説明しよう[1]」

「四段階評価？　ですか？」

「そう。このカークパトリックの四段階評価は、企業内教育において、長年にわたり用いられてきた実績がある。開発されたのは、一九五九年なので、四〇年間以上も使われてきていることになる。このカークパトリックの四段階評価で特徴的なのは、評価には四つのレベルがあるということ。それぞれのレベルで適切な評価方法を採用しなければならないということ。そして、それぞれの評価で知り得ることが違うということだ」

受講者の反応と学習効果

「レベル１の『反応』で問題にしなければならないのは、行った研修に対する学習者の好意の程度だ。具体的には、研修終了後のアンケートとして行われることが多い。アンケートは実施したか」

「はい、取っています。ちゃんと、満足したかどうかは聞いています。みな満足していると答えています」

「よし、ならばOKだ。しかしながら、学習者が良い反応を示したからといって研修がうまく行ったというのは難しい。『楽しかったからOK』では、どのステークホルダーも満足しないだろう。研修は、学習者が何か知識やスキルを獲得することや、何かの理解を深めることが目的であるからだ。そこで、研修の責任の範囲を達成したということを示すことが必要だ。それが、レベル2の学習だ。レベル2の学習では、行った研修によってどの程度学習者が知識やスキルを獲得したのかを評価する。この評価では、主に、テストという形で評価を行う。テストは行ったか」

「はい。テストは行っています。学習目標に合わせて作成しました」

「よし。では、今のところこれで大丈夫だ」

「えっ、これで大丈夫なんですか？　さっき四段階とおっしゃっていましたが、まだ二つしか出ていないと思うのですが……」

現場での行動と業績への反映

「心配いらない。ちゃんと四つ説明するよ。しかし、現時点でAくんができるのは、二つだけなのだ。レベル3の行動とレベル4の業績は、研修が終わった後、しかも時間を少しおいて行う」

「研修の評価を研修が終わった後に時間をおいて行うのですか？」

「そうだ。そこに、このカークパトリックの四段階評価の特徴がある。カークパトリックの四段階評価は、研修がどのように会社に対して効果をあらわすのかを明らかにすることを目的としている。そのため、レベル3では、研修を終えた後、学習者が実際の業務においてどの程度、研修で得た知識やスキルを用いることができているのかを評価する。そのため、研修終了直後ではなく、ある程度（三カ月程度といわれている）期間をあけて、行動として定着しているのかどうか調べるのだ。ここからはちょっときつくなるが、やるか？」

「ここまできたらやりたいです。教えてください」

「わかった。では、研修した店長が働いている店舗の関係者に接触することはできるか？」

「できると思います」

「ならば、その関係者から、研修の前後で、店長の行動が変化したのかを聞いてくる。レベル1、レベル2は、研修を行っている最中に研修担当者が学習者のみを評価対象とできるため、比較的簡単に実施できる。アンケートも個人の学習の成果も研修担当者と学習者さえいれば実施可能だからだ。しかし、レベル3の行動は、学習者だけではなく、学習者の上司や部下など関係者に対し、研修結果が行動に反映されているのかを評価する必要があるので、実施するのが難しくなる。できるなら、研修を実施した人、していない人を比較したり、研修に行く前といった後の状況を上司や部下などの関係者からヒアリングできればいい」

「わかりました。やってみます」

「最後のレベル4の業績はさらに難しい。業績とは、研修を行ったことにより、業務に対してどのような成果を発揮したのかということを評価する。最も簡単な指標では、研修によりどれだけ売上げや利益が伸びたのかということだ。研修により学習者が何らかの知識やスキルを身につけ、その結果、行動が変わり、その行動が積もり積もった結果、業績として跳ね返ってくるという考え方だ。しかしながら、このレベル4は、カークパトリックの評価法のなかで最も実施するのが難しい。一番の理由は、結果的に業績が向上した場合に、それが研修の結果なのか、それともそれ以外の要因によるものかを切り分けることが難しいからだ」

「少し難しいがわかるか？」

「すみません。少し具体的に説明していただけますか」

「たとえば、研修を行った後、クレームが三〇％減少したとしよう。その場合、このクレームの三〇％の減少は、研修の結果なのか、それとも会社のブランド価値が向上したからなのかなど、複数の要素を分解して判断することが難しいからだ。カークパトリック自身もこのレベル4を測定するのは難しいといっている」

「たしかに、それは難しそうですね…」

関係者に向けた説明

「Aくん。具体的には、説明しなければいけない関係者は誰なんだ？」

「まずは、研修を行った店長自身です。次は、店舗の管理を行っているスーパーバイザーです。後は、今回の研修に対して、僕をアサインすることを決めた経営陣です」

「わかった」

「ならば、次のような作戦でいこう。まず、店長自身については、レベル1の満足は伝わっているはずだ。また、レベル2の学習の結果を知らせ、どれだけできることが増えているのかを説明しよう。スーパーバイザーに対しては、レベル3の行動の結果をもとに説得しよう。研修を行っていない人と比べ、どれだけ行動が変わっているのかを説明することだ。最後の経営陣に対しては、レベル4の業績を使いたいところだが、今回の研修だけでそれを示すのは難しいだろう。参考資料として、どれだけ店舗のサービスが向上したのかを調べられるといいが、すべて研修の効果といってしまうのは無理があるだろう。そこで、レベル2の学習の結果とレベル3の行動を用いて、研修がいかに店舗の質の向上に役立つことを行ったのかを説明するのはどうだ」

「わかりました。ありがとうございます。では、早速、現場に行ってレベル3の行動について聞いてきます」

その後、Aくんは、ステークホルダーに対して説明を行った。レベル3の行動については、Aくんの想像どおりのよい結果がでたとはいえなかったが、活動が認められ何とか研修を継続することができた。継続ができたことにより、さらによい研修をつくることに、今、Aくんは燃えている。

Aくんは、完全にIDにはまってしまったようだ。

＊＊＊

1　カークパトリックの評価に関しては、左記を参照のこと。
Kirkpatrick.D. L. (1998) Evaluating Training Programs-The Four Levels.Brett-koehler San Francisco.
なお、カークパトリックは「評価には四段階があるということ」を主張したのであって、評価方法や評価モデルを提示したわけではない。人材育成担当者は、それぞれの段階において評価方法を策定し、どのように評価を行うのかを決めなければならない。

◉コラム

ニートとフリーターは救えるか

二〇〇四年以降、「ニート」という存在が注目を集めている。ニート（NEET）とは、「Not in Employment, Education or Training」の略で、「働かず、学校にも行かず、職業訓練もしない三四歳までの若者」を指す。[1]

また、「フリーター」という言葉は、一九八七年のバブル経済の最中に、アルバイトやパートタイムで生計を立てている若者を指す言葉として、リクルート社の道下裕史によってつくられた。

厚生労働省が発表した『二〇〇五年度版厚生労働白書』によると、二〇〇四年時点で、ニートは六四万人、フリーターは二一三万人いるとされている。一〇年前と比較すると明らかに増えている。[2]

同白書では、このようなニートやフリーターが増加していることに関して、「若者本人にとっても社会にとっても大きな損失となる」と述べており、その問題意識からニートやフリーターの増加傾向を転換すべく、二〇〇三年六月に策定された「若者自立・挑戦プラン」に基づいたさまざまな施策を行っている。

代表的な施策に「ジョブカフェ」と「日本版デュアルシステム」がある。

ジョブカフェとは、若者に対する就職支援サービスをワンストップで提供するセンターである。若者を対象とした職業紹介の実施や、企業説明会などを行い、若者の職業意識啓発を行っている。二〇〇四年度には四三都道府県七九カ所に設置され、延べ一〇九万人の若者が利用し、五万三〇〇

○人が就職するという実績が出ている。

そのうちの一つ、ジョブカフェOSAKA[3]では、キャリアアドバイザーによる一対一の個別相談や企業への応募書類の添削・求人情報・各種セミナー・ビジネススキル講座などの情報提の他に、講演などのイベントなども行われ、施設内には、パソコンコーナーや無料のドリンクコーナー、BOOKコーナー、ビデオコーナーまで用意されている。

一方、日本版デュアルシステムとは、「働きながら学ぶ、学びながら働く」ことにより若者を一人前の職業人に育てる新しい職業訓練システムであり[4]、ドイツで行われている同種のプログラムの日本版である。その目的は、「若年者が学校卒業後に本格的な雇用に至らない場合に、これらの者を一人前の職業人として育て、職場定着させること」にある。

つまり、とりあえずフリーターを選んでしまった人が職場に定着できるように、実際の職場で働きながら技能を取得し、同時に教育訓練機関で学ぶことで、職業人として育成しようというプログラムである。教育訓練機関での座学と企業での実習が組み込まれている点が特徴である。

このような施策の一方で、ニートやフリーターの存在自体を非難する意見も多く聞かれる。

しかし、外食産業などの一部の業種では、フリーターは、コスト競争力を有するための安価な労働力として積極活用されている。ニートのなかには、働く意志をもつ、あるいは、かつてはもっていた者も少なからずいるようだ。

社会の構造的な問題として、ニートやフリーターを捉えることで、根本的な解決策が見えてくるはずである。

（橋本）

＊＊＊

1　ニート問題については左記が詳しい
玄田有史、曲沼美恵（二〇〇四）『ニート――フリーターでもなく失業者でもなく』幻冬舎、東京
2　厚生労働省（二〇〇五）『平成一七年度版　労働経済の分析』厚生労働省、東京
3　ジョブカフェＯＳＡＫＡ
http://www.jobcafeosaka.jp/about_osaka.html
4　厚生労働省：日本版デュアルシステムホームページ
http://www.mhlw.go.jp/topics/bukyoku/syokunou/dual/index.html

第5章

学習環境のデザイン

仕事の現場でいかに学ばせるか

1 学習環境に目を向けろ！

❖本節のねらい
学習環境デザインとインストラクショナルデザインとの違いについて説明します。

❖キーワード
学習環境デザイン　空間　ツール（道具）　活動　共同体

仕事は現場で学ぶもの？

「研修はちゃんと受けさせたから、あとは現場でよろしく頼む」

ある朝、営業課長Aさんがいつも通りの時刻に出社すると、突然、部長にこう頼まれた。
飲料メーカーY社では、取引先を一軒一軒回る、これまでの足で稼ぐ営業スタイルから、ターゲットを絞った提案型の営業へと、営業スタイルを転換しようとしていた。そこで三〇代～四〇代の中堅の営業担当者一〇〇名に対して、顧客ニーズのつかみ方、企画書の書き方などの営業研修が行われていた。Aさんの事業所でも、一〇人ほどの営業担当者が研修に参加したばかりであった。
しかし、部長はあまり研修に積極的ではなく、日頃から「やっぱり仕事は現場で覚えるものだ」というのが口癖であった。今回も、本社からの要請でやむを得ず研修には参加させたものの、課長のAさんに対して、現場でしっかり育成するよう改めてはっぱをかけてきたのだった。

「困ったなあ。現場で教育しろと言われても、今回の提案型営業は新しい研修内容で、模範となる上司や先輩がいるわけでもないし。あとは現場で頼むと言われても、いったいどうすればいいんだろう」。Aさんは、困り果てていた。

「仕事は現場で学ぶもの」。あなたも職場でこの言葉を聞いたことはないだろうか。職場における人材育成を、一般にＯＪＴ（on the job training）という。ＯＪＴとは、文字通り仕事を通じた訓練のことである。ほとんどの企業では、最近まで人材育成といえば、このＯＪＴのことを指していた。

しかし、こうして当たり前のように使われるＯＪＴという言葉であるが、その実態は、伝統芸能の徒弟制のように長い歴史をかけて緻密に築かれた訓練方法から、職場に新人を配属するだけのものまで、多岐にわたっている。最近では、ＯＪＴの手法をめぐって、さまざまな会社が見直しを始めるなど、ＯＪＴの手法について再考する時期に来ている[1]。

ＯＪＴのような職場の学習環境をデザインしていこうとする考え方や手法を、「学習環境のデザイン」とよぶ。学習環境デザインに関する諸理論では、教室や職場といった現場での学習が効果的に行われるよう、これまでさまざまな環境整備のための理論や取り組みが提唱されてきた。企業の人材育成においては、前章で見たような研修や教材の効果的なデザイン手法（＝インストラクショナルデザイン）と同時に、職場における学習の効果的なデザインも重要である。そこでこの章では、学習環境デザインの考え方について、インストラクショナルデザインとの違いを中心に見ていこう。

学習環境デザインとインストラクショナルデザインとの違い

学習環境デザインの考え方がインストラクショナルデザインと大きく異なる点は、「学習」に対する捉え方である。

インストラクショナルデザインでは、以前はできなかったことができるようになるといったスキルや能力の向上を学習と捉える。これに対し、学習環境デザインでは、学習とは、学習者が教室や職場といった現場での活動に参加することそれ自体を指す。たとえば新入社員であれば、まず職場で上司や先輩が行う営業活動に参加する過程を通じて、仕事を学んでいく。学習者にとっては、こうした活動に参加することが学習である。

このため、学習環境デザインとインストラクショナルデザインとでは学習目標が異なる。インストラクショナルデザインでは、学習目標はあらかじめ教え手によって設定され、教材や授業は、学習者がより効果的に目標達成するようデザインされる。一方、学習環境デザインでは、学習とは学習者がある社会的活動に参加することを通じて主体的に行うものである。学習目標はあらかじめ教え手が設定できるものではない。インストラクショナルデザインが習得すべき知識や技能を明確化し、学習目標を設定するのとは対照的である。

一人前の営業マンになるために何をどれだけ学べばいいのか、その学習目標を完全に立てることなど不可能である。もちろん、入社一年目の営業マンであればこのぐらいのことはできてほしい、という、コンピンテンシーや暗黙のルールは職場によってできるかもしれない。しかしそれらを身につける過程をカリキュラムに細分化し、目標を設定することは難しい。

そもそも私たちがふだん仕事をしている環境は、常に不測の事態の連続である。ひと口に営業といっても、扱う商品や、顧客、担当者によって、それぞれ求められる対応は異なるだろう。営業担当者によって営業のやり方はさまざまであるし、上司や先輩との相性や仲間によっても仕事の学び方は変わる。

また、業務や顧客に関する知識は、誰か一人の教え手だけがもっているものではない。営業担当者たちは知識や情報を交換しながら、互いに学習し、新しい知識をつくっていくのである。学習環境デザインでは、学習は状況によって即興的に変化しながら、学習者によって新たにつくり上げられるものだと考えられる。

このようにあらかじめ決まった段階的なカリキュラムではなく、学習者や周囲の状況に応じて、学習目標や学習内容を変えていこうとする考え方を、「**学習者中心主義（Learner-centeredness）**」とよぶ。学習環境デザインがインストラクショナルデザインと異なるもう一つの点は、学習環境デザインが学習者中心主義に立って、環境をデザインしようとする点である。

しかし、学習環境デザインに学習目標が必要ないというわけではない。学習環境デザインが目指すのは、学習者が学習の起きる環境（職場や教室といった）にアクセスしやすくすることである。たとえば、上司や先輩を育成担当として新人につけたり、新人にもできる仕事を割り振ることなどによって、学習者は職場での活動に参加しやすくなる。このように、学習者が学習活動に参加しやすくしようとするのが、学習環境デザインの考え方である。

以上、学習環境デザインとインストラクショナルデザインとの違いについて述べてきた。それでは、学習環境とは具体的にどのようなものなのだろうか。

学習環境の構成要素

私たちが職場で働く環境には、マニュアルやテキストだけでなく、その場の空間や一緒に学ぶ仲間、仲間とともに行う活動などさまざまなものがある。学習環境デザインでは、このように私たちがふだん学習している環境を、①**空間**、②**ツール（道具）**、③**活動**、④**共同体**という四つの構成要素に分ける。そして、それぞれが最も学習に効果的となるようデザインすることが目指される。[2]

「空間」とは、学習が行われる場である。学校の教室や企業の「職場」がこれにあたるだろう。

職場とは、物理的なスペースのことだけではない。そこには上司や先輩、同僚の社員がおり、仕事のルール（売上げ達成目標、役職ごとの役割、稟議等のオペレーションといった明文化されたルールだけでなく、誰がどのような仕事をするかという分業等暗黙のルールも含まれる）に従って、それぞれの業務を行っている。このように、人々がともに活動を行っている空間に参加することから、学習は始まる。

空間をデザインすることで、学習の活性化や新たな学習活動を引き起こす試みも行われている。たとえば、東日本電信電話株式会社（以下、ＮＴＴ東日本）では、社内の知識創造を促すためのオフィス空間の改革に取り組んだ。フリーアドレス制のオフィスゾーンや打ち合わせなどを行うクリエイティブゾーン、集中して作業を行うためのコンセントレーションゾーンなどの新しい空間がデザインされ、社員同士の交流や新しい知識の創造が目指された。[3]

次に、こうした空間で用いられるのが「ツール」である。職場には、営業先の知識を得るための顧客リストや、業務日誌、上司や先輩、同僚と連絡を取るための携帯電話やｅメールといったさまざまなツールがあ

図表19　デザインの3つのレベル[4]

ヒト(組織)のデザイン	組織、制度、規則、行動規範、人的関係
コト(活動)のデザイン	活動内容、目的、動機づけ、達成目標、必然性、賞罰、インセンティヴ、行動のモデル、出来事(イベント)、活動の(時間的) 場
モノ(道具)のデザイン	器具·道具、教育メディア、インフラ、機能、ヒューマンインタフェース、意匠、ドキュメント(コンテンツ)、活動の(空間的) 場

る。営業担当者たちは、こうしたツールを使って、訪問先の顧客を調べ、周囲とコミュニケーションをとりながら営業を行っていく。

しかし重要なことは、これらのツールを使って、実際に営業「活動」を行うことである。いくら新しいツールを導入したり、営業研修を行っても、それだけで一流の営業マンが育成できるわけではない。営業担当者は、営業の現場で実際に他人のやり方を見たり、自分で学んだことを活かしたりしながら、営業活動を通じて、次第に提案型営業のやり方やコツを学んでいくのである。このように学習には、空間やツールだけでなく、実際の活動が行われる場に参加することがとても重要である。

そして職場で、さまざまなツールを使いながら、ともに活動に取り組む仲間が「共同体」である。共同体は、空間、ツール、活動を支える基盤といってもよい。整然としたオフィスに最新のITツールを導入したとしても、メンバーが互いにまったく無関心で交流さえなければ、そこに活動は生まれないだろう。

また、提案型営業は、誰か一人だけができればいいのではなく、職場の営業担当者全員に求められている。そのためには、一人ひとりが研修で学んだことを実践するだけでなく、研修を受けた営業部員同士で情報を交換したり、まだ研修を受けていない後輩に、やり方を教えていくことが必要である。「あいつだけには負けたくない」、「彼のように、きちんと提案できるようになりたい」というライバルやロール・モデルといった仲間の存在も、モチベーションに大きく影響するだろう。このように、学習者を取り巻く人的ネットワークが「共同体」である。

新入社員であれば、共同体の仲間とともに営業活動を行っていくことで、営業担当者との間に信頼とチームワークが生まれ、「Y社の営業マン」という意識が芽生えていくかもしれない。中堅の営業担当者にとっても、提案型営業を学ぶ過程とは、新しい営業スタイルを身につけるだけではなく、自分の周囲の仲間や組織の存在を改めて確認し、Y社の営業マンであるというアイデンティティを再確認する過程でもある。

このように、前記のモデルでは、ふだん私たちが仕事を学んでいる環境は、空間、ツール、活動、共同体といった要素が相互に絡み合って構成されると考える。ちなみに、学習環境のデザイン対象物は、識者によってさまざまなものが提案されており、これとは異なるものも存在する。より詳細なデザイン項目に関しては、認知科学者である加藤・鈴木らの提案したものもある。彼らは、学習環境を三つのレベルに整理し、その対象項目を列挙した[5]。

いずれにしても、学習環境をデザインする際に重要なことは、「学び手の視点に立ち、学習を成立させる場を、意識的に一貫した考えによってデザインしていくこと」である。

次の節では、学習環境デザインの考え方と理論について、さらに詳しく見ていこう。

＊＊＊

1　リクルートワークス研究所（二〇〇五）『ＯＪＴの再創造』リクルート、東京
2　美馬のゆり、山内祐平（二〇〇五）『「未来の学び」をデザインする』東京大学出版会、東京
3　金澤傑（二〇〇一）「事例研究：ＮＴＴ東日本『知識創造オフィスの構築』」、妹尾大、阿久津聡、野中郁次郎（編著）『知識経営

実践論』白桃書房、東京、一〇九〜一三六頁

4 加藤浩、鈴木栄幸（二〇〇一）「協同学習環境のための社会的デザイン——アルゴリアーナの設計思想と評価」、加藤浩、有元典文『認知的道具のデザイン』金子書房、東京、一七九頁

5 加藤浩、鈴木栄幸（二〇〇一）「協同学習環境のための社会的デザイン——アルゴリアーナの設計思想と評価」、加藤浩、有元典文『認知的道具のデザイン』金子書房、東京、一七六〜二〇九頁

2 学習環境デザインの理論家たち

❖本節のねらい
学習環境デザインの理論について簡潔に振り返ります。

❖キーワード
最近接発達領域　認知的徒弟制　正統的周辺参加　活動理論

どうすれば職場で学べるのか?

「顧客情報の収集、分析は、全部自分の頭のなかでやっているから、いちいちパソコンに入力する必要なんてない」

「お客様とは長いつきあいなので、提案なんて意識しなくても、ちゃんとお客様のニーズに合わせた営業はできている」

全社で取り組み始めた提案型営業であるが、このように、四〇代以上の営業担当者を中心に抵抗も強く、その手法はなかなか職場に浸透しなかった。営業担当者たちは研修を受けてきても、職場に戻るとすぐにもとのやり方に戻ってしまう。せっかく導入した営業支援システムも顧客データベースも、あまり活用されていなかった。

課長Aさんは、何とか職場のなかに提案型営業のスタイルを浸透できないかと考えた。研修だけでなく、ふだんの業務のなかで提案型営業が自然に行えるような環境をつくれないか。しかし、そのためにはどうすればいいのだろうか。

「学習環境デザイン」という領域があることを知ったAさんは、職場の改革に乗り出した。この節では、Aさんが行った改革について、学習環境デザインの理論に基づいて説明しよう。

前節で述べたように、学び手の視点に立ち、教室や職場などの現場で学習が自然に起きる環境をつくり出そうとするのが、学習環境デザインの考え方である。学習のための学習環境は、空間、ツール（道具）、共同体、活動という要素によって構成される。ひと口に学習環境のデザインといっても、そこにはそれぞれの要素に対する考え方やアプローチがある。この節では、学習環境デザインに関わる理論を見ながら、具体的なデザイン手法について、見ていこう。

「ツールや道具を使って学ぶ」と「上司や先輩から学ぶ」

前節で見たように、私たちはふだん職場で、携帯電話やeメールといったツール（道具）を用いて仕事をしている。たとえば日常、私たちは職場で、その日に行う内容や忘れてはいけない事柄を付箋にメモしてパソコンや机に貼りつけるが、これもツール（道具）である。私たちは付箋というツールを使って、記憶を保持したり、自分のやるべき仕事を方向づけている。

このように学習における「ツール（道具）」に注目したのが、ロシアの心理学者ヴィゴツキーである。ヴィゴツキーは、人は道具を使いながら学ぶことを指摘した。

ところで、「ツール（道具）」とは携帯電話やｅメール、付箋といったモノだけではない。ヴィゴツキーは、人はモノとだけでなく、他人との関わり合いのなかで学習していると考えた。たとえば子どもには、一人ではできないが大人と共同でならできることがある。職場においても、配属されたばかりの新人は、上司や先輩の力を借りて企画書を書いたり見積書を作成したりする。

このように自分よりもスキルや経験が熟達した人の力を借りて、新人は次第に仕事を学び、スキルを向上させていく。ヴィゴツキーは、そうしたものごとの範囲を「**最近接発達領域（Zone of proximal development）**」とよんだ。[1] 考えてみれば、私たちはごく自然にモノを使ったり、人と関わり合いながら学んでいる。ヴィゴツキーは、私たちの学習がこうしたツール（道具）との関係のなかで行われていることを明確にした。

さらに、学習過程における人との関わり合いをモデル化したのが、認知科学者のブラウンとコリンズ、ドゥグイッドである。私たちは職場で、上司や先輩から仕事を学ぶとき、たとえば上司や先輩のやり方を見たり、アドバイスを受けたり、ときには手助けをしてもらいながら学んでいる。ブラウンらは、このように人が熟達者（上司や先輩といった）から学ぶ過程を「**認知的徒弟制（Cognitive Apprenticeship）**」とよぶ。[2]

第1章で記述したように認知的徒弟制は、人間の学習をいかに支援するべきか、という問いに対して①**モデリング**、②**コーチング**、③**スキャフォルディング**、④**フェイディング**の四つの段階で答えた。熟達者が新人に仕事を教える際には、まず新人に仕事をやってみせる（モデリング）。次に実際にそばについて手取り足取り教え（コーチング）、一通りのことができるようになってきたら新人が独り立ちできるように手助け（スキャフォルディング）する。そして彼が独り立ちをした後は、次第に手を引いていく（フェイディング）ことが重要であることを指摘した。

共同体における活動から学ぶ

こうした認知的徒弟制の考え方を、社会的活動のなかに広げて理論化したのが、レイヴとウェンガーである。[3] レイヴらは、職場のように人が学習するための共同体に着目した。考えてみれば、私たちにとって職場は働く場であると同時に、上司や先輩、同僚と共に活動しながら仕事を学ぶ場でもある。

レイヴらが学習する共同体の例として挙げるのは、伝統的な徒弟制の職場である。徒弟制の職場では、親方や同僚、新人などさまざまな参加者が一つの目標に向かって作業を分担し共同で活動を行っている。職場は、仕事を学ぶ共同体でもある。そして新人は、はじめはごく軽い役割を担いながらこの共同体に参加し、次第に共同体全体の活動を知り、共同体のメンバーとなっていく。レイヴらは、このように新人が共同体のなかで学習し、一人前のメンバーとなっていくような参加の仕方を、「**正統的周辺参加**（**Legitimate Peripheral Participation: LPP**）」とよんだ。

正統的周辺参加論が従来の学習論と異なる点は、それが学習を共同体での活動への「参加」と捉える点である。スファードはこのように共同体への参加を学習と捉える学習観を「**参加メタファ**」とよび、従来の知識獲得メタファと次の表のように対比させている。[4]

参加メタファでは、学習者は、熟達者や先輩から一方的に知識を「教えてもらう」存在ではない。学習者

図表20　学習メタファの対比[5]

獲得メタファ		参加メタファ
個人の知識の豊かさ	学習の目標	共同体の構築
あることを獲得すること	学習	参加すること
知識の受け手	生徒	周辺的参加者、徒弟
知識の提供者、促進者、媒介者	教師	熟達した参加者（先輩）
資産、所有物、商品	知識、概念	共同体での実践、語り、活動
所有しようとすること	知ること	共同体に帰属し、参加し、コミュニケートすること

は、たとえば職場のような共同体に参加し、そこで熟達者や先輩の手伝いをしながら一緒に活動し「自ら学んでいく」存在である。

企業に当てはめて考えると、研修が主に知識を獲得する場であるとすれば、職場は共同体の活動に参加しながら主体的に仕事を学ぶ場であるといえる。職場での学習は、教師が生徒に教えるように、知識を一方向的に教え込むものではない。私たちは職場で上司や先輩、同僚たちと相互に知識や情報を交換し、コミュニケーションを取り合いながら仕事について学んでいる。職場での学習とは、人々が学びあう共同体を構築することである。

一九九〇年代末から、日本企業が注目した「知識創造理論」や「ナレッジ・マネジメント」もまた、こうした人々が学び合う共同体を構築する手法にほかならない。知識創造理論やナレッジ・マネジメントとは、企業が知識や情報を創造し、マネジメントするための理論や経営手法であり、必ずしも個人の学習を目的としたものではない。しかし、共同体の構築を目指す点で学習環境デザインの考え方は、こうした経営領域へも応用が可能である。知識創造理論については、4で詳しく説明する。

ともに活動をしながら学ぶ

ところで、職場で仕事を学ぶとき重要なのが、活動である。前節で述べたように、たとえば営業という仕事を覚えるためには、何よりも、上司や先輩と共に客先を回り一緒に営業活動をしてみることが重要である。

このように、学習者が行う活動に着目したのが、フィンランドの教育学者エンゲストロームである。エンゲストロームは、病院や企業、官庁といった組織で人々が共同して営む学習活動に着目した。

エンゲストロームがとりわけ重視するのが、学習活動におけるトラブルや葛藤などの問題状況である。たとえば私たちが職場で最も仕事を覚えるのは、成功体験からよりも、むしろ失敗した経験や、トラブルなどの問題を解決した経験からである。エンゲストロームはこのように、問題状況が人々のさらなる学習活動を促し、新しい発見や発明をもたらすと考えた。[6] こうした発見や発明の側面を含む学習を、「**創発的学習**」とよぶ。[7]

エンゲストロームは、複数の共同体が交流し共同で活動するとき、トラブルや葛藤などの問題状況が起き、創発的学習がもたらされると考える。最近、企業でも、クロス・ファンクショナル・チームといった多部門の人々から成るチームや、異なる事業所や取引先、顧客から成るチームを組成し、新しいアイディアや製品の開発に当たる例も多い。このように多様な専門性や価値観をもつ人々が一緒に活動することによって、トラブルや葛藤が引き起こされ、それを乗り越えることによって単一の共同体からは生まれないような新しい活動やアイディアが生まれる可能性がある。

もちろん、トラブルや葛藤は、うまくマネジメントすることが重要である。問題状況をうまくマネジメントし、乗り越えることによって、新しい発見や発明をともなう創発的学習が行われるのである。
このように、仕事や組織の現場で、実践者自身が問題状況を乗り越えて自らの仕事や組織を新たにつくっていく状況を分析した理論が、「**活動理論（activity theory）**」である。[8]
以上、学習環境デザインに関する諸理論について述べてきた。これらの理論はそれぞれ、学習におけるツール（道具）や共同体、活動などの重要性を指摘するものであった。空間とは、こうしたツール（道具）や共同体、活動を包含するものである。こうした学習環境デザイン理論が、従来の知識獲得型の学習理論と最も異なる点は、学習を、学習が行われる共同体への参加と捉える点である。学習は教室のなかだけで起きているのではない。まさに「現場で起きている」
そこで次の節では、職場のように学習が行われる共同体について、その考え方と事例について紹介する。

＊＊＊

1 レフ・セミョノヴィチ・ヴィゴツキー（著）／柴田義松（訳）（二〇〇一）『思考と言語』新読書社、東京
三宅なほみ、白水始（二〇〇三）『学習科学とテクノロジー』日本放送出版協会、東京
2 ジョン・シーリー・ブラウン、アラン・コリンズ、ポール・ドゥグイッド（著）／杉本卓（訳）（一九九二）「状況に埋め込まれた認知と、学習の文化」、安西祐一郎、大津由紀雄、溝口文雄他（編）『認知科学ハンドブック』共立出版、東京、三五～五一頁
3 ジーン・レイヴ、エティエンヌ・ウェンガー（著）／佐伯胖（訳）（一九九三）『状況に埋め込まれた学習——正統的周辺参加』産業図書、東京
4 Sfard, A.(1998) On Two Metaphors for Learning and the Dangers of Choosing Just One. Educational Research, March. pp4-13
5 Sfard, A.(1998) On Two Metaphors for Learning and the Dangers of Choosing Just One. Educational Research, March. pp4-13、美馬

のゆり、山内祐平（二〇〇五）『「未来の学び」をデザインする』東京大学出版会、東京、一四二頁より筆者作成
6　ユーリア・エンゲストローム（著）／山住勝広他（訳）（一九九九）『拡張による学習——活動理論からのアプローチ』新曜社、東京
7　美馬のゆり、山内祐平（二〇〇五）『「未来の学び」をデザインする』東京大学出版会、東京
8　山住勝広（二〇〇四）『活動理論と教育実践の創造——拡張的学習へ』関西大学出版部、大阪

3 学習者のコミュニティを活性化させる

❖本節のねらい
学習者のコミュニティとコミュニティ活性化の手法について説明します。

❖キーワード
学習する組織　実践共同体　モデレーション　ファシリテーション

「学習する組織」はどう創る？

営業課課長のAさんは、提案型営業を職場に浸透させるため、週一回、勉強会を始めた。勉強会では、まず各営業担当者が、営業先の情報や営業で気づいた点、どのような営業を行ったかという事例について報告する。その後、メンバーはそれぞれの報告について、提案型営業の観点から見てよい点や改善点などについて話し合うことにした。

しかし実際に始めてみると、勉強会は思ったような活発な情報交換や議論の場にはなかなか発展しなかった。せっかく営業担当者が集まっても、各担当者は互いに自分の営業状況を報告するだけで、後は黙っていることが多かった。そもそもY社はこれまで個人をベースとした営業手法を取ってきたので、営業担当者にとって営業先の情報を交換するという習慣はほとんど定着していなかったのだ。なかには、

「営業先の情報や営業ノウハウなんていうのは、そもそも自分で苦労して身につけるものだ。人に教わるものではないし、まして人に教えるなんてとんでもない」

と、情報提供を嫌がる営業担当者もいた。

Y社では数年前から、個人単位の営業ではなく組織的な営業戦略が重視され、チームとしての営業活動が求められるようになっていた。Aさんは、何とか営業担当者がチームの一員としての意識をもち、互いに教え合い学び合うような組織文化をつくりたいと考えた。そのためには、いったいどうすればいいのだろうか。学習を個人のものとしてではなく組織のものとして捉える考え方が、**「学習する組織（Learning Organization）」**という概念である。

学習する組織は、一九九〇年、米国マサチューセッツ工科大学のセンゲ教授によって提唱された。[1] センゲは、学習する組織の五つの構成要素として、「自己マスタリー」、「メンタルモデル」、「共有ビジョン」、「チーム学習」、「システムシンキング」を挙げる。チームのメンバーが対話を通じて学習し、問題の全体状況や相互関係を明らかにし問題解決していく組織が、「学習する組織」である。しかし、学習する組織はどうつくるのだろうか。

実は、学習する組織をつくるとは、組織のなかに学習のための共同体（学習者のコミュニティ）を構築することでもある。この節では、学習者のコミュニティに目を向け、コミュニティでの議論を活性化させるための理論や手法について説明する。

「学習者のコミュニティ」の特徴

学習者のコミュニティを、具体的に定義したのがウェンガーである。ウェンガーは、学習が行われる共同体を、**「実践共同体（Community of Practice）」**とよぶ。以下では、ウェンガーの提示した「実践共同体」について詳しく説明しよう。

前節で見たように、レイヴとウェンガーは、伝統的な徒弟制について観察し、学習が共同体に参加するなかで行われることを発見した。執筆者の一人であるウェンガーは、ここから、現代社会にも通じる概念として「実践共同体」という概念をつくり上げた。

実践共同体とは、「共同の取り組みに対する専門性と情熱を共有することでインフォーマルに結びついた人々の集まり」[2]である。実践共同体は、地域コミュニティや家族といった地縁・血縁に基づくコミュニティとも、部や課といったフォーマルな組織や、友人知人の集まりとも異なる「学習者のコミュニティ」である。

実践共同体の定義は、①**領域（domain）**、②**コミュニティ（community）**、③**実践（practice）**という三つが備わっていることである。[3]「領域」とは、メンバーが共有する問題やテーマ（たとえば専門知識やノウハウ）であり、「コミュニティ」とは、メンバー同士の相互交流と関係性のことである。メンバー同士が強く結びついたコミュニティはメンバーの帰属意識を高め、自発的にアイディアを共有し、わからないことについて教えあう雰囲気をつくり出す。そして「実践」とは、コミュニティ・メンバーが共有する一連の枠組みやアイディアやツール、情報、様式、専門用語、物語、文書などのことである。

ウェンガーらは、理想的な知識の枠組み（knowledge structure）として、これら三つの要素がうまくかみ合った実践共同体を企業内外に多層的につくり出すことを提言している。

たとえば、企業における部門横断的な開発チームや職場での勉強会なども、実践共同体である。Y社に当てはめて考えれば、営業課課長のAさんがつくろうとしているのは、営業担当者同士が営業に関する情報を交換し、学び合うための実践共同体である。社内だけでなく、取引先や顧客との共同の商品開発チームなど、社外に広がる実践共同体もある。

さらに実践共同体は、バーチャル空間においても存在する。エーザイ株式会社から高齢者医療を専門として立ち上がったエルメッド・エーザイ株式会社（以下エルメッド・エーザイと略）の例を見よう。[4]

エルメッド・エーザイでは、いち早くバーチャル・オフィスを取り入れた。ＭＲ（医療情報担当者）は、一人ひとりがノート型パソコンとＰＨＳを携帯し、担当エリアでそれぞれが営業活動を行っている。

しかし、こうした働き方は便利な半面、プライベートと仕事の区別がつかずＭＲが孤独になりがちである、後輩の指導や育成が困難であるといった問題点を抱えていた。そこでエルメッド・エーザイでは、携帯電話による上司との一対一の話し合いや、チャットを使った組織全員による意見交換のためのインターネット会議を毎週一回開いている。

さらに、後輩の育成・指導に関しては、ベテランの担当エリアに新入社員が同行する仕組みを取り入れている。こうすることで、若手ＭＲは訪問から商売が完結するまでの全プロセスを体験し、ベテランＭＲのノウハウを学ぶことができるからである。

また、実践共同体は企業のなかだけでなく、企業の枠を超えて存在する。たとえば、社外の勉強会や異業種交流会、社会人大学院などである。荒木は、日本企業で働く研究開発職、コンサルタント、システム・エンジニアなどへの調査を通じて、企業で働く個人が社内外の多様な実践共同体に参加しながら学習し、キャリア意識を確立していく過程を実証的に分析している。[5] 企業で働く個人は、職場内の勉強会だけでなく、社外勉強会や社会人大学院などさまざまな実践共同体に参加し、そこでの活動を通じて、自らの専門性や仕事に対する認識を深めている。

以上、実践共同体について述べてきた。実践共同体は、「学習者のコミュニティ」である。コミュニティのメンバーは参加を通じて他のメンバーと情報を共有し、ときには悩みや孤独感を解消したり、ベテラン社員から仕事のノウハウを学んでいく。実践共同体は、企業のなかにも企業を超えて、ときにはバーチャルの空間にも存在する。

コミュニティでの議論を活性化させる

それでは、実践共同体での活動や理論を活性化させるにはどうすればよいのか。実践共同体は、領域を共有するメンバーが共同で実践を行い、コミュニケーションをすることから始まる。そこで重要になるのが、これらの実践やコミュニケーションを活性化させることである。実践共同体は放っておいても活性化しない。実践共同体のメンバーから活動やコミュニケーションを引き出し、調整する「世話人」が必要なのである。

最近では、こうした学習者のコミュニティにおいて議論を活発化し、メンバーの発言を促すための手法が注目されている。「**ファシリテーション（facilitation）**」や「**モデレーション（moderation）**」である。

ファシリテーションとは、主に対面での会議において議論や実践を促進し調整する仕事である。これは、ファシリテーターという役割によって担われる。[6] 日本では、ファシリテーターの役割はまだ注目され始めたばかりであるが、たとえば米国のＧＥでは、「**ワークアウト**」において、ファシリテーターを効果的に用いている。

ワークアウトとは、組織横断的な小チームによる業務改善や問題解決のための活動で、経営者のジャック・ウェルチによって導入された。ワークアウトには、外部のコンサルタントがファシリテーターとして参加し、議論を引き出し調整する役割を果たしている。

ファシリテーションとよく似た役割に、モデレーションがある。両者の違いはそれほど明確ではないが、一般にモデレーションとは、eラーニングなど、電子空間上の議論や実践の調整を行う仕事として用いられる。[7] eラーニングなどにおいては、このモデレーションを行う「**eモデレーター**」が学習者の支援に重要な役割を果たしている。

eモデレーターの役割を五段階に分けて論じたのが、サロモンである。サロモンは、eモデレーターの役割を次の五つの段階に分けた。

① 学習者を励まし動機づける段階
② 学習者の文化や社会的環境と学習環境との橋渡しを行う段階
③ 学習者が課題に取り組んだり学習教材を利用するのを支援する段階
④ 議論を引き出しメンバーによる知識の構築を支援する段階
⑤ 学習者が互いにコメントし合い、学習過程を振り返るのを支援する段階

またサロモンは、eモデレーターは学習者の段階に合わせて支援を行う必要があると述べる。[8] eモデレーターは学習者の様子を見ながら段階にあわせた支援を行い、次第にその役割を小さくしていくことが重要で

ある。また、eモデレーターは、コンピューターへの接続などのテクニカルなサポートと、モデレーションとの両方を行うことも重要である。

このように、学習者のコミュニティは、放っておくだけではなかなか活性化しない。メンバーの発言を引き出し結びつけ、調整するファシリテーターやモデレーターのような役割が必要である。今後は、こうした手法を用いて、学習者のコミュニティを活性化していくことが望まれる。

以上、この節では学習者のコミュニティとして実践共同体を取り上げ、コミュニティを活性化するための手法について説明した。ところで日本では、実践共同体という概念は主に野中郁次郎ら知識創造理論の理論家たちによって紹介され、学習というより知識創造の分野で注目される概念となっている。そこで、次の節では、知識創造理論について説明する。

＊＊＊

1 ピーター・M・センゲ（著）／守部信之（訳）（一九九五）『最強組織の法則――新時代のチームワークとは何か』徳間書店、東京

2 Wenger, E. and Snyder, W.M.（2001）Communities of Practice. Harvard Business Review on Organizational Learning. Harvard Business School Press, MA pp1-20

3 Wenger, E. (1998) Communities of practice Learning, meaning, and identity. The Press Syndicate of the University of Cambridge, USA
エティエンヌ・ウェンガー、リチャード・マクダーモット、ウィリアム・M・スナイダー（著）／野村恭彦（監修）（二〇〇二）『コミュニティ・オブ・プラクティス　ナレッジ社会の新たな知識形態の実践』翔泳社、東京

4 森田宏、露木恵美子（二〇〇一）「事例研究――エーザイ『hhc活動と知創部の設置』」、妹尾大、阿久津聡、野中郁次郎（編著）『知識経営実践論』白桃書房、東京、六九〜一〇二頁
5 荒木淳子（二〇〇六）「企業で働く個人の『キャリアの確立』を促す実践共同体のあり方に関する研究」東京大学大学院学際情報学府　修士学位論文
6 堀公俊（二〇〇三）『問題解決ファシリテーター「ファシリテーション能力」養成講座』東洋経済新報社、東京
7 酒井俊典（二〇〇三）「iii onlineの掲示板での苦闘」、坂元昂（監修）『eラーニング・マネジメント――大学の挑戦』オーム社、東京、九一〜一〇三頁
8 Salmon, G（2000）E-moderating: The Key to Teaching and Learning Online. Kogan Page, London

4 知識創造という考え方

❖本節のねらい
知識創造理論について簡潔に振り返ります。
❖キーワード
SECIモデル　場（Ba）

知識を創造せよ

「消費者の声を反映させた新商品をつくるには、どうすればいいだろう」

飲料メーカーY社では、今年度から新たに健康飲料の開発に力を入れることとなった。最近の健康ブームを反映し、消費者の飲料に対する健康志向が強まったからだ。これまでY社では、新商品の開発は基本的に社内の開発メンバーが中心となって行ってきた。しかしこのやり方だと、開発後に工場や営業といった他部門との部門間の交渉に時間がかかるだけでなく、小売店や消費者のニーズを開発に活かすことが難しい。

そこでY社では、社内公募による部門横断的なプロジェクトチームを発足させた。プロジェクトチームには、開発だけでなく生産やマーケティング、営業などの部門からメンバーが集まった。プロジェクトリーダーのBさんはさらに、新しい商品をつくるためには、社内の開発メンバーだけでなく、小売店や消費者の声を開発に反映させる必要があるのではないかと考えていた。しかし、消費者を含む多様なメンバーの知識を集め、新しい商品を生み出すにはいったいどのような手法をとればいいのだろうか。

社内外にある知識を顕在化させ、新しい知識を生み出す手法の研究が「**知識創造**」理論である。知識創造理論は、前の節で述べた学習者のコミュニティに関する理論とも近い。しかし学習コミュニティの理論が個人の学習に着目していたのに対し、知識創造理論は、個人の学習というよりも新しい知識の創造プロセスを重視している点が異なる。本節では、知識創造に関する理論と具体事例を追いながら、新しい知識を生み出す「場」のデザイン手法について述べる。

組織の知識創造を理論化したSECIモデル

知識創造理論は、一九九〇年代、企業経営における知識の重要性が高まるなかで生まれた理論である。ドラッカーは、新しい経済における唯一の資源として、知識の重要性を強調した。また、ライシュは、知識社会では数字やデータなどのシンボルを操作し問題解決にあたる「シンボリック・アナリスト」の重要性が増すと述べた。こうしたなか、日本だけでなく海外からも注目されたのが、野中らの知識創造理論である。

野中らは、企業の知識創造の仕組みとして「**SECIモデル**」という知識変換モデルを提示した。SECIモデルとは、暗黙知のなかから新しい知識が創造される過程をモデル化したもので、**共同化**（**Socialization**）、**表出化**（**Externalization**）、**連結化**（**Combination**）、**内面化**（**Internalization**）の四つの知識変換モードによって構成される。野中らはホンダや松下電器産業などの代表的な日本企業の事例から、こうした知識変換が合宿や徹底した討議といった「場」におけるメンバー相互の対話を通じて行われるものであることを明らかにした。

場における暗黙知の共有を目指した事例が、たとえば日本ロシュ株式会社（以下、日本ロシュと略。日本ロシュは二〇〇一年中外製薬と合併し、現在は中外製薬となっている）の「ＳＳＴプロジェクト」である[1]。ＳＳＴプロジェクトとは、スーパー・スキル・トランスファーの頭文字を取った名前である。その名の通り、トップレベルのＭＲの暗黙知的なノウハウを、平均的なＭＲへと移植するためのプロジェクトであった。プロジェクトでは、まず、成績がトップレベルのＭＲからＳＳＴメンバーが選ばれた。選ばれたＳＳＴメンバーは集中的なグループディスカッションを行い、ＳＳＴの目標や基本コンセプト、スキルなどを「ＳＳＴ実践ハンドブック」としてまとめると、このハンドブックを携えて全国の支店を回り、平均的なＭＲへの同行を行った。同行では、ＳＳＴメンバーからＭＲに対して「なぜ」という問いかけが繰り返される。この問いかけによって、ＭＲは今まで無意識のうちに行っていた自らの営業について改めて考えるようになったという。さらにＳＳＴメンバーの提案により、それまで直行直帰であったＭＲが仕事の後にオフィスに戻り、集まって説明会の予行演習や新しい学術資材の勉強、営業に関する情報交換をするようにもなった。

このように、ＳＳＴプロジェクトでは、ＳＳＴメンバーが直接ＭＲと対話を行うことで、ＳＳＴメンバーの暗黙的なノウハウを伝達し、ＭＲの気づきを促している。また、ＭＲ同士が集まる場がつくられ、そこでは、ＭＲの学習や情報交換が行われるようになっている。

また、セブン‐イレブン・ジャパンでは、マネジャー会議や加盟店の関係者によるＦＣ（フィールド・カウンセラー）会議の場において、現場やアルバイト社員の意見を取り入れ、消費者のニーズや変化に応じた迅速な店舗経営を実現している。

このように知識創造理論は、人々が対話を行うための「場」を重視する。

場（Ba）のモデル

しかし、知識創造理論では「場」が着目されたものの、場を具体的につくり出す手法についてはそれほど明らかにされなかった。そこで、人々が対話を通じて互いに学び合い、知識を生み出す場を何とかつくり出そうとしたのが、場（Ba）のモデルに関する一連の研究である。

伊丹は、人々の半自律的な情報的相互作用の束を「**場**」とよぶ。そして、こうした場の創造が、組織内の協調的な行動と学習を引き起こすと述べる。伊丹は、企業が組織のなかに「場」をつくり出し、意思決定を調整し、人々の心理的エネルギーを高めることによって場のプロセスの舵取りを行うことを提言している[2]。

場についてさらに詳しく定義したのが、先に述べたウェンガーである。ウェンガーが提唱した実践共同体は、もともとは個人の学習のための場としてつくられた概念である。しかしその後、実践共同体は、学習だけでなく、新たな知識創造の場として、知識創造理論からも注目された[3]。

ウェンガーらは、実践共同体は生物のように、萌芽期から成長、発展を経てやがては変容していくものだという。そして、その過程を潜在、結託、成熟、維持・向上、変容という五つの発展段階に分ける。実践共同体をつくるときには、このような変化を前提としたデザインを行うことが重要である。

実践共同体は、すでに存在する社会的ネットワークを見つけることから始まる。何もないところにいきなり実践共同体をつくるよりも、すでにあるコミュニティ（たとえば職場で頻繁に情報を交換しているグループなど）を見出し、このメンバーを核として、実践共同体をつくったほうが効果的である。また初期段階には、共同体の目的、メンバーやコーディネーターの役割などを明確にし、メンバーの興味関心に沿った形で活動を計画することで、メンバーの共同体への参加を駆り立てることが重要であるという。

成熟期に重要なのは、共同体のメンバーの結びつきを強めるとともに、メンバー間でやりとりした情報をまとめて体系化し、データベース化や文書化するなどして共有できるようにすることである。そして共同体の活力が衰え始める維持・向上期には、新しいテーマを導入したり、外部から講演者を招待するなど、活動を活性化させる努力が重要である。

しかしそれでも、共同体はやがて衰退し、変容する時期を迎える。ウェンガーらによれば、実践共同体はやがては活力を失ったり、社交クラブと化したり、分裂や合併を迎えるという。または、制度化されることで、その機能が大きく変わることもある。このように実践共同体が衰退したときには、その活動を打ち切ることも重要である。その際、活動を通じて蓄積された知識や情報を遺すことも必要である。こうすることで、実践共同体の活動の成果は、後に続く実践共同体に引き継がれることとなる。

以上、知識創造の理論について述べてきた。知識創造理論は、人々が対話を行う「場」の創造を主張する理論である。学習の側面から見ると、人々がこのように対話を行う場は、学習者のコミュニティでもある。今後は、こうした場を積極的に企業内外につくり出すことが求められている。

＊＊＊

1 山本藤光（二〇〇一）『「暗黙知」の共有化が売る力を伸ばす——日本ロシュのSSTプロジェクト』プレジデント社、東京

2 伊丹敬之（一九九九）『場のマネジメント——経営の新パラダイム』NTT出版、東京

3 エティエンヌ・ウェンガー、リチャード・マクダーモット、ウィリアム・M・スナイダー（著）／野村恭彦（監修）（二〇〇二）『コミュニティ・オブ・プラクティス　ナレッジ社会の新たな知識形態の実践』翔泳社、東京

5 二つのデザインをつなぎ合わせる

❖本節のねらい
学習環境デザインとインストラクショナルデザインの折衷について説明します。

❖キーワード
学習環境デザイン　インストラクショナルデザイン　リソース　評価

研修とＯＪＴどちらが大事？

Ａさんが職場の勉強会を始めてから、数カ月が過ぎた。Ａさんは議論のファシリテーションを行ったり、勉強会での成果を社内に発表するなど、勉強会を活性化するために努力してきた。はじめは参加に消極的だった営業担当者も、次第に勉強会で活発な発言をするようになってきた。徐々にではあるが、事業所全体の営業成果も上がり始めた。すると、営業担当者のなかには、

「現場に戻ってきて実際使ってみて、やっと提案型営業の重要性がわかったよ。あのときは仕方なく受けた研修だけど、もう一度、提案型営業の研修を受けられないだろうか」

と言う担当者もあらわれるようになった。

一方、最初は研修に懐疑的であった部長は、職場の営業成果が少しずつ上がっていく様子を見て、「研修の

成果もあるんじゃないか。やはり、研修は大事だね」と、研修への評価が肯定的なものに変わっていった。

Aさんは、研修と職場での実践とはどちらも大切であり、両者は密接につながっていることを実感していた。研修だけ受けても職場でその知識やスキルを使ってみなければ、それらは活きた知識として身につかない。反対に、研修できちんと新しい知識やスキルについて学んでいなければ、職場に戻ってきても、その知識やスキルを使ってみることはできないだろう。

重要なのは、研修とOJTとの使い分けである。

本章ではこれまで、OJTのような職場での学習をデザインする「学習環境デザイン」の考え方について述べてきた。しかし、企業の人材育成においては研修やeラーニングも重要である。そして、その設計をデザインするための考え方が、インストラクショナルデザインである。企業の人材育成者には、どちらか一方だけではなく、二つのデザイン理論のいずれをもうまく使って学習をデザインすることが求められている。

しかし、たいへん残念なことに二つのデザインの意味を理解し、利用できる人はそう多くない。インストラクショナルデザインの考え方に立つ人々は学習環境デザインを揶揄し、学習環境デザインを信奉する人々はインストラクショナルデザインの有用性を認めようとしない、という不幸な関係が続いている。[1] その様子は、あたかも二つの理論系が「党派」のように誤解されているかのごときである。

本節では、最後にインストラクショナルデザインと学習環境デザインとの関係について説明し、それらをいかに統合して利用するかを考察する。最後に、それぞれのデザインに対応した評価のあり方について説明する。

インストラクショナルデザインにできないこと

インストラクショナルデザインと学習環境デザインとの統合について考える前に、「インストラクショナルデザインにできないこと」について考えてみよう。

たとえば、職場で「一人前の営業マン」というとき、そこには、営業に関するスキルや知識を習得していること以外にもさまざまな意味が込められている。「一人前」とは、顧客から信頼されることであったり、顧客が言わなくてもそのニーズを汲み取れることであったりする。また、「Y社の営業マン」らしく振る舞えることや、職場で上司や同僚と良好なコミュニケーションが取れることも重要である。

このように、仕事において「一人前」になるためには、実にさまざまな要素が必要とされている。こうしたさまざまな要素は、実際に職場で働き、上司や同僚、顧客との関わりを通じて学んでいくものである。こうした職場での学習を支援するのが、学習環境デザインの考え方である。

一方、インストラクショナルデザインとは、第4章で述べたように、研修やeラーニングなどの教材を設計するための理論や手法である。営業マンとなるには、研修やeラーニングなどで、営業に関する知識やノウハウを学ぶことも必要である。しかし、インストラクショナルデザインによって、営業マンとしての知識やスキルを習得することはできても、「一人前」になるための要素を一つひとつ明確化し、習得の過程をステップに分け、教材を設計することは極めて難しいだろう。

一人前の営業マンを育成するためには、インストラクショナルデザインと学習環境デザインの両方の考え方が必要である。

インストラクショナルデザインと学習環境デザイン

それでは、インストラクショナルデザイン理論と学習環境デザイン理論とはどのように統合されるのだろうか。

これまで見てきたように、私たちは、研修やeラーニングを受けるだけでなく、ふだん職場で働きながらも仕事について学んでいる。職場という空間で携帯電話やeメールなどのツールを用い、上司や先輩、同僚とともに営業活動を行いながら、仕事について学んでいるのである。

さらに学習の場は、職場だけではない。私たちはふだん、行き帰りの通勤電車のなかや自宅でも、テキストや本を開いて勉強している。学習環境デザインは、職場のなかや外に広がる学習のための空間や、学習のためのツール、学び合う仲間や活動といった、学習に関わる環境全体をデザインするための理論である。

このように幅広い学習環境デザインの考え方において、インストラクショナルデザインとは、その一部を設計するデザイン理論や手法である。インストラクショナルデザインによってできあがる教材や教授は、学習環境を構成する**リソース**の一つということになる（図表21参照）。

先ほどY社の事例で見たように、職場での人材育成をより効果的に行うためには、インストラクショナルデザインによって優れた教授や教材を開発することが重要である。それとともに、研修で学んだことを実際の業務のなかで活かすためには、学習環境デザインによって学習のための空間やツール、学習者のコミュニティや学習活動をきちんとデザインすることが必要なのである。

インストラクショナルデザインの知見をいかした教材づくりと、その教材を効果的に利用できる場の構築、

図表21　学習環境デザインとインストラクショナルデザインとの関係

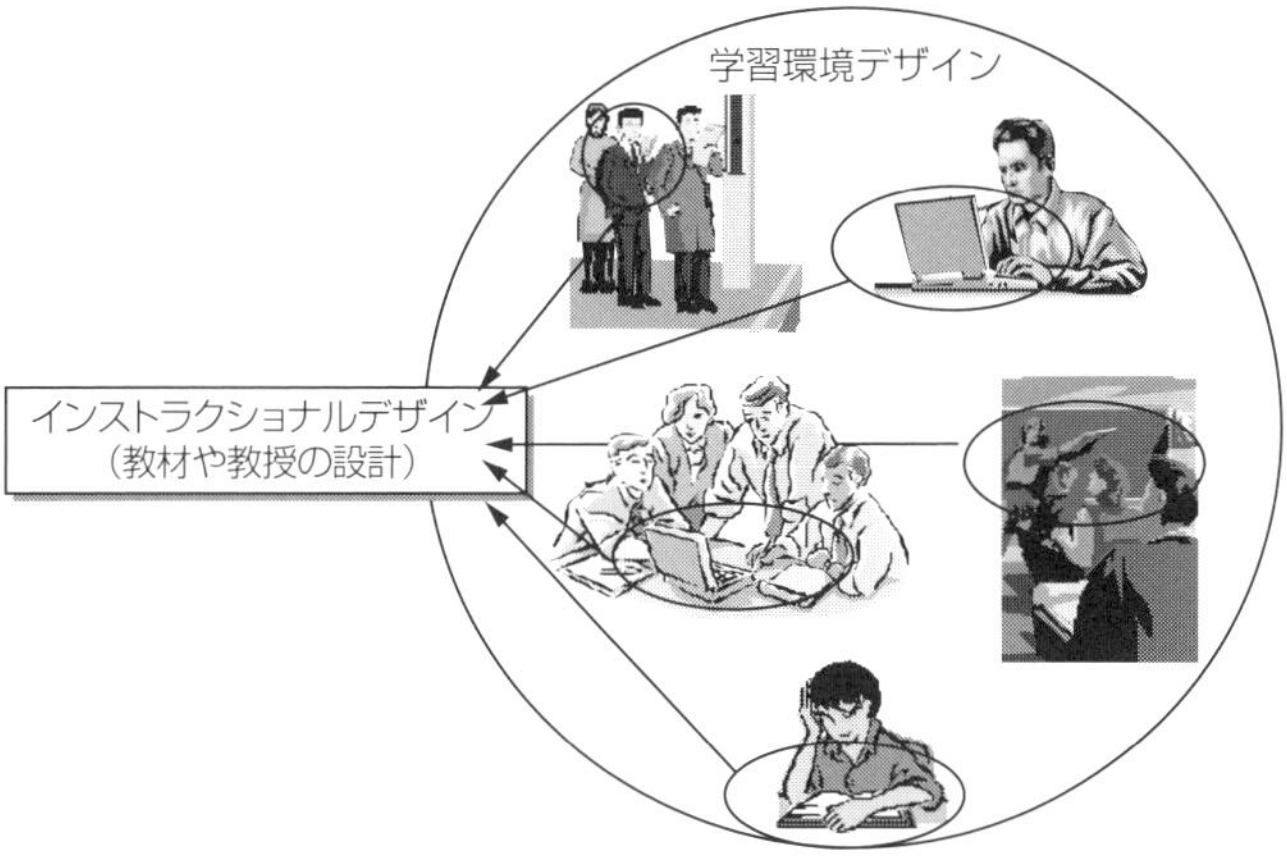

そうした学習環境のデザインが、今、企業の人材育成には求められている。

二つのデザインにおける評価

インストラクショナルデザインと学習環境デザインとでは、学習の**評価**に対する考え方も異なっている。

インストラクショナルデザインでは、学習の評価とは主に、教え手が設定した学習目標に学習者がどこまで到達したかを測るものであった。これに対して、学習環境デザインにおける学習の評価では、学習者が活動にどのぐらい活発に参加したかも評価の一つとされる。学習環境のデザイナーは、学習者の学習過程を観察することを通じて、なぜ彼（彼女）がそうであるかを解釈し、学習環境の改善に役立てていく。

たとえば、Aさんの職場では、はじめ営業担当者は、提案型営業や勉強会には消極的だった。Aさんは、それが、営業担当者の間でこれまで培ってきた営業スタイルや、「営業先の情報や営業ノウハウは自分で苦労して身につけるもの」という考え方によるものだと考え、議論の活性化や社内への働きかけを行った。

こうするうちに、次第に学習者の考え方は変わり、勉強会に積極的に参加するようになっただけでなく、提案型営業についても肯定的に捉えるようになったのである。このように、学習環境デザインにおける評価とは、学習者が「何を」「どれだけ」身につけたかではなく、「どのように」学んだのか、それはなぜなのかを考えることから始まる。

学習の効果を率直に見極める

以上、インストラクショナルデザインと学習環境デザインを統合する考え方と評価について述べてきた。企業の人材育成においては、研修と職場での人材育成はまだまだ切り離された状態である。企業経営者の多くが、「OJTによる人材育成」を重視する一方、具体的な手法としては、教材や研修開発の手法としてのインストラクショナルデザインばかりが注目されている。

しかし、学習をデザインする人間にとって、本来問われるべきは、「あなたが意図的にデザインした結果、どのような学習効果があがり、学習者にどのようなメリット、デメリットがもたらされたか」である。そして、この「効果」の前に人材育成担当者は素直になるべきである。理論は党派ではない。どちらかの理論を信奉することが人材育成担当者のとるべき道ではなく、どちらの理論であっても、有用な効果をもたらすものを統合的に活用し、学習者のためになる場をつくり上げることが重要である。

医学の世界には、エビデンス・ベースド・メディシン（Evidence-based medicine : EBM）という考え方がある。サッカートによれば、ＥＢＭとは、「一人ひとりの患者のケアについて意思決定するとき、最新で最良の根拠を、良心的に、明示的に、そして賢明に使うこと」である。[2] これにたとえていうならば、そして、人材育成担当者は、二つの理論系から日々生み出される研究知見をエビデンスとして、より統合的な立場から、エビデンス・ベースト・ラーニングデザイン（Evidence-based learning design）を行う必要がある。

＊＊＊

1 最近になってようやく、両者を融合させようという動きが生まれるようになった。
Carr-chellman A. & Hoadley C. M. (2004) Conclusion: Looking back and looking forward. Educational Technology Vol44 No.3 pp57-79

2 Sackett, D.L., Rosenberg,W.M., Gray J.A., Haynes R.B. and Richardson, W.S.(1996) Evidence based medicine: what it is and what it isn't. BMJ 1996;312:71-2.

◉コラム

成果主義の何が問題なのか

「わが社では、がんばって成果を出している人には、金銭で報います」

なんとなく聞こえはいいが、現在のビジネスパーソンであれば、この言葉を聞いて、バラ色の未来を想像する人はあまりいないだろう。[1]

成果主義とは、個人が残した成果によって給与を決定する給与システムである。利益が上がらなければ、給料は下がる。ビジネスにおいては、当たり前のことではある。当たり前のことなので、当たり前にやるだけ。万事うまくいくような印象をもつが、必ずしもそうではない。問題点もたくさんある。

経営学者の高橋俊介は成果主義の概念と、その問題点をまとめている。[2]

このまとめによると、成果主義には、「評価によって将来が決まってしまう人材選抜に関する問題」「お金がインセンティブになるのかという問題」「がんばる、がんばらないという前に、前提としてがんばれる体制があるのかという問題」の三つの問題が指摘できる。また、高橋は「成果主義が十分に機能するためには、従業員に対し、こうした三つの問題をクリアしなければならない」と述べている。

そのほかにも、全体的な指摘として、短期的な成果を出すことに縛られ、長期的な挑戦をしなくなることによる弊害も語られている。

図表22　成果主義の3つの概念

	概念1	概念2	概念3
目的	評価で個人の選別をする	給与の額を働くインセンティブにする	がんばったひとに報いる
作用	将来の昇進のためにがんばる	報酬のためにがんばる	結果として報酬などで認知する
問題点	現在の成果 評価と将来の可能性がリンクしない	若者に対し、報酬や昇進がアピール力を持たない	やる気のある人間に仕事を任せる仕組みが必要

出典：高橋俊介（2005）「成果主義」『ＡＥＲＡムック　新版経営学がわかる』朝日新聞社

さまざまな問題がある成果主義であるが、社会経済生産性本部[3]が二〇〇五年三月に発表した「日本的人事制度の変容に関する調査」の結果によると、成果の評価によって賃金や賞与で相当の格差がつくとした企業は八九・四％と、全体の九割に達した。

つまり、成果主義は良いとか悪いとかを議論している段階ではなく、現実的には九割の企業が何らかの形で成果主義を導入していることになり、対応していかなければならない時代になっている。

しかし一方で、同調査では、評価による処遇格差をつける一方で、肝心の評価にバラつきがあり適正な評価ができていないという企業が五四・九％、また評価への異議申し立てがしにくいという企業も五二・二％となっており、成果主義の運用に課題があることも浮き彫りにしている。

一時期話題となった『内側から見た富士通「成果主義」の崩壊』によると、富士通の成果主義が失敗した原因は、成果主義が一部の人にとって都合よく運用され、それ以外の人にとっては正当な評価とならなくなったことにあったとされている。[4]

評価の公平性、透明性と納得性は、いつの時代でも人事制度の根幹となる問題だった。成果主義という新しい流れのなかでも、このきわめて人間的で古典的な課題を解決することは容易ではないようだ。

（橋本）

＊＊＊

1　成果主義については左記の文献を参照のこと。
高橋伸夫（二〇〇四）『虚妄の成果主義――日本型年功制復活のススメ』日経BP社、東京
2　高橋俊介（二〇〇五）「成果主義」『AERAムック　新版経営学がわかる』朝日新聞社、東京、一一三頁
3　財団法人社会経済生産性本部　http://www.jpc-sed.or.jp/
4　城繁幸（二〇〇四）『内側から見た富士通「成果主義」の崩壊』光文社、東京

第6章

教育・研修の評価

何をどう評価するか

1 評価はなぜ必要なのか？

❖本節のねらい
企業内教育における教育評価の必要性とその役割について説明します。

❖キーワード
事前的評価　形成的評価　総括的評価　外在的評価　実態把握　測定目標　到達性の把握　査定

教育評価とは競争を促進することか

製造業Z社の教育部門に属しているAくんは、評価をどう捉えればいいのかという悩みを抱えていた。

Z社では、例年入社五年目を対象とした業務研修を行っている。入社五年目の社員を集め、横のつながりを強化してもらうことに加え、次世代の若手リーダを育成することが目的であった。しかし、その研修は、会社から離れた温泉地での研修施設で行っていたためか、上司からは、旅行に行くという感覚や、現場の喧騒から離れさせてやるという認識をもたれ、研修というよりも社員旅行のように思われていた。

「研修という名の下に、旅行をするのも悪くないが、研修は研修でみっちりやってほしいのだが……」

「研修で、いったい、何ができるようになっているのかがはっきりしないいんだよな」

現場からは、こんな声が上がってきていた。教育部門としては、業務研修は業務研修でしっかりと行っているという自負があった。また、会社から離れた温泉地での研修施設を使うのも、通常の業務の考え方から離れるためには必要不可欠だと感じていた。

「しっかりと研修を行っていることをアピールしなければならないな」

そう思ったAくんは、まず研修の「評価」に着手することにした。研修を受けた後には必ずテストを行い、社内平均点との差と同一研修内での順位を研修者の所属している部署の上司に報告した。成績をつけることで、評価しようとしたのである。

このようにテストによる評価を行うことにより、社員同士の間に競争意識が芽生えたのか、研修にやる気をもって取り組んでいるように見えた。なんといっても上司に報告されるということで、研修者の一部にいた、完全に遊びに来るというような感覚で研修を受ける者がいなくなったためか、研修に対しての意識が高くなかったように思えた。また、成績も上がっているようだった。

「いやー、うちの課の人間が何をやってきたのかわかったよ」

「やはり、人は競争してこそ、成長するというものだ」

このように、上司からの評判は、悪くないものだった。一見、何もかもうまく行っているかのように思えた。しかし、いいことだけではなかった。研修者のなかには、研修を受けるに当たり、なんとなく競争としての要素が強くなり、研修内容を身につけることや、自由な発想でしっかりと考えるということより、テストに出そうな問題を予想し、どうクリアするかといったテクニックを競うような状況が見えた。また、より上位の順位となるために研修者同士が足の引っ張りあいになるような状況も目立ってきた。

「このままでは、研修が単なる競争の場になってしまう」

こんな危機感を抱いたAくんは、なんとかして、研修者が評価のために学習するといった状況を何とか改善したいと考えた。しかし、だからといって、以前のように遊びのような感覚で研修を受けてもらっても困る。

教育評価の目的とは何か

はたして、評価を行うことは競争につながるのだろうか。評価に関しては、「教育評価論」という研究領域において探求されている。以下、教育研究の第一人者である梶田のまとめをもとに、その知見を概観してみよう。

まず、教育評価の目的だ。

梶田は、教育評価は、教育活動をよりよいものにするにはどうすればいいのか、という視点で行われるものであり、評価の対象については、学習者だけでなく教師や教育内容も含んだ、教育活動全体とすると指摘している。[1]

たとえば、Aくんの事例で言えば、学習者自身の評価をしてもよいが、それ以外に研修の講師や研修内容を含めて評価を行うことが本来の目的を達成することにつながる。学習者のみを一方的に評価するものでは

図表23　教育評価の関係

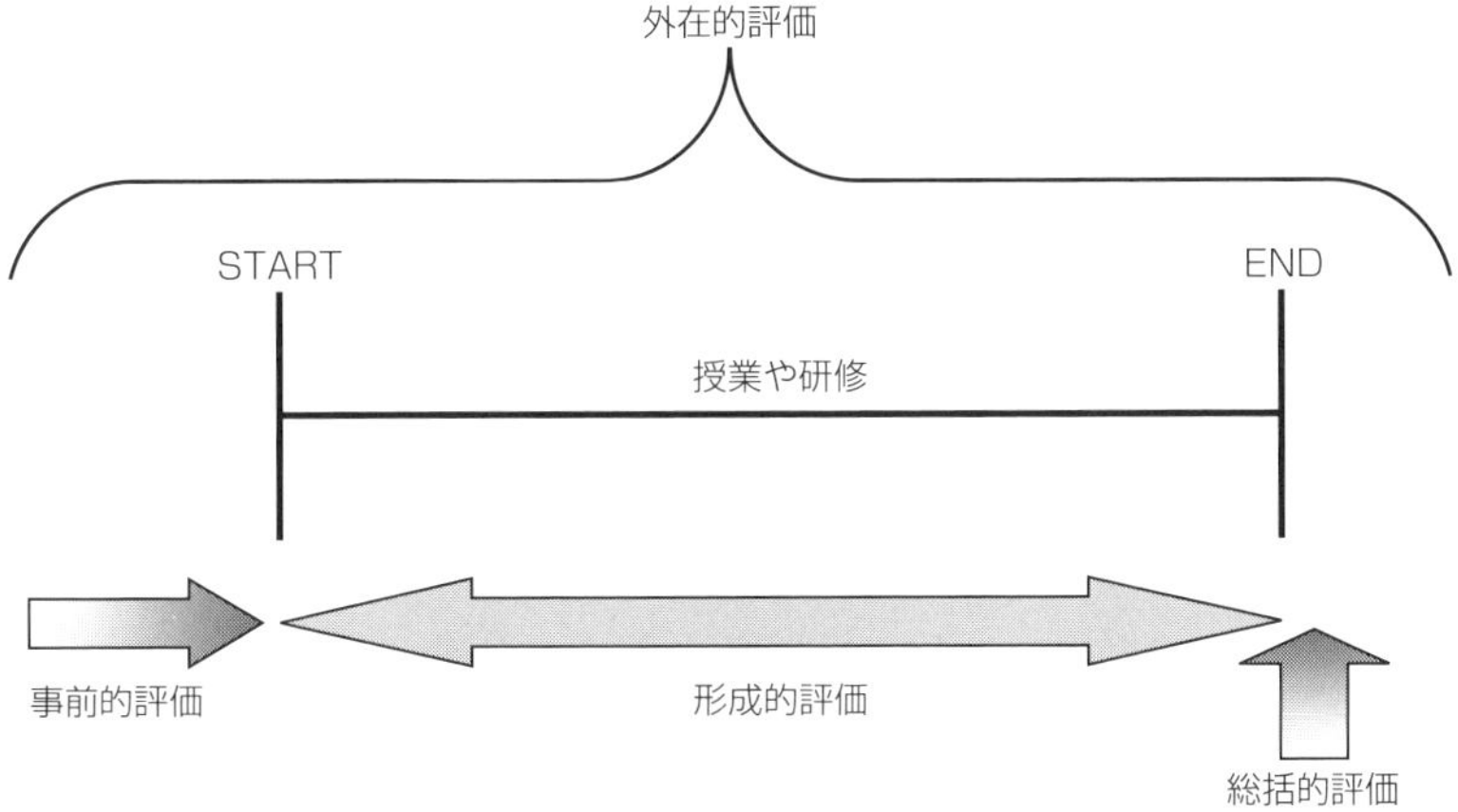

出典：梶田叡一（2002）『教育評価［第二版補訂版］』有斐閣双書、東京、pp.3-23 をもとに作成

ない。

さまざまな評価方法

教育活動をより適切なものにするための評価方法には、事前的評価、形成的評価、総括的評価、外在的評価がある。具体的には、教育活動の前に、学習者の受け入れや教授活動展開の参考のために行う**事前的評価**。授業や研修の途中に、教育活動の展開をコントロールや、教授活動へフィードバックを行う**形成的評価**。授業や研修が終わった際に、その活動の成果の把握や評価、認定を行う**総括的評価**。教授活動全体を客観的に捉え、教育内容や制度環境などを改善しようとする**外在的評価**がある。その関係を図示したのが上図である。

このように、教育評価とひと言でいっても、その方法は多岐にわたっている。

先の事例でAくんが行ったのは、総括的評価のみであった。また、その総括的評価も学習者に成績をつけることのみに終始し、外在的評価として研修を見直そうとしているわけでもない。そのため、Aくんの行っている教育評価は、教育評価の一側面に過ぎないのである。

教育評価の性格

教育評価の基本的な性格として、**実態把握**、**測定**、**目標到達性の把握**、**査定**という四つが挙げられる。具体的には、教育活動が関係するものから多くの情報を集めようとする実態把握。学習者の特性を数値化しようとする測定。目標に達成したかどうかを把握する目標到達性の把握。何らかの基準に達しているかどうかを値踏みする査定がある。

なお、これらの評価は、それぞれに優劣をつけるべきものではなく、それぞれの特性を理解したうえで使い分けることが重要である。評価の使い方によっては、学習活動にとって妨げになってしまう場合があるので注意が必要である。

たとえば、成績表を受け取るということは、総括的評価として、学習者を測定したデータを学習者にフィードバックしたものと捉えられる。それが、自分の学習状況を客観的に捉え、次にどのような行動をすればいいのかを示したものであれば、教育活動を適切にするものと考えられるが、自分自身の順位づけや、それがすべて自分自身の価値を決めてしまうというような印象をもってしまっている場合、それは目的と手段が入れ替わったものとなってしまっているのである。

何のための教育評価か

では、何のために教育評価を行うのだろうか。教育評価の目的と役割は四つに分類される。

1　管理や運営の改善や方向づけのためのもの
2　指導や教授の改善や方向づけのためのもの
3　学習者自身の学習や努力の直接的方向づけのためのもの
4　調査や研究のためのもの

管理や運営の改善や方向づけのため評価とは、行われた研修の成果を把握し、狙った通りの結果となっていたのかを把握し、次の管理や運営に生かしていくために行われるものである。事前的評価や総括的評価、外在的評価が用いられる。

指導や教授の改善や方向づけのためのものとは、指導や教授をする対象は、どのような人なのかを事前に把握し、さらに行われている指導や教授が効果を発揮しているのか評価し、指導や教授を改善するために行われるものである。事前的評価や形成的評価が用いられる。

学習者自身の学習や努力の直接的方向づけのためのものとは、学習者が学習を行ったうえで、どこができなかったのか、どこができるようになったのか、何が理解できず、何が理解できるようになったのかを把握し、それを次の学習に反映させるためのものである。どのような評価も学習者にフィードバックできれば目的を果たす。

調査や研究のためのものとは、行われた教育や研修自体を研究するために行われる。指導法を分けて行った研修の結果を比較し、環境などがどの程度影響を与えたのかなどを研究するための評価である。調査や研究の目的によりどの評価を用いるのかは変わる。

このように、教育評価は、何かの改善のために用いられるべきである。同じように成績をつけるとしても、学習者がそれを見て、「自分の足りないところを自覚して、次の学習につながる」ことを目指したい。また、たしかに査定的な要素が強くなれば、競争を誘発してしまうことを自覚し、その使い方を考えなければいけない。少なくとも、評価は競争のためにあるわけではない。

＊＊＊

1　梶田叡一（二〇〇二）『教育評価［第二版補訂版］』有斐閣双書、東京

2 形づくるための評価

❖本節のねらい
教育評価のなかの形成的評価についてその役割と目的を説明します。

❖キーワード
形成的評価　マスタリーラーニング（完全習得学習）

落ちこぼれは仕方ない？

ある中小商社の教育担当であるAくんは、全社での新しく改正された法律に対するコンプライアンス教育を担当していた。この教育は、すべての人が受講し、なおかつそれが行動として反映されなければならない。一人でも違反者が出れば、会社全体の責任を問われ、業務に重大な支障が出るおそれがあるからである。しかし、法律の話はやはりとっつきにくく、多数のドロップアウト者が出るような予感がしていた。

法律の施行の前月、全社員を集めた集合研修を実施した。法律の制定にも関わった有名な大学教授を招いて講義を行ってもらったため、前評判も高く、特に、もともと興味を高く示していた人たちからの前評判は上々であった。しかし、研修が始まってみると、案の定問題が起こる。

研修生のうち約三分の一にあたる一〇〇名が、研修の途中からまったくついてこられなくなったというのだ。当人に、詳しく理由を聞いてみると、「はじめのうちは、納得しながら進んでいたのだが、気がついたら話がよくわからなくなっていた。いったいどこでわからなくなったのかもわからない」というような答えが返ってきた。

通常の研修であれば、ある程度の落ちこぼれが出てしまうのは仕方ないという判断もありうる。しかし、今回の場合はそうは行かない。一人でも違反者が出れば、会社として責任を負わなければならないからである。昨今のコンプライアンスに対する世間の目も厳しさを増している。ここは、何とかしてこの一〇〇人にもきちんと理解してもらい、実際の業務の際にその法律に則った行動をしてもらわなければならない。

同じ研修を受けた場合でも、理解の早い人と遅い人もいる。理解の早い人は、さらに理解を深めていく。しかし、一方でできない人はどんどんとドロップアウトしていく。研修担当者のなかには、「どんなうまい研修でも、だめなやつはだめだな」というように、それを学習者の責任にすることがある。しかし、そう言ってもいられないときがある。では、どうやって研修を立て直すのか。そのようなとき、**形成的評価**という手法が役に立つ。

形成的評価とは何か

形成的評価とは、ある学習目標を達成するために、教育活動の途中で行う評価のことを指す。形成的評価の観点では、学習の結果として落ちこぼれてしまう人ができることや、しっかりと学習できなかったことを、学習者の責任であると一方的に押しつけることはしない。むしろ、そうした結果を真摯に捉え、教育プログラムや研修のほうを変えることを目指す。形成的評価は英語で「Formative evaluation」という。Formとはもともと「形づくること」。ゆえに、形成的評価とは、「モノを形づくるために行う評価」である。[1]

形成的評価は、一九六七年に教育評価の研究を行っているスクリバンという学者により提唱された。[2]彼は、カリキュラム開発に関する多様な評価の役割を論じるなかで、「カリキュラムの内的構成をよりよいものとするために、その開発の途上において行われる各種評価活動」を総称して「形成的評価」とよび、また、そのようにして開発されたカリキュラムについて、その「全体的な望ましさを明確にしたり、実際に採用するか否かを決定したりするような評価のあり方」を「総括的評価」とよんで、明確に区別した。[3]さらに、授業を改善していくためには、形成的評価が重要だと指摘した。[4]

また、総括的評価と形成的評価の特徴は、総括的評価の結果は教材作成機関の外へ流れ、教材の利用法や教材への認識を向上するために使用される。一方、形成的評価の結果は内部情報として未完成な教材の改善に役立てられる点にある。[5]

つまり、形成的評価とは、改善のための評価である点に特徴がある。よりよく学習者が学べるためには、教材をどのように改善していけばいいのかを探るのが目的である。

形成的評価を用いた教育プログラムの開発事例としてもっとも有名なものに、米国ＰＢＳのテレビ番組「セサミストリート」の事例がある。[6]セサミストリートは、長い間、ＮＨＫ教育で日本語訳が放送されていたのでご存知の方も多いだろう。

セサミストリートは、番組制作のプロセスに、教育学や心理学の研究者が介入し、形成的評価の結果をディレクターなどの番組制作者にフィードバックしながら開発した事例として、世界的に有名である。

たとえば、今、テレビ番組制作者が「テロップを挿入する位置について悩んでいる」とする。テロップをキャラクターの下に入れればよいのか、それともキャラクターの全面に入れればよいのか……一見些細な問いかもしれないが、担当者にとっては慎重な意思決定が求められる。どちらの位置に挿入すれば、子どもの注意をより喚起できるだろうか。彼はこの問いに対する答えを出してもらうために、研究者に相談した。

研究者は、テロップのベストな挿入位置をさぐるため、ディストラクタ法（Distractor Method）という手法を用いて、幼児の注意の方向をさぐる。

まず、セサミストリートを流した画面の斜めに、ディストラクタ、つまりは幼児の注意を引くようなものを表示する。ディストラクタとして用いられるものは、たとえばディズニーのアニメーションである。つまり、子どもはセサミストリートとディズニーのアニメの前に座らされている状態になる。

そこでテロップを下に入れたバージョンと、テロップを前面に配置したバージョンを子どもたちに見せる。その場合、子どもは、セサミストリートの画面にどの程度注視するのか、その結果を時系列ごとに記録する。あとはテロップを下に入れたバージョンと、テロップを前面に入れた場合のバージョンの子どもの、つまりはどの程度ディストラクタのほうを注視してしまったかを比べればよい。こうしたデータをテレビ制作者に「形成的評価」としてフィードバックすることで、よりよいテレビ番組をつくることができるのである。

ブルームによる形成的評価

形成的評価にもさまざまな種類がある。

教育目標の分類体系（タキソノミー）など、教育評価に対し多大な貢献をしたブルームのそれは[7]、学習指導の途中で、成績づけと関わりなく、学習の進み具合や中間的な成果を評価し、それによって補充指導、補充学習を考える[8]というものである。教育活動の途中で、チェックポイントを用意し、その結果を見れば、いつドロップアウトしてしまうのかを判断することもできるし、その対策を採ることもできるというものである。学校教育においては、期末試験に対する、授業中に行われる小テストのイメージである。

ブルームの形成的評価の考え方の背後には、彼の**マスタリーラーニング（完全習得学習）**という主張が強く影響している。マスタリーラーニングとは、たとえ教育活動の途中でつまずいたとしても、形成的評価に基づく適切な補習を行っていけば、どのような学習者であっても学習目標を達成できる。つまり、できるようになるまでのスピードには違いがあるが、誰でもできる人になれるという主張である。

形成的評価を用いた研修の改善

最後に、Aくんの担当したコンプライアンス研修をもう一度考えてみよう。

Aくんは、当初から、改正された法律が難解であるという認識をもっていた。また、研修担当は、法律の制定に関与した大学教授であった。

まず、**スクリバン**の観点から見ると、集合研修がどの程度効果があるものかの形成的評価を行っていない点が指摘できる。法律の制定に関与した大学教授であっても、研修として効果があるのかは明確ではない。可能であれば、事前に数人のグループで実験をしてみる必要があっただろう。

次に、**ブルーム**の観点から見ると、集合研修の途中で評価を行っていない点が指摘できる。そのため、学習者は「いったいどこでわからなくなったのかがわからない」という意見を示していると考えられる。

たとえば、集合研修の途中で、何度か知識を確認するための小テストなどを行えば、少なくともどこでつまずいたのかは明らかにすることができた。その結果、つまずいてしまった学習者には、別途補修を用意するなどの対応をすることができる。また、その補修についても、どこがわからなくなったのかを把握していれば、ポイントを絞った対応を行うことができよう。

このように、形成的評価の観点からは、さまざまな研修を改善するための示唆を得ることができる。

しかし、形成的評価を実施することは容易ではない。大学教授が有名であれば、あるほど、スケジュールはタイトだろうし、また、事前にチェックするとはとても言えないという状況がある。また、事前に実施することは、それだけ時間や手間、ひいてはコストがかかるということにつながる。こうしたなかで、いかにバランスを取って形成的評価を行うかが重要である。

手間はかかるが、研修を改善する効果は極めて大きい。

＊＊＊

1 Formative evaluationの「Formative」とは、なかなか理解が難しい概念である。しかし、これを「モノを形づくるために行う評価」というふうに説明したのは、同志社女子大学の上田信行氏である。筆者は上田氏の説明に感銘を受けた。

2 Scriven, M. (1967) The Methodology of Evaluation. In R. E. Stake (Ed), Curriculum Evaluation. (American Educational Research Association Monograph Series on Evaluation, No. 1, pp. 39-83). Rand McNally, Chicago

3 梶田叡一（二〇〇一）『教育評価〔第二版補訂版〕』有斐閣双書、東京、八五頁

4 佐藤学（一九九六）『教育方法学』岩波書店、東京、一九一頁

5 鈴木克明（一九八七）「CAI教材の設計開発における形成的評価の技法について」『視聴覚教育研究』一七号一～一五頁

6 Shalom M. F. & Rosemarie T. T. (2002) "G" is for growing : Thirty years of research on children and Sesame Street. LEA, MA

7 B・S・ブルーム他（一九七三）『教育評価法ハンドブック――教科学習の形成的評価と総括的評価』第一法規出版、東京

8 梶田叡一（一九八六）『形成的な評価のために』明治図書、東京

3 どのように評価を行うか？

❖本節のねらい
教育評価を行うために用いる具体的な手法について説明します。

❖キーワード
アンケート　インタビュー　テスト　観察　トライアンギュレーション

アンケートは万能か

「これで、研修は終了です。では、アンケートに答えてください」

この台詞に聞き覚えがある人は多いだろう。

「研修はためになりましたか？」
「講師は親しみやすかったですか？」
「この研修の改善すべきポイントを教えてください」

このようなアンケート項目が並んだアンケートは本当にいろいろなところで使われている。そして、多くの企業では、このアンケートが研修の効果の判定基準となっている。

このコンテンツはよいもの⁉

ＩＴ関連企業で研修を担当しているＡくんは、今年、新しいｅラーニングシステムを用いた研修を提案し、見事その企画が採用された。それにともない、新しいｅラーニングシステムを用いた研修の具体案から、コンテンツの企画などを行い、コンテンツ作成は、専門業者に委託した。

作成されたコンテンツは、非常に良い出来だと自負していたＡくんは、そのコンテンツを用いて研修を行った。以前の研修とは異なり、いつでもどこでも学習でき、さらに画像や動画を用いたコンテンツは、好評であった。アンケートを収集した結果、研修者の大半が、以前と比べて面白いと答えるなど、一定の評価を得たと確信したＡくんは、そのアンケート結果をもって、上司に報告をした。

上司は言う。

「そのコンテンツは、かなり金をかけたが、その分だけ学習効果は上がったのか？」

「はい。研修者の八割が、研修が楽しくなったと答えています」

「そういうことではなく、学習効果が上がったのかと聞いているのだ。アンケートだけで学習効果がわかるのか。どう説明するのだ」

「……」

図表24　教育評価に用いられている測定手段

	回答数	回答者に占める比率
参加者アンケート	78	98.7%
参加者インタビュー	31	39.2%
知識確認テスト	45	57.0%
ケース試験	6	7.6%
論文試験	4	5.1%
シミュレーションテスト	1	1.3%
ロールプレイング	17	21.5%
参加者追跡調査	30	38.0%
職場での活用度調査	23	29.1%
参加者の行動観察	19	24.1%
その他	15	19.0%

出典：リクルートワークス研究所（2004）「教育研修の成果――何を、いかに測るべきか」『Works』66号、リクルートワークス研究所，東京　p15

たしかに、アンケートで学習の効果が判定できるのだろうか？　という疑問を抱くのはもっともである。その疑問は、非常に的を射ている。しかし、現実には、研修や学習の効果をアンケートですべて判断してしまおうという企業は少なくない。それは、アンケートを信頼しているのではなく、アンケート以外の手法を知らないということに起因していることが多い。

リクルートワークス研究所の調査によると、人材育成部門において用いられている測定手段は、図表24のとおり、アンケート以外の手法がほとんど用いられていないことをあらわしている。

アンケート以外には、どのような評価方法があるのだろうか。本節では、教育効果の評価をする手法について紹介する。なかでも代表的な「アンケート」「インタビュー」「テスト」「観察」について、一つずつ紹介する。これらは、すべて人の内面を捉えようとする評価手法である。特に、前者の二つがどう感じたかなどの気持ちを捕らえようとする評価手法であるのに対し、後者は、何ができるようになったのかなどの研修の結果を捉えようとするものである。

質問紙法　アンケートの長所と短所

まずは、質問紙法を紹介しよう。先に示したいわゆる「**アンケート**」である。アンケートのように質問項目を書き込んだ用紙に回答してもらい、統計的に解析する形態を質問紙法とよぶ。鎌原は、**質問紙法**の長所と短所は以下のようにまとめている。[1]

長所

1 個人の内面を幅広く捉えることができる。
2 多人数に同時に実施できる。
3 短時間で実施可能である。
4 費用が比較的安価ですむ。
5 一斉に実施できるので、実施の条件を斉一にできる。
6 調査対象者のペースで実施できる。

短所

1 個人の内面を捉えることはできるが、深く捉えることが難しい。

2 調査対象者の防衛が働きやすい（内面を偽って報告、反発的態度を示す）。
3 適用年齢に制限がある（年少者には難しい）。

一般に広く利用されている要因として、簡単に実施でき、大量のデータを取得することができる点が挙げられる。また、質問紙として調査対象者に配布するため、質問者により恣意的に回答結果を判断されることがないので、回答結果が質問者の影響を受けにくいことも挙げられる。しかしながら、質問紙として質問を固定するがゆえに、深く質問することができない。いわゆる突っ込んで聞くということができないというデメリットもある。

調査的面接法　インタビューの特徴

その一方で、内面を深く聞くことができる手法として**インタビュー**[2]がある。インタビューは、調査対象者とインタビュアーと対面して、インタビュアーが決められた内容の質問を行い調査対象者が答えるもの（**構造化インタビュー**）や、調査対象者とインタビュアーが雑談をするかのように会話し、インタビュアーが疑問に思ったことを質問するもの（**非構造化インタビュー**）、その中間的に、ある程度質問内容を決めておき、その後気になった点を深く質問するもの（**半構造化インタビュー**）などがある。

このように、インタビューを用いた評価は、**調査的面接法**とよばれる。調査的面接法の特徴は、先の質問紙法と逆になる。つまり、インタビューは、調査対象者とインタビュアーと対面して行われるため、質問紙では聞くことのできない突っ込んだ話題を聞くことができる。しかしながら、対面して行うことから、質問紙と比べ、大量のデータを取得することは困難である。また、調査対象者の回答は、インタビュアーによって解釈されるため、インタビュアーの主観によるところが大きい。

なお、質問紙法を用いた調査は量的調査とよばれ、調査的面接法は質的調査とよばれている。

テストの使い方

次に、研修の成果を捉えようとする評価手法を紹介しよう。最も一般的なのが、**テスト**である。入学テストや期末テストなどの形で行われてきている。

研修の効果を捉える際に最も一般的に行われるのが、**プレテスト**、**ポストテスト**である。プレテストとは、教育を行う前に行うテストであり、ポストテストとは、教育を行った後に行うものである。

プレテストとポストテストは基本的に同じ問題を使用する。そのため、プレテストとポストテストの点数を比較すると、研修がどんな効果があったのかを比較できるため、多く用いられている評価手法である。効果の有意差を測定するための統計的手法としては、一般に分散分析、ｔ検定、ウィルコクソンの符号付順位和検定などを使用することが多い。どの要因が成績向上に寄与しているかを調べるためには、重回帰分析などが用いられる。[3]

観察による評価

最後に、**観察**による評価とは、行動観察による評価である。研修を受けた人が、研修時間中にどのような行動を行っているのかを観察する手法である。たとえば、積極的に参加したのか否かや、はじめから最後までやる気をもっていたのかどうかなどを評価することができる。

あらかじめ準備したチェックリストにそって、学習者がどのような活動を行ったのかをチェックしていく。講師がチェックをつけることにより、学習期間中の継続的な評価ができることや、学習者に評価されていると強く意識することが少ないというメリットがある。一方、評価できることが多い一方で、観察者による視点や、観点により情報を取捨選択することになるため、観察者の観点が結果に大きく影響を及ぼす。

評価手法の選択

これらの、評価手法はどれがよくて、どれがダメだというものではない。何を知りたいのかとそのためには何を使うのが一番適しているのかを判断できることが必要である。

アンケートとインタビューの併用や、観察とインタビューの併用が考えられる。このように複数の手法を組み合わせる方法を**トライアンギュレーション**（三角測量的方法、方法論的複眼）とよぶ[4]。トライアンギュレーションは、複数の手法を用いることにより、より対象の実態を明らかにしていくという方法であり、ある手法の欠点を他の手法で補うという考え方である。

Aくんの場合を考えてみよう。この場合、アンケートしか用いていないため、上司が質問した学習効果を調べることは難しい。この場合、行うべきだったのはテストである。特に、新しいeラーニングシステムを使う前と使った後でテストを行ってみれば、効果を示すことができただろう。また、アンケートもインタビューと併用するなどして、学習者から見てどういった意味で楽しくなったのかを追加質問することなどが考えられよう。

＊＊＊

1　鎌原雅彦、宮下一博、大野木裕明、中澤潤（一九九八）『心理学マニュアル　質問紙法』北大路書房、京都
2　保坂亨、中澤潤、大野木裕明（二〇〇〇）『心理学マニュアル　面接法』北大路書房、京都
3　量的評価法の入門書については、巻末のブックガイドを参照のこと。
4　佐藤郁哉（二〇〇二）『組織と経営について知るための実践フィールドワーク入門』有斐閣、東京

◉コラム

ナレッジ・マネジメントは「学び」のマネジメント

「ナレッジ・マネジメント（knowledge management）」とは、知識の共有や創造を促す経営手法全般を指す。日本でも一九九〇年代から注目され、その手法や企業の取り組みについて多くの研究や実践が行われてきた。

認知科学者であり、経営学者でもあるエティエンヌ・ウェンガーによれば、これまでナレッジ・マネジメントは、三つの波を経験してきたという。[1]

第一の波は、テクノロジーの導入であった。企業はさまざまなWebやイントラネットを活用した情報共有システムをこぞって導入し、情報のデータベースを構築した。しかし、多くの企業では、情報共有システムは導入したものの、そこへ情報が活発にインプットされることはなかった。

第二の波は、行動、文化、暗黙知といった問題への関心である。しかしこれらは主に理論上の取り組みに過ぎず、実践に結びついたものは少なかった。

そして、第三の波は、実践共同体への着目である。現在、企業は知識を経営に活かすという課題に取り組むうえで、実践共同体が実際に役立つ方法であることが理解されつつあるという。確かに、企業経営者の多くは、人と人とをつなげることこそがナレッジ・マネジメントであることに気づいている。[2]もともと学習研究の分野で生まれた実践共同体は、ナレッジ・マネジメントにおいて人と人とをつなぐ新しい場の概念としても注目されるようになった。

しかし、実践共同体のような場をつくり、人と人とを結びつけようとするナレッジ・マネジメントの第三の波もまた、新しい課題に直面している。それは、どのようにすれば人は実践共同体に参加するのか、という課題である。思うように人と人とが結びつかないのである。

たとえばあるシステム会社では、各事業部における商品開発情報を事業部門間の壁を超えて共有するための実践共同体を立ち上げようと考えた。しかしそのためのメンバーへの動機づけを、いったいどのように行えばよいのかわからなかった。かつて企業では、情報提供者に報奨金を出すなどの動機づけを行ったこともあった。しかしそれは一時的には情報提供量を増やしたものの、こうして集められた情報は結局、それほど重要なものではなかったのである。

このように、ナレッジ・マネジメントの成功の鍵は、メンバーを実践共同体のような場や活動に参加させるための手法であることが明らかとなってきた。

それでは、社員を実践共同体のような場や活動に参加させるために、企業はどうすればよいのだろうか。このコラムではそのためのヒントとして、もう一度実践共同体を「学習」という側面から考えてみよう。

第5章で述べたように、実践共同体は、もともと学習研究の分野で生まれた概念である。人々は実践共同体に参加することによって仕事を学び、成長していく。共同体のメンバーは、活動への参加を通じて、一人前になっていくのである。参加メンバーにとって、実践共同体とは学習のためのコミュニティであり、自らが学習し成長するための場である。

このように学習の視点から実践共同体を捉えると、実践共同体は少なくとも、メンバーにとってそこに参加することが自分の学習や成長へとつながるような場である必要がある。さて、それでは現在企業で行われているナレッジ・マネジメント施策はどうだろうか。

企業がナレッジ・マネジメントを導入する目的が、社内の知識や情報の共有、新しい知識の創造にあることは、もちろんである。そのためには、社員による知識や情報の積極的な提供が望まれる。しかし、一方社員にとってみれば、自らが一方的に知識や情報を提供するだけであれば、こうした活動にそれほど積極的に参加しようとは思わないだろう。社員に実践共同体のような場への参加を促すためには、そこでの活動が、参加メンバーの興味関心をかきたてるものや、彼らの学習や成長につながるようデザインすることが必要なのである。

それでは、社員の学習や成長にもつながるようなナレッジ・マネジメント施策とはどのようなものだろうか。ここではその一例として、ジュニア・ボードについて説明しよう。[3]

ジュニア・ボードとは、若手や中堅クラスの社員を対象とした擬似役員会である。もともとは、一九三〇年代に米国のマコーミック社で始められたのが起源とされている。主に若手、中堅クラス社員の人材育成を目的として行われる施策であり、日本ではユニチャームや横河電機といった会社で導入されている。

ジュニア・ボードではまず、擬似役員となった若手や中堅クラスの社員がそれぞれの視点で企業経営について話し合い、改革案を作成する。その後、改革案は実際の役員会で報告され、優れたアイディアは実際に実現が検討される。このようにジュニア・ボードは、企業経営者にとって、現場の課題や問題について知り、その改革案を集めるための場となっている。と同時に、参加者にとっては、自らの学習や成長につながる実践共同体でもある。

ジュニア・ボードは、経営者の求めるナレッジ・マネジメントと参加メンバーの学習とをうまく両立させた施策であるといえる。このような施策においてこそ、メンバーのナレッジ・マネジメントへの参加やそこでの活動に対する意欲や関心も高まるのではないだろうか。

ナレッジ・マネジメントとは、結局のところ、そこに参加する人のための「学び」をマネジメントすることであるといえる。そして、うまくいっているナレッジマネジメントでは、その中心に必ず人々の「実践共同体」が存在している。

（荒木）

＊＊＊

1 エティエンヌ・ウェンガー、リチャード・マクダーモット、ウィリアム・M・スナイダー（著）／野村恭彦（監修）（二〇〇二）『コミュニティ・オブ・プラクティス――ナレッジ社会の新たな知識形態の実践』翔泳社、東京

2 たとえば主な研究に左記がある。
ドン・コーエン、ローレンス・プルサック（著）／浜崎冬日（訳）（二〇〇三）『人と人の「つながり」に投資する企業――ソーシャル・キャピタルが信頼を育む』ダイヤモンド社、東京

3 手塚貞治（二〇〇四）『ジュニアボード・マネジメント』ＰＨＰ研究所、東京

◉コラム

リーダーシップ教育ってなんだろう

ビジネス関連の文献で、リーダーシップは最もポピュラーなテーマである。しかし、その意味するところは非常に広くあいまいでもある。ここでは、リーダーシップという概念を少し整理してみたい。

最近の議論を人材開発の視点から読み解けば、〝リーダー〟という言葉が以下に挙げる三つの意味で使われていることがわかる。

部下の管理・指導・育成

最も伝統的な使い方として、部下の管理・指導という意味がある。つまり、上司・部下という関係における対人マネジメント能力が、リーダーシップということだ。この文脈では、リーダーは〝上司〟を意味する。したがって、この意味でのリーダーシップ教育は、組織形態によらず、部下をもつあらゆる階層のマネジャーに対して実施される。

また、伝統的な意味での管理・指導に加え、部下の育成、特に、部下の主体性を尊重しつつ、長期的・継続的な育成を進めることの重要性が、今日では広く認識されている。この点を踏まえると、〝コーチング〟という概念が、上司・部下の関係における対人マネジメント能力を考えるうえで、一つのキーになっていると言えるだろう。

経営者育成

「次世代リーダーの早期選抜を行い、リーダー人材を戦略的に育成していくべき」という議論をよく耳にする。この文脈では、リーダーは〝企業経営者〟を意味する。経営者育成としてのリーダーシップ教育ということだ。これは、当然のことながら、上司・部下の関係における対人マネジメント能力の育成とは大きく異なっている。特に、経営者育成としてのリーダーシップ教育は、後継者選抜・育成プロセスの一部であることが重要なポイントだ。

まず、後継者の選抜・育成が企業にとって重要な戦略課題であることを踏まえると、この意味でのリーダーシップ教育に対して、経営者自らが積極的に参画することが必要だと言えるだろう。たとえば、セイコーエプソンがリーダー育成プログラムを設計した際には、当時の経営陣が合宿を行い、次世代リーダーの育成ビジョンについて、突き詰めた議論を行ったという。[1]

また、アサヒビールが実施する経営者養成塾では、経営幹部が講師役を務め、「経営陣が主体となって後継者を育成していく」というメッセージの発信に力を注いでいるという。[2] この意味でのリーダーシップ教育において、人材育成部門はあくまでもサポート役であり、活動の中心的な担い手は経営陣である。

経営者育成としてのリーダーシップ教育を推進するには、優秀な人材を選抜し、次世代リーダーに相応しいビジネス経験を積むための配置を実行することも必要だ。したがって、適切な人事評価システムを構築することも重要なポイントとなる。これについては、GE社の「セッションC」という人事評価が有名だろう。[3] ここでは、業績だけでなく、「GEバリュー」と呼ばれる企業ビジョンの実現にどれだけ貢献したかという視点からも評価される。そして、評価の高い人材には次々と大きな仕事を任せ、次世代リーダーとして必要なマネジメント経験を積ませる。つまり、企業ビジョンに即したリーダー人材の選抜と配置を効果的に連携させた人事評価システムということだ。

脱・中間管理職

「マネジャーとリーダーの違いを認識すべき」ということも、最近のリーダーシップ論ではしばしば議論されている。この文脈において、リーダーとは、必ずしも企業経営者を意味するのではなく、〝自らビジョンと戦略を描き、変革を実現できるイノベーティブなビジネスパーソン〟を指す。いわゆるピラミッド型組織における中間管理職的な〝マネジャー〟と対比される、シンボリックな意味での〝リーダー〟である。

このような〝リーダー〟に求められるのは、経営戦略の体系的知識を修得することではなく、「今なぜ、自社の経営戦略を再検討すべきなのか」といった具体的な問いに対して、自分自身の言葉で答えることである。したがって、教育プログラムとしては、現実の状況に即した問題発見や戦略構築を通じて学習を進める、アクションラーニングが用いられることが多い。

現在、多くの企業内大学でアクションラーニングへの取り組みが進められている。また、マネジメントに必要な体系的知識の伝授に主眼をおいてきたMBAプログラムにも変化が見られ、学習者それぞれの状況に即した問題発見や戦略構築を重視するプログラム運営も進められている。[4] このような傾向は、「マネジメント教育からリーダーシップ教育へ」という、今日の人材開発における一つの方向性を示していると言えるだろう。

（長岡）

＊＊＊

1　「リクルートワークス研究所」　http://www.works-i.com/special/leader_01.html

2　「リクルートワークス研究所」　http://www.works-i.com/special/leader_02.html

3　「General Electric in Japan」　http://www.gejapan.com/corporate/career/geam/plastics/career_pass.html

4　「産能大学ＭＢＡコース」　http://mba.gs.sanno.ac.jp/mba/curriculum/03.html

第7章

キャリア開発の考え方

自分の将来をイメージさせる

1 なぜ今キャリア開発か？

❖本節のねらい
キャリア開発の考え方と背景について振り返ります。

❖キーワード
キャリア　キャリア開発　社内公募制　社内ＦＡ制

変わりつつある企業と個人の関係

「X社では、主任層を対象に〝キャリア開発研修〟をやっているらしい。最近、よくキャリア開発って言葉を聞くが、うちの会社でも一つそういった研修をやる必要があるんじゃないだろうか。Aくん、ちょっと調べて企画を立ててくれないか」

自動車メーカーZ社の人事部の部長は、ある日人材育成課のAさんをよび止めると、こう切り出した。ライバル企業であるX社では、創造性の向上と企業競争力の強化に向け、人事部を中心に主任層のキャリア開発に取り組むこととなったらしい。しかし、部長もAさんも、キャリア開発とは具体的に何をすればいいのかよくわかっていなかった。そもそもキャリア開発とはどのようなものなのか、そのために企業は何をすればいいのだろうか。

この章では、キャリアに関する諸理論を見ながら、キャリア開発の考え方と手法について説明する。この節ではまず、キャリア開発とは何か、なぜ今、日本企業がキャリア開発に注目しているかについて述べる。


日本ではここ数年、社員のキャリア開発に対する企業の関心が高まっている。二〇〇〇年に三和総合研究所が行った調査では、キャリア開発研修の必要性を「大いに必要である」、「ある程度必要である」と答える企業は七四・九%と、全体の八割近くにのぼった。[1] 企業がこのようにキャリア開発に関心をもち始めた背景には、企業を取り巻く環境や雇用関係の変化などがあると考えられる。

これまで大企業を中心とする日本企業の多くは終身雇用を前提とし、社員のキャリアとは年齢や入社年次によって企業が一律にマネジメントするものであった。社員は人事異動によって企業内を幅広く異動し、さまざまな仕事を経験してきたのである。キャリアとは、主に社内での昇進であり、より上のポストにつくことを意味するに過ぎなかった。

しかし一九九〇年代半ば以降、企業間の国際競争が激しくなると、日本企業も一人ひとりの社員に高い専門性や能力を求めるようになってきた。日本経営者団体連盟（旧日経連）は一九九九年、「エンプロイヤビリティの確立を目指して」という報告書のなかで、「日経連エンプロイヤビリティ・デベロップメント・モデル（NED）」というモデルを提示した。[2] NEDモデルは、労働移動を可能にする能力（＝狭義のエンプロイヤビリティ）と現在働く企業のなかで継続的に雇用されることを可能にする能力とをあわせたものを、「雇用され得る能力（＝広義のエンプロイヤビリティ）」と定義している。労働移動を可能にするほど高い専門性ではないが、企業は、社員に社内で働く場合にも雇用され得るだけの専門性を身につける必要があることを示したのである。と同時に、企業にはこれまでのような一律的なマネジメントではなく、多様な専門性や能力をもつ人材を育成することが求められるようになった。

一方個人の側でも、働くことに対する意識は多様化している。独立行政法人労働政策研究・研修機構の調査[3]では、仕事に関連する考え方について、「会社のためなら自分の生活を多少犠牲にするのは当たり前だ」と答える正社員が三八・八％にとどまる一方、「能力が発揮できる機会があれば昇進にこだわらない」（六〇・八％）、「ラインの管理職よりもスタッフとして専門的知識を活かすポストにつきたい」（四九・〇％）など、必ずしも従来の企業内昇進にこだわらない意見が過半数を超える。さらに、「会社の人やつながりを離れて、趣味や勉強、社会活動を行っている」人も五五・六％と半数以上にのぼる。

従来のように企業が右肩上がりに成長し続ける時代ではなくなった今、企業は社員のやる気を昇進だけで維持することが難しくなっている。個人の側でも、終身雇用を前提としてきた企業の雇用関係が次第に変化するなかで、自分のキャリアを企業に任せるのではなく、自分自身で考える必要が生じてきたともいえる。そこで注目されるようになったのが、「**キャリア開発**」である。

それではキャリア開発とは具体的に、どのような考え方なのだろうか。

キャリアとキャリア開発の考え方

キャリア開発について述べる前に、「**キャリア**」について定義しよう。キャリアは極めて学際的なテーマであり、キャリアに関する研究はこれまで心理学、経済学、経営学、社会学、教育学など多様な分野で行われてきた。

日常生活においてキャリアという言葉は実にさまざまな意味で用いられる。そのなかで、キャリアを明確に定義したのは、ダグラス・ホールである。

心理学者であり組織行動学者でもあるホールは、キャリアを次の四つの側面から定義した。[4] 第一に、キャリアは成功や失敗を指すのではなく、また「早い」昇進や「遅い」昇進を意味するものでもない。第二に、キャリアの成功や失敗はそのキャリアを歩んでいる本人が認識するものであって、研究者や雇用主、配偶者や友人といった他の利害関係者が見なすものではない。第三に、キャリアとは行動と態度とから構成されるものであり、価値観や態度、モチベーションの変化といった「主観的な側面」と、職務の選択や活動（たとえばある職を受け入れるのか拒否するのか）といった「客観的な側面」との両方から捉える必要がある。第四に、キャリアとはプロセスであり、仕事に関する経験の連続である。

ホールはこれらをまとめて、キャリアを「一生涯にわたる仕事関係の経験や活動とともに個人がとる態度や行動の連なり」と定義した。ホールは、キャリアを個人が仕事を通じて経験する役割や職務の連なりといった客観的側面だけでなく、そうした経験を個人がどのように捉え意味づけているかといった主観的側面をも含む概念として定義したのである。

ホールがこのようにキャリアを定義した背景には、一九八〇年代以降の米国社会における企業と個人との関係の変化がある。企業と個人との長期的な雇用関係が弱まるなかで、キャリアはもはや一企業内の昇進や異動にとどまらず多様なあり方を見せるようになった。ホールはこのように多様化する個人のキャリアをより柔軟に捉える概念として、キャリアにおける個人の意味づけを重視したのである。こうした社会的背景のもとで生まれたホールのキャリア概念は、今日同じような状況にある日本でも受け入れられつつある。[5]

キャリア開発は、こうしたキャリアの定義を前提としている。キャリア開発とは、個人が仕事に対する自らの考え方や志向性を自覚し、それらに基づいて意欲的に仕事に取り組めるようにすることである。

キャリア開発を行うのは誰か

それでは、キャリア開発を行う主体は誰か。キャリア開発という考え方を提唱したのが、経営学である。経営学者の平野や金井は、キャリア開発とは、組織と個人との双方が行うものであると主張する。[6] キャリア開発とは、組織にとっては、そこで働く個人の意志や希望と組織の戦略とをいかに調和させていくのかという問題であり、組織で働く個人にとっては、組織のなかでいかに主体的に自らの働き方をデザインしていくかという問題である。キャリアは組織と個人とによる「**協同デザイン（コデザイン、co-design）**」によるものであると言ってよい。[7]

キャリア開発のために企業ができること

それでは、組織と個人はそれぞれどのようなことをすればよいのだろうか。はじめに、企業側について見よう。

金井と高橋は、キャリア開発として企業が行うべきことは、まず、企業のビジョンや事業戦略を明確化し、社員にキャリアの大枠を示すことであるという。最近、日本企業のなかには、次世代経営者育成のための選抜研修やリーダー人材育成のための研修を行う企業も増えている。このように企業が自社のミッションや次世代の経営者像を明確化し、早期選抜による育成を行うことも、キャリア開発施策の一つである。

それとともに、企業には社員が個人で行うキャリア開発を支援するための施策も求められる。奥林らは、企業には社員の意志や志向性を尊重した人材配置が求められると提言する。[8]そのための具体的な施策としては、たとえば「**社内公募制**」や「**社内FA（フリー・エージェント）制度**」などが挙げられる。

社内公募制や社内FA制とは、企業が仕事に必要な能力や経験などの要件を社員に明示し、社員が自らの経験や志向性に合わせて仕事を選択できるようにする仕組みのことである。こうした制度を企業内につくることで、企業は個人が主体的に行うキャリア開発を支援することができる。ちなみに厚生労働省の「雇用管理調査（二〇〇二年）」によれば、「社内人材公募制度」を実施している企業は従業員五〇〇〇人以上規模の企業で五七・七％、一〇〇〇～四九九九人規模で二九・五％であり、大企業を中心に半数以上の企業で制度の導入が進んでいる。[9]

この他の支援施策として、上司による**キャリア面談**や**目標管理制度**などが挙げられる。[10]キャリアや今後の目標について上司と部下が話し合うことによって、個人の希望と組織との中長期的な展望とをすりあわせることが重要だからである。また、個人がキャリアを振り返る場としての**キャリア開発ワークショップ**や、**キャリア・カウンセリング**の実施といった施策も有用である。

キャリア開発のために個人ができること

一方、個人にとってのキャリア開発とは、自らの仕事に対する考え方や志向性を自覚し、長期的な視点で主体的にキャリアをデザインしていくことである。デザインといっても、それはあらかじめ完全な計画を立てることではない。金井は、キャリア・デザインは個人のキャリアにとって重要な移行期に行えばよいのであり、その他の時期には、むしろ状況に流されることも大事であると言う。金井はこれを、「節目」と「キャリア・ドリフト」という言葉で表現する。[11] 節目とはキャリアにおいて個人の転機となる重要な移行期である。キャリア・ドリフトとは、キャリアについて考えすぎず、まずは状況に身をゆだねてみることを指す。金井は、個人のキャリアは節目とキャリア・ドリフトの繰り返しであり、節目さえきちんとデザインすれば、後は流されることも必要だと主張する。節目とキャリア・ドリフトについては、3で詳しく述べる。

以上、キャリア開発の考え方と、主に企業側の施策について述べてきた。しかし、キャリア開発は、個人が自ら取り組むものでもある。次の節からは、個人の視点でキャリア開発を考えるための諸理論を紹介する。

＊＊＊

1 三和総合研究所（二〇〇〇）「職業能力に関する調査報告書」
2 日本経営者団体連盟教育特別委員会（一九九九）「エンプロイヤビリティの確立をめざして——『従業員自律・企業支援型』の人材育成を」
3 独立行政法人労働政策研究・研修機構（二〇〇三）「企業の人事戦略と労働者の就業意識に関する調査」
4 Hall, D.T. (2002) Career in and out of Organization. Sage Publications, Inc., CA
5 たとえば、平野光俊（一九九四）『キャリア・ディベロップメント——その心理的ダイナミクス』文眞堂、東京
金井壽宏（二〇〇二）『働くひとのためのキャリア・デザイン』ＰＨＰ研究所、東京、など
6 平野光俊（一九九四）『キャリア・ディベロップメント——その心理的ダイナミクス』文眞堂、東京
金井壽宏（二〇〇二）『働くひとのためのキャリア・デザイン』ＰＨＰ研究所、東京
7 金井壽宏、高橋潔（二〇〇四）『組織行動の考え方——ひとを活かし組織力を高める9つのキーコンセプト』東洋経済新報社、東京

8　奥林康司（編著）（二〇〇三）『入門人的資源管理』中央経済社、東京
9　厚生労働省（二〇〇二）「雇用管理調査」
10　上田敬（二〇〇四）「組織内でのキャリア開発支援」、横山哲夫（編著）『キャリア開発／キャリア・カウンセリング　実践　個人と組織の共生を目指して』生産性出版、東京、一八六〜二五〇頁
11　金井壽宏（二〇〇二）『働くひとのためのキャリア・デザイン』ＰＨＰ研究所、東京

2 自分らしさとサバイバル

❖本節のねらい
キャリア・アンカーとキャリア・サバイバルの考え方について説明します。

❖キーワード
キャリア開発研修　キャリア・デザイン　キャリア・アンカー　キャリア・サバイバル

キャリアは夢か現実か？

数カ月後、Aさんは二〇代後半の若手社員向けに、**キャリア開発研修**を担当することになった。研修は一日のワークショップ形式で、受講生に今までの仕事を振り返って自分の得意分野や価値観を分析し、自分にとっての仕事のやりがい、今後やりたい仕事について考えてもらうことを目標としている。

研修当日。研修は、自分が今後やりたい仕事について、シートに書いてもらうことから始まった。しかし回収した何枚かのシートを見て、Aさんは驚いた。二枚のシートには、それぞれ、次のように書いてあった。

シート①　「今後やりたい仕事……課長になること」
シート②　「今後やりたい仕事……家具職人」

「課長って、仕事じゃなくて役職じゃないか。うちは自動車会社なのに、どうやって家具職人になるつもりなんだよ」。Aさんは、思わずつぶやいた。いったい、こうした個人の意志も尊重することが、キャリア開発なのだろうか。

前節で、キャリア開発とは、個人が仕事に対する自らの考え方や志向性を自覚し、それらに基づいて意欲的に仕事に取り組めるようにすることであると述べた。しかし、仕事でやりたいことや大切にしている価値観と言われても、多くの人は、なかなか思いつかなかったり、思いついたとしてもそれは、今の自分の状況にしばられた答えや、反対にまったく現実味のない夢であったりする。もちろんそれらもまたその人の価値観なのではあるが、組織で働く個人が、自分らしく豊かな職業人生を歩んでいくためには、自分の本当のやりがいや価値観について知り主体的にキャリアをデザインするための方法について、もう少し考え方のヒントを知る必要がある。

そこでこの節では、個人の**キャリア・デザイン**のヒントとなる、「**キャリア・アンカー**」と「**キャリア・サバイバル**」という考え方について説明しよう。

キャリア・アンカーとキャリア・サバイバル

キャリア・アンカーも、キャリア・サバイバルも、ともに、米国の組織心理学者、エドガー・シャインによって提示された概念である。キャリア・アンカーとは、文字通り、「キャリアの碇」である。個人が自分のキャリアを歩んでいくうえで「碇」となる、不変の価値観や考え方をあらわしている。キャリア・アンカーとはいわば、キャリアにおける「自分らしさ」である。[1]

一方、キャリア・サバイバルもまた、文字通り、「仕事のなかで生き残ること」である。個人が、今置かれている状況のなかで自分らしさを追求し、生き残っていくために必要な考え方をあらわしている。いくら自分らしいキャリアを追求しても、それが、現実にまったく実現できなければ、あまり意味がない。シャインは、個人が自分らしいキャリアを歩むためには、このキャリア・アンカーとキャリア・サバイバルの両方の考え方が必要であると考えた。

シャインは、一九七八年に出版した著書のなかで、キャリア・アンカーについて説明している。[2] それによると、シャインは、MITの卒業生四四名の数年にわたる追跡調査から、それぞれ異なる仕事や経験をもつ卒業生たちに、共通したいくつかの価値観のタイプがあることに気づいたという。こうした個人の価値観は、何年たっても、たとえ仕事が変わっても、それほど変化しない。そこで、このように個人のキャリアの拠りどころとなる価値観のことを、まるで母港に泊まる船の碇の比喩を用いて「キャリア・アンカー」とよんだ。シャインはキャリア・アンカーの主要なタイプとして、次の五つを挙げている。

① 技術的・職能的能力
② 管理的能力
③ 保障・安定
④ 創造性
⑤ 自律・独立

アンカーは一つだけの人もいれば、複数のアンカーをもつ人もいる。シャインは、人は自分について深く振り返り、職業上の自己イメージをもつことによって、自分のアンカーに気づくことができるという。そのためにシャインが掲げる三つの問いが、左記である。[3]

①能力・才能についての自己イメージ
「自分は何が得意か」
②動機・欲求についての自己イメージ
「自分はいったい何をやりたいのか」
③意味・価値についての自己イメージ
「どのようなことをやっている自分なら、意味を感じ、社会に役立っていると実感できるのか」

冒頭のシート①のように、今後やりたい仕事が、「課長になること」という回答は、もしかすると、管理的なキャリア・アンカーを示しているのかもしれない。しかしそれだけでは、具体的に何をしたいのかが見えてこないし、自分らしいキャリアを歩む指針とはならない。もし万一、課長になれなかったとき、次に掲げるべき目標が見えてこないからだ。

少し極端な例として、希望の大学に入学した途端五月病になってしまう大学生、部長に昇進した途端燃え尽きてしまうサラリーマンの例を考えれば、わかりやすいだろう。キャリア・アンカーとは、必ずしも目に見える職業や役職のことではなく、長期的に仕事を通じて追求していきたい、仕事上の自己イメージである。

しかし、その一方、私たちは現実に働いて生きていかなくてはならない。組織のなかで働いているかぎり、常に自分の望む仕事に就けるとは限らないし、求められる仕事や、仕事を取り巻く環境も、次々と変わる。また多くの仕事は、周囲のさまざまな人々と協力しながら行っているものでもある。自分らしいキャリアを追求するあまり、組織の目標や方向性から外れ、仲間から孤立してしまっては、かえって自分らしいキャリアを歩むこともできなくなる。そこで必要になるのが、キャリア・サバイバルの考え方である。

シャインは、組織心理学者として多種多様な組織と接するなかで、キャリア上の目標が、市場の動きや職場レベルの変化、長期的な個人プランとうまく符号していることが重要であることに気づいた。そしてそれをチェックするには、自分の職務の置かれた状況を、周囲の仕事関連の対人ネットワークから見てゆくことが役立つことを発見した。[4] 自分の興味や価値観を、周囲の視点からも客観的に捉え直すことによって、より現実的なキャリアを歩むことが可能になる。

シート②のように、今後やりたい仕事が「家具職人」という回答は、自動車メーカーであるZ社では、ほぼ実現することのできない夢である。もし、今後もZ社で働いていこうとするなら、Z社のなかで実現できる、少なくともその可能性がある仕事のなかで、やりたい仕事を探す必要があるだろう。そのとき役に立つのが、キャリア・サバイバルの考え方である。

具体的には、研修や仕事仲間と一緒に、職務上自分に関係のある人々が、自分に対してどのような期待をどの程度の強さでもっているのか、客観的に捉えてゆく。もしかすると「家具職人」という夢は、本当は今の職場に溶け込めないための現実逃避なのかもしれない。とするなら、なぜ今の職場に溶け込めないのか、どうすれば適応できるかを考えることによって、より現実的に自分が生き残っていくためのヒントを得ることができるだろう。

自分らしさとサバイバル

経営学者の金井壽宏は、キャリア・アンカーは、自分の内なる声を内省しながら聞く「**インサイド・アウト**」の視点、キャリア・サバイバルは、外から自分に向かう声を変化のなかで整理する「**アウトサイド・イン**」の視点であるという。そして自分らしいキャリアを考えるためには、この両方の視点をもつことが必要であると指摘する。[5]

一九九〇年代末以降、私たちを取り巻く企業の雇用環境は、少しずつ変わり続けている。私たちは、自ら時代の変化に柔軟に対処しなくては生き残れない厳しさに直面している。しかし、その一方で、自分らしいキャリアを追求する自由も手にしつつある。「サバイバルだけのために生きているのではないが、サバイバルできなかったら自分らしく生きていくこともできない」のである。[6]

ところで、キャリア・アンカーも、キャリア・サバイバルも、どちらも一人だけで考えるのではなく、周囲の仕事仲間や友人と対話するなかで、見つけていくものである。たとえばキャリア開発研修とは、社員が互いのキャリアについて語り合い、自分のキャリア・アンカーや、今、自分が仕事で置かれている状況に気づくための「場」を与えるものである。しかし、キャリア開発研修は、あくまできっかけを提供するための、短期的な施策である。そこで次の節では、もう少し長期的なキャリア開発について、見ていくことにする。

＊＊＊

1　エドガー・H・シャイン（著）／金井壽宏（訳）（二〇〇三）『キャリア・アンカー——自分の本当の価値を発見しよう』白桃書房、東京
2　エドガー・H・シャイン（著）／二村敏子、三善勝代（訳）（一九九一）『キャリア・ダイナミクス』白桃書房、東京
3　金井壽宏（二〇〇二）『働くひとのためのキャリア・デザイン』ＰＨＰ研究所、東京
4　エドガー・H・シャイン（著）／金井壽宏（訳）（二〇〇三）『キャリア・サバイバル——職務と役割の戦略的プラニング』白桃書房、東京
5　金井壽宏（二〇〇三）『キャリア・デザイン・ガイド——自分のキャリアをうまく振り返り展望するために』白桃書房、東京
6　同右

3 節目でひと皮むける

❖本節のねらい
人材の成長につながる経験について詳しく説明します。

❖キーワード
サクセッション・プラン　ひと皮むける経験　節目　トランジション　キャリア・ドリフト

人を育てる経験とは？

「仕事ができるようになるかどうかは、結局、どれだけ修羅場を経験するかだよ」

ある事業本部長は、自信たっぷりにこう断言した。

Z社では、若手社員向けのキャリア開発研修のほかに、後継者育成のための計画（**サクセッション・プラン**）を作成することになった。これは、次世代の経営者（後継者）を長期にわたって選抜、育成していくためのプログラムである。たとえばGEなどでは、以前からサクセッション・プランに基づく後継者の計画的な育成が行われてきた。日本でも数年前から導入が始まり、選抜型研修や社内MBAなどが普及するきっかけとなった。

サクセッション・プランニングの特徴は、経営者のコミットメントが強いこと、また研修だけでなく、実際の業務を経験するなかで育成を図ろうとすることである。そこで、人材育成課では、まず現在活躍しているリーダーにインタビューし、これまでのキャリアでどのような業務経験が重要であったのかを分析することになった。Aさんもさまざまな事業本部を回って、本部長にインタビューをしていた。

しかし事業本部長によって、経験した職務内容もキャリア・パスも異なっており、Aさんはうまく共通性を見出すことができていなかった。今もまた、事業本部長の、かつていかに設計の困難を克服したかという経験談が延々と続いていた。「これじゃあどうやってリーダー育成のための経験をまとめればいいのだろう」。Aさんは困っていた。次世代の経営者を育てるためには、どのような業務経験を踏まえたキャリア開発が必要なのだろうか。

前節では、キャリア開発研修など短期的な場でキャリアを振り返るきっかけをつくることについて紹介した。そこでこの節では、もう少し長期的に、仕事のなかでキャリアを開発するための考え方を紹介しよう。

事業本部長の言う「修羅場」のように、そのときは苦しく困難であるが、あとから振り返ってみると自分にとって大きな成長につながった経験がある。このような経験を、金井は、「**ひと皮むける経験**」とよぶ[1]。仕事で難しい設計を任されることは、困難であると同時に、より優れた設計者になるためのチャレンジであるともいえる。難しい課題を乗り越えることで、事業本部長は仕事についての教訓を学び、設計者としてひとまわり大きく成長したのかもしれない。それでは、いったいどのような経験が人を成長させるのだろうか。

ひと皮むける経験

こうした「ひと皮むける経験」について研究が進んでいるのが、リーダーシップ研究の分野である。米国の経営学者であり、クリエイティブ・リーダーシップ研究所（ＣＣＬ）リサーチ部門のトップも務めるマッコールは、リーダーの成長を促す経験に関する研究を行った。[2] マッコールは、リーダーとは育成することのできるものであり、経験から多くのことを学べる人に多様な経験を積ませることが育成につながると考えた。そして、次世代リーダーを育成する視点として、「困難な経験が人材開発の原動力となること」を挙げた。

ここで重要なことは、困難な経験のすべてがリーダーの育成につながるわけではなく、そのなかには「成長を促す経験」と多くの挫折を引き起こす「危険な状況」とがあることである。成長を促す経験とは、企業の事業戦略や価値観と密接に結びついた経験である。リーダー育成の第一ステップは、企業の事業戦略やビジョンを明確化し、どのような経験が成長を促す経験であるかを明らかにすることである。次に、成長を促す経験の過程をトップや上司など周囲が支援することが大切である。このようにマッコールが提示したリーダー育成の手法は、リーダーとなる資質をもった人材に、企業が「成長を促す経験」を与え、その過程を支援していくことであった。

日本で同様の研究を行ったのが、金井である。[3] 金井は二〇人の役員クラスの経営幹部へのインタビューを行い、成長につながった「ひと皮むけた経験」を調査した。その結果、その多くは新規事業や新市場の開発など、ゼロからの立ち上げであることが明らかとなった。また、後に経営幹部となった人材ははじめから企業内でも花形の部署にいたわけではなく、むしろ、あまり人から注目されない部署にいて試行錯誤しながら成果をあげたからこそ大きく成長したこともわかった。

こうした、ひと皮むける経験をした時期は、後から振り返ればその人にとっての「節目」の時期であったともいえる。キャリアにとって重要なのはこのような節目の時期である。節目に立ったとき、人は自分のキャリアについて深く考え、危機を乗り越えることによって、さらに成長する（＝ひと皮むける）ことができるからである。

節目で成長する

節目のようにキャリアの移行期を重視する考え方は、発達心理学の研究から生まれた。キャリアを長期的な発達と捉え、人が一生を通じて内面的に発達する過程を重視するのが、「キャリア発達」という考え方である。キャリア発達の研究は、生まれてから死ぬまでの人の一生を、幼少期、青年期、成人期、中年期、老年期というライフサイクルに分ける。そして、人はライフサイクルのなかで年齢や人生の段階に応じて、さまざまな経験を積み、内面的な発達を遂げていくものであると論じた。キャリア発達の過程のなかでも、とりわけ注目されたのが、**「トランジション（移行）」**の時期である。

「トランジション」とは、まさにある段階から次の段階へと「移行」する時期のことである。トランジションは、個人に大きな変化をもたらす危機であると同時に、それまでの経験を見直し、新しい選択肢や変化をもたらす重要な時期でもある。トランジションに関する研究は、心理学者であるレビンソンやブリッジス、ニコルソンらによって行われた。

レビンソンは、四〇人の男性に対するインタビューから、トランジション（移行期）について分析している。レビンソンによれば、移行期は、成人期最初の生活構造を変える時期(一八～二二歳)、成人期から中年期へ移行する人生半ばの過渡期(四〇～四五歳)、五〇歳の過渡期(五〇～五五歳)、そして老年期の過渡期(六〇～六五歳)である。年齢には二、三歳の誤差はあるが、人は人生のなかで四度の移行期を経験するという。移行期には、第一子の誕生や転職、管理職への昇進など、これまでの仕事生活を大きく変える出来事を経験する時期でもある。[4]

トランジションについてさらに詳しく研究したのが、ブリッジズとニコルソンである。ブリッジズは、新しい出来事(結婚や第一子の誕生など)が始まる前には必ず終焉と、次の段階への中立圏があると述べた。[5]ロンドン・ビジネス・スクールの組織行動学の教授であるニコルソンもまた、主に仕事の面での移行期を、移行の準備を始める「準備(preparation)」、新しい変化に出会う「遭遇(encounter)」、変化に対応する「順応(adjustment)」、状況が安定する「安定化(stabilization)」という四つの段階に分けた。[6]どちらの研究も、移行期をうまく乗り切るためには、ある段階の終焉を認識し次の段階に向けて準備をすることが重要であると指摘している。

このように、移行期はキャリアにおける節目であり、次の段階への準備の時期である。人は昇進や異動、転職といったキャリアの移行期をくぐりぬけながら成長していく。移行期には一度立ち止まって、自分のキャリアについてじっくり考えることが必要である。とはいえ、移行期でないときにはキャリアのことをあまり考え過ぎず、ときに偶然や運に身をゆだねること(ドリフトする)も必要である。金井はこれを、「**キャリア・ドリフト**」とよぶ。[7]個人のキャリア・デザインとはキャリア・ドリフトと節目の繰り返しであり、節目に直面したときにきちんと自分の仕事や生き方について考えることが何より重要なのである。

節目における支援

ところで、マッコールが指摘したように、移行期をうまく乗り切るためには、周囲の支援が必要である。キャリアの移行期である「節目」には、個人の努力だけでなく企業におけるラインの上司や人事部、あるいは社外のキャリア・カウンセラーなどの支援が重要である。[8] たとえばＩＢＭのように、新入社員一人ひとりにメンター（年長の経験者）をつけ、メンターが各人の悩みや相談に対応する「メンタリング」を制度化している企業もある。

また、最近では、上司が部下を育成するための手法として、コーチングが注目されている（コラム　コーチングは誰のため？　参照）。コーチングとは、上司が部下と接する際、部下と対等な立場で部下の考えや行動を引き出すためのコミュニケーション手法の一つであるコーチング研修を管理職の研修に取り入れている企業も多い。[9]

一方、成長のために与えられた仕事が、本人の意志や資質には合わない、本当にミスマッチの仕事である可能性もある。そのようなときには、人事部による面談やキャリア開発研修、ときには社外のキャリア・カウンセラーへの相談といった支援が有効である。

このように、リーダー人材の育成には、企業が成長を促す経験を与えその過程を支援するという、長期にわたるキャリア開発が必要である。リーダーだけでなく、それは一般社員においても同様である。

とはいえ、今後は日本企業においても人材育成の手法として、成長につながる仕事経験を社員に計画的に積ませることが求められる。これまで日本企業では、人事異動の多くが社員の能力や意志とは関係なく、組織側のさまざまな都合によって行われてきた。社員の長期的育成を考慮した人材配置、部下の育成を支援するライン上司の育成、人事部でのキャリア開発支援施策の実施など、取り組むべき課題はたくさんある。

＊＊＊

1 金井壽宏（二〇〇二）『働くひとのためのキャリア・デザイン』ＰＨＰ研究所、東京
2 モーガン・マッコール（著）／金井壽宏（監訳）（二〇〇二）『ハイ・フライヤー――次世代リーダーの育成法』プレジデント社、東京
3 社団法人関西経済連合会人材育成委員会（二〇〇一）『一皮むけた経験と教訓　豊かなキャリア形成へのメッセージ――経営幹部へのインタビュー調査を踏まえて』社団法人関西経済連合会、大阪
4 ダニエル・レビンソン（著）／南博（訳）（一九九二）『ライフサイクルの心理学（上）（下）』講談社、東京
5 ウィリアム・ブリッジズ（著）／倉光修、小林哲郎（訳）（一九九四）『トランジション――人生の転機』創元社、大阪
6 Nicholson, N., West, M.A. (1998) Managerial job change : men and women in transition. Cambridge University Press, USA
7 金井壽宏（二〇〇二）『働くひとのためのキャリア・デザイン』ＰＨＰ研究所、東京
8 同右
9 管理職にコーチング研修を行っている会社に、デンソーがある。
北村士朗（二〇〇四）「チーム力を復活せよ！　管理職へのコーチング教育」、中原淳（編著）『ここからはじまる人材育成――ワークプレイス・ラーニング・デザイン入門』中央経済社、東京

4 その「偶然」からキャリアをつくる

❖本節のねらい
キャリアにおける「計画された偶然」理論について説明します。
❖キーワード
計画された偶然　偶キャリ　キャリア・コンピタンシー　人間力

キャリアは運か偶然か？

さて、Aさんは再び、「ひと皮むける経験」を中心に、インタビューを続けていた。

「あの頃は毎日夜遅くまで仕事をしていて、自分が何をやりたいかなんて考える余裕もなかったですから。偶然、この研究テーマに出会って、また当時よい上司にも恵まれて、一生懸命にこのテーマに取り組んだら、たまたまよい結果が出て特許につながったというだけです」

Z社の中央研究所でかつて重要な特許を取得し、自動車業界においても有名な研究者開発である主席研究員は、こう言った。Aさんが話を聞いた事業本部長の多くもまた、今日ここまで来ることができたのは、たまたま、運がよかったからだと言う。「しかし、運だったら、キャリア・プランを計画しようもない。だいたい、運がいいか悪いかだけでキャリアが決まるようだったら、多くの社員がやる気を失うよなあ」。Ａさんはまた、悩んでいた。

たしかに、仕事で成功した人の自伝などを読むと、そこには、よい上司やプロジェクトとの出会い、よい仲間との出会いなど、あとから振り返ると「運」としか言いようのない出来事が多く見られる。本人自身、こうした偶然の積み重ねによって、今日があると言う。しかし、キャリアとは本当にこうした「運」に左右されるもので、自分から主体的にキャリアを開発していくことはできないものなのだろうか。こうした人々は、キャリアを運や成り行きにだけ任せてきたのだろうか。

これまでの節では個人がキャリアをデザインするためのヒントについて説明してきた。そこでこの節では、運や偶然をうまく活かしながら、自らのキャリアを開発していく考え方について紹介しよう。

「計画された偶然」理論

ここで冒頭のキャリア開発の主役が誰かについて、振り返ってみよう。キャリア開発は企業と個人双方の働きかけによって行っていくものである。特に企業で働いている場合は、どんなに個人の自由裁量度が大きい会社であっても、最初の配属やその後の異動、昇進などの決定には、経営者や人事部、上司の考えが大きく反映される。

組織のなかで働きながら、すべて自分の思い通りにキャリアを描くことのできる人は、ほとんどいないだろう。しかしそのことは、マイナス面ばかりではない。個人にとっても、組織のなかで働くことは、自分一人では思いつかなかったアイディアや、一人で働いていては得ることのできないチャンスを与えられる機会でもある。このように、キャリアとは、個人と組織、およびそれらを取り巻く家族や社会との共生関係のなかで築かれていくものでもある。

こうした関係性のなかでの偶然を積極的に捉え、キャリア開発においてその偶然性をうまく活かすことを提唱したのが、米国スタンフォード大学のクランボルツ教授である。クランボルツは、キャリアにおけるこのような偶然のことを、「**計画された偶然（planned happenstance）**」とよぶ。[1] 計画された偶然に関する理論が、**計画された偶然理論（planned happenstance theory）**である。

たとえば、冒頭の主席研究員もよい研究テーマやよい上司との出会いがなければ、重要な特許をとることはできなかったかもしれない。しかし、夜遅くまで一生懸命仕事をしたり、上司とのよい関係を築く努力を惜しまなかったことも確かである。何よりそこには、研究テーマに対する関心と、この研究テーマを深めていこうという強い意志とがあった。

「計画」と「偶然」という、相反する意味の言葉が組み合わされているのは、運もまた自分自身にその機会をうまく活かそうとする準備がなくては活かすことができないからである。一見偶然起こったように見える出来事も、こうした意味では「計画されている」ともいえる。

クランボルツは、幸運は出来事（アクシデント）ではないという。そして、偶然に出会いそれをうまく自分のキャリアに活かしていくためには、次の五つの行動が必要であるという。

① 好奇心（Curiosity）：新しい学習機会を探索すること
② 粘り強さ（Persistence）：失敗に挫けず努力すること

③　柔軟性（Flexibility）：態度と環境を変えること
④　楽観性（Optimism）：新しい機会を可能で到達できるものだとみなすこと
⑤　リスク・テイキング（Risk-taking）：不確実な結果に直面しても行動をとること

一見、「計画された偶然」は、これまで説明してきたキャリア開発とは相反する考え方のように思える。しかし計画された偶然の考え方は、キャリアをすべて成り行きに任せることではない。偶然のように見えることも、自分なりに長期的な展望に立ち、方向性をもってきたからこそめぐり合った運である。幸運の女神には前髪しかないのだ。

日本における「計画された偶然理論」の展開

クランボルツの理論は日本でも紹介され、キャリア開発の考え方に大きな影響を与えた。最近では、偶然からキャリアをつくることを強調する「**偶キャリ**」という言葉も登場している。[2]

計画された偶然理論が日本で注目された理由の一つに、それがキャリアをすべて思い通りには計画できないことを肯定的に認めていることがあると考えられる。キャリアにおける偶然を認めることは、キャリアが個人だけのものではなく、企業、組織や家族など社会的関係性のなかでつくられるものでもあることを積極的に認めることでもある。

現在でも企業で働く多くの人々にとって、キャリアとは半分は会社によってつくられるものである。個人がすべて思い通りにキャリアデザインすることなど、不可能であろう。計画された偶然理論は、こうした状況のなかでも偶然性を積極的に活用することで、自分らしい主体的なキャリアが開発できると提唱する点で、日本の現状との親和性が高い理論であった。

計画された偶然理論が注目されたもう一つの理由は、この理論が、個人の具体的行動を重視している点である。これまで自分のキャリアを主に会社に委ねて働いてきた年代の人々に対して、キャリアを考えなさいといっても、それでは戸惑うばかりである。まだ仕事に就いていない学生や、仕事を始めたばかりの新入社員に対して「キャリアを自律的に開発しよう」といっても、そもそも働いた経験がなければ、どのように考えてよいかもわからないだろう。これに対し、計画された偶然理論は、偶然をうまく活かし満足するキャリアを送るために、個人がとるべき行動を具体的に示している点で、わかりやすい理論であった。

その後日本では、クランボルツが挙げた五つのスキルのようにキャリアを構築するためのパーソナリティや能力（コンピタンシー）に関する研究が進んでいる。

たとえば経営学者の高橋と小杉は、インタビュー調査から、仕事において高い成果を上げ続け、かつ自らのキャリアに対する満足度も高い人々に共通の行動や思考のパターンを明らかにしている。高橋らはこれを、「**キャリア・コンピタンシー**」とよぶ。

高橋は、キャリアに対する満足度の高い人々の行動パターンと思考パターンとして、次のような特徴を挙げている。[3] 行動パターンとは、①仕事を膨らませる、②布石を打つ（社外人脈をつくる、社内人脈をつくる、論文を発表する、上司との関係づくり、目標を公言する）、③計画的にやりたい仕事へと「キャリアを進める」、④ときには思い切ったキャリア・チェンジをして「キャリアを振る」ことなどである。

次に、発想パターンとは、①差別性・希少性を重要視する、②異質経験を活かす、③今後の動向に賭ける、④「好きなようにできる」ことを選ぶ、⑤「社会的自己意識」より「私的自己意識」が勝る、⑥「直感」で判断する、⑦「会社の倫理」より「職業倫理」を取ることなどである。

小杉も同様に、仕事において高い成果を上げ続け自らのキャリアに対する満足度も高い五〇人へのインタビューから、こうした人々に共通する九つの行動特性をキャリア・コンピタンシーとして抽出している。[4] 小杉によればそれらは、①自己認識、②ビジョン、③楽観・柔軟、④環境理解、⑤状況判断、⑥アサーション・表現力、⑦影響力・対人手腕、⑧直感、⑨自分自身であることである。得意な能力ややりたいことに対する自己認識とビジョンをもち、楽観的に周囲の環境に対応しながら、他者とのコミュニケーション能力をもち、さらに自然体である人々に、高い成果を上げ続け自らのキャリアに満足している人が多いという。

最近では、こうしたコンピタンシーはより広義に「**人間力**」とよばれている。[5] 花田は、人間力には①自らを高め続ける力、②自己動機づけできる力、③逆境にあってもチャンスをつくれる力、④Integrity・志を有しているか、⑤ソシアルキャピタル・信頼感を有しているかなどが含まれるという。そして個人が自律的にキャリアを築いていくうえで、「この個人の生き抜く力こそが重要になる」と指摘する。

しかし、これらの研究では、キャリア・コンピタンシーや人間力はどうすれば身につけられるかについてはあまり明らかにしていない。偶然をうまくキャリアに活かすための行動や思考が重要だとしても、それだけでは結局のところ、「うまくいく人は何をやってもうまくいく」という考え方とそれほど変わらない。私たちは、どうすればキャリアを切り開くための力を身につけることができるのだろうか。それはいったい、どのように学ぶものなのだろうか。

そこで次節では、個人のキャリア開発にとってどのような環境が有用であるかについて説明する。個人がキャリアを切り開く力を学ぶためには、どのような学習環境が必要であるかについて、学習の視点から考えてみよう。

＊＊＊

1 Mitchell, K.E., Levin,Als., Krumboltz,J.D. (1999) Planned Happenstance: Constructing Unexpected Career Opportunities. Journal of Counseling & Development. Spring, vol.77 pp 115-124

ジョン・クランボルツ（著）／花田光世（訳）（二〇〇五）『その幸運は偶然ではないんです！』ダイヤモンド社、東京

2 所由紀（二〇〇五）『偶キャリ。』経済界、東京

3 高橋俊介（二〇〇〇）『キャリア・ショック』東洋経済新報社、東京

4 小杉俊哉（二〇〇二）『キャリア・コンピタンシー——新・知的ビジネス・スキル講座』日本能率協会マネジメントセンター、東京

5 花田光世、宮地夕紀子（二〇〇三）「キャリア自律を考える：日本におけるキャリア自律の展開」『ＣＲＬレポート』一巻、三月号

5 自分にフィットするコミュニティを見つける

❖本節のねらい
個人のキャリア開発を促すネットワークとコミュニティのあり方について説明します。

❖キーワード
メンタリング　発達的ネットワーク

キャリア開発と企業文化

「私が入社した頃は、ＯＪＴっていうのかな、上司や先輩も事あるごとにアドバイスをくれたし、職場の勉強会もあった。職場全体に、若手を育てようという雰囲気があったね。でも最近は、職場にそういった雰囲気、企業文化がなくなりつつあるんじゃないかと思う。人材育成課には、ぜひ、そういった組織文化を変えてほしい」

ある日、Ａさんがある事業部で来年度の新人研修について打ち合わせをしていると、一人の部長からこのような発言が出た。最近、Ａさんは会社のあちこちで、同じような意見を耳にしている。どうやら人材育成には、企業文化が深く関わっているらしい。

しかし社内の雰囲気や企業文化を変えてほしいと言われても、それらはあまりに漠然としていて、具体的にどのように変えていけばいいのか、正直なところAさんにもわからないのだった。

これまで、キャリア開発について、個人に求められる考え方や行動と企業による制度的支援について述べてきた。前節で述べたように、キャリアは企業や家族などさまざまな組織や人との関わりのなかでつくられていくものである。

企業の人材育成においては、研修だけでなく、上司や先輩による職場でのＯＪＴが重要な役割を果たしている。しかし、個人が仕事に対する自らの考え方や志向性を自覚し、それらに基づいて意欲的に仕事に取り組めるようになるためには、どのような環境が必要であるのか。これについては、まだそれほど明らかにされていない。具体的に、どのような人々との関係性や環境が、キャリア開発には有用なのだろうか。

そこでこの節では、個人のキャリア開発を促す環境について、人的ネットワークや共同体の視点から考えてみよう。

キャリア開発とメンタリング、発達的ネットワーク

私たちがふだん、仕事で最も身近に接しているのが、上司である。個人のキャリア開発において、こうした上司と部下の人間関係に着目する理論と手法が、「**メンタリング**」である。メンタリングでは、上司や先輩といったより経験を積んだ年長者が、「**メンター**」として若手の成長を支援する。[1]

メンターの役割とは、具体的には、若手の昇進を支援し（スポンサーシップ）、組織のなかで重要な任務に

推薦しその業績を可視化し(推薦と可視化)、企業という社会のなかを渡っていく術を教え(コーチング)、ときに外部の攻撃から部下を守り(保護)、やりがいのある仕事を割り当てることである。また、若手のモデルとなり(役割モデリング)、互いの存在を肯定し(受容と確認)、心配ごとや悩みの相談に乗り(カウンセリング)、ときにインフォーマルに親しくつきあう(交友)など、メンターには人間的な支援も求められる。こうしたメンタリングの考え方は、最近日本企業でも注目され、企業内でのメンター関係に関する実証的な研究も行われている。[2]

メンタリングが着目するように、個人のキャリア開発は組織内の上司との関係に影響を大きく影響を受けている。しかし、私たちがふだん仕事で接するのは、一人の上司や先輩だけではない。プロジェクトメンバーや他部門の担当者、取引先や顧客、さらには家族や友人など、さまざまな人々との関係性のなかで私たちは仕事を行っている。このように、個人のキャリア開発にとって、メンタリングより幅広い人的ネットワークが重要であると指摘するのが、「**発達的ネットワーク (developmental network)**」という考え方である。

米国ハーバード・ビジネススクールのヒギンズ助教授は、上司だけでなく同僚や企業外の知人・友人、家族などとの幅広い発達的ネットワークが、個人のキャリア選択に大きく影響を与えると述べる。[3] ヒギンズによれば、多様な発達的ネットワークをもつ個人ほど、転職などのキャリアチェンジがしやすい。このように、メンタリングが組織内の主に上司との関係を重視するのに対して、発達的ネットワークは組織内外に広がる多様な関係を重視する。また、メンタリングでは、主に上司は若手の学習を支援する関係であるのに対して、発達的ネットワークは人々の関係は相互的、互恵的な関係である点が異なっている。

しかし、メンタリングも発達的ネットワークも、どちらも個人と個人の関係を重視する考え方である点では変わらない。私たちの職場は、上司や先輩、同僚など複数のメンバーが共同で仕事を行う共同体である。

悩みごとの相談や情報交換など、一対一の人間関係も重要であるが、それ以上に私たちは、職場という共同体に参加するなかで仕事を学び自らのキャリアについて考えているはずである。そこで次に、キャリア開発と共同体の関係について述べよう。

キャリア開発と実践共同体

個人の学習を実践共同体への参加過程として分析したのがレイヴとウェンガーであった。[4] ウェンガーは、学習者のコミュニティを実践共同体と呼ぶ（実践共同体については第5章参照）。そして、実践共同体に新しく参加したメンバーは、共同体での活動の一部を担いながら共同体に参加していくなかで、その共同体の成員としてのアイデンティティを獲得すると述べた。このように実践共同体は、単なる知識獲得の場としてだけでなく、参加メンバーが自らの仕事に対する自覚を形成する場としての役割も果たしている。

たとえば、ふだんの職場を考えてみよう。新入社員は入社式の翌日からいきなりその会社の社員らしく振る舞えるわけではない。現場に配属されそこで仕事を覚えながら、次第にその会社の社員らしく行動できるようになっていくはずである。

また、人事や営業といった職種にしても、多くの人は配属前からその職種に必要なスキルを身につけているわけではない。配属後にその職場で同僚たちとさまざまな経験を積みながら、「人事マン」「営業マン」としてのスキルや自覚を身につけていくはずである。このように職場とは、私たちが仕事を学ぶための実践共同体でもある。

冒頭で部長がいうかつての「若手を育てようという雰囲気や企業文化」とは、職場においてこのような実践共同体が有効に機能していたからだと考えられる。そして今、それが失われつつあるというのは、職場における実践共同体の衰退を意味しているのかもしれない。たとえ同じ空間のなかで働いていても、メンバーに互いの仕事に対する関心がなくともに活動することもなければ、その場は実践共同体とは言わない。実践共同体は、何よりメンバーとの共同の活動のなかに成り立つ。

ところで、実践共同体は職場だけにあるのではない。最近では、社会人大学院など社外の専門教育機関も発達しつつある。企業内に留まらず、積極的に社外で学ぼうとする人も増えている。今や、企業で働く人のキャリア開発にとって、職場だけでなく、社外の実践共同体も重要な役割を果たしている。たとえば、ボストン近郊の起業家たちは、いつもたった一人で仕事をしているわけではない。同じ起業家同士で集まり、フォーラム的な場や深い対話（ダイアローグ）の場を通じて、自らの知見や人的ネットワークを広げているのである[5]。

こうした場は、今日、日本企業で働く個人にとっても重要である。荒木は、日本企業で働く個人が社内外の多様な実践共同体に参加しながら学習し、自らの専門性やキャリアに対する意識を高めていく過程を実証的に分析した[6]。企業で働く個人もまた、職場内の勉強会や社外勉強会などさまざまな実践共同体に参加し、そこでの活動を通じて、自らのキャリアを確立しているのである。

このように、キャリア開発とは個人が一人で行うものではない。キャリアとは、個人を取り巻く実践共同体に参加し、仲間とともに活動することを通じて次第に確立していくものである。個人にとってのキャリア開発の第一歩は、職場のなかに、あるいは企業の外に、自分にフィットしたコミュニティを見出すことといえる。

一方企業の側にも、個人のキャリア開発を支援するために、制度的な支援策はもちろんのこと、こうした実践共同体を社内に構築していくことが求められよう（実践共同体の構築については、第5章を参照）。「若手を育てる企業文化」とは、職場のなかにもう一度実践共同体をつくることから始まるのかもしれない。

＊＊＊

1 キャシー・クラム（著）／渡辺直登、伊藤知子（訳）（二〇〇三）『メンタリング　会社の中の発達支援関係』白桃書房、東京

2 葭崎真裕、和田昇、福武基裕、東條伸一郎（二〇〇四）「キャリア形成におけるメンタリング効果」、奥林康司、平野光俊（編著）『キャリア開発と人事戦略』中央経済社、東京、二三九～二五六頁
キャシー・クラム（著）／渡辺直登、伊藤知子（訳）（二〇〇三）『メンタリング　会社の中の発達支援関係』白桃書房、東京

3 Higgins, M.C. (2001) Changing careers: the effect of social context. Journal of Organizational Behavior, 22 pp595-618・Higgins, M.C.・Kram, K.E. (2001) Reconceptualizing Mentoring at Work: A Developmental network Perspective Academy of Management Review, Vol. 26,no. 2 pp264-288

4 ジーン・レイヴ、エティエンヌ・ウェンガー（著）／佐伯胖（訳）（一九九三）『状況に埋め込まれた学習――正統的周辺参加』産業図書、東京

5 金井壽宏（一九九四）『企業者ネットワーキングの世界――ＭＩＴとボストン近辺の企業者コミュニティの探求』白桃書房、東京

6 荒木淳子（二〇〇六）「企業で働く個人の『キャリアの確立』を促す実践共同体のあり方に関する研究」東京大学大学院学際情報学府　修士学位論文

◉コラム

キャリア開発の事例に学ぶ

日本企業では、人材育成施策としての「キャリア開発」が注目されつつある。その一方で、「キャリア・デザイン」という言葉もよく耳にする。一般に、キャリア開発というときには、キャリアとは企業と個人の双方がデザインするものという意味合いが強く、キャリア・デザインというときには、個人がデザインするものという意味合いが強いように思われる。[1]

ここでは、企業が行うキャリア開発に焦点を当て、企業事例を挙げながら具体的施策について紹介しよう。最近のキャリア開発は、二〇代から四〇代までの幅広い社員を対象としている。また、キャリア開発の目的も、社員一人ひとりが、自分のキャリアに対する志向性や価値観を自覚し、やりがいをもって仕事に取り組むことができるよう、企業が支援することが主な目的となっている。

それでは、キャリア開発として具体的に企業側が行う施策にはどのようなものがあるのだろうか。キャリア開発施策として、企業側が行う施策は大きく三つに分けられる。

一つは、社員が自らのキャリアについて振り返ることで、キャリアに対してもっている志向性や価値観に関する気づきを得るような施策である。たとえば、キャリア開発研修やキャリア・カウンセリングなどがこれにあたる。

二つ目は、個人のキャリアに対する希望と組織目標とのすり合わせを行うための施策である。いくら個人が希望するキャリアであっても、それが組織内で実現することが不可能な希望であれば、それは個人と組織双方にとって、あまり幸せな状況とはいえないだろう。個人のキャリアに対する希望と組織の目指す目標をなるべく一致させることが、個人にとっても組織にとっても望まれる。

具体的な施策としては、たとえば、コンピテンシーのように企業が社員に期待する能力要件や人材像を明確にすることや、キャリア面談や目標管理制度など、上司と部下がキャリアや目標について話し合う場を設けることなどが挙げられる。また、上司や先輩をキャリア・アドバイザーやメンターに任命し、若手社員のキャリアや仕事に関する悩みの相談に乗ったり、仕事へのアドバイスをするといった施策も行われている。

三つ目は、社員の主体的なキャリア選択を支援するための施策である。たとえば、自己申告制度、社内公募制度や社内ＦＡ制度のように、社員が自分の就きたい職種や仕事を自ら申告し、応募できるような制度が挙げられる。また、キャリアの複線化のように、必ずしも管理職昇進だけではない、専門職や地域限定社員など、社員が自分に合った働き方を選べるようなキャリアコースを設けることも、社員の主体的なキャリア選択を支援するための施策の一つである。

日立製作所[2]では、二〇〇二年一〇月から、三〇代の技師・主任・研究員や四〇〜四五歳の管理職を対象に、「キャリア開発ワークショップ」を実施している。キャリア開発ワークショップでは、一泊二日または二泊三日の合宿を行う。参加者は、自問自答やキャリア・カウンセラーとのキャリア・カウンセリング、グループでのカウンセリング等を通じて、自らの得意分野や価値観、意思や意欲などを分析し、自己理解を深め、将来像に向けたキャリアプランニングを行う。キャリア開発ワークショップには、開始から二〇〇五年三月までに延べ一四〇〇人が参加した。

また、目標管理のなかで社員が当面の業務の希望について申告し、上司と面談時に話し合うことも行われている。このように個人が自らの希望を表明し、組織とのすり合わせを行うことによって、個人と組織双方にとってWin-Winの関係となるようなキャリア開発を行うことが重要であるという。

この他、一九九一年に社内公募制度、二〇〇三年に社内ＦＡ制度を導入し、社員が自分の希望する職種や仕事に自由に応募できる仕組みも整えている（社内公募制度は、二〇〇四年三月からは希望するグループ会社にも制度を拡大し、「グループ公募制」に発展している）。これらの制度は社内のイントラネットや個人別の人材データベース（Human Capital Data Base）とも連動しており、異動希望者はイントラネットを通じて社内公募の状況を確認したり、データベースにＦＡ登録することによって求人部署からの勧誘を待つことができるようになっている。

社員のキャリア開発に積極的に取り組む企業は増えつつある。今後は、施策の導入だけでなく、効果的な運用や、導入効果の測定などが求められよう。


（荒木）

＊＊＊

1　キャリアデザインやキャリアカウンセリングについては、左記を参照のこと。
金井壽宏（二〇〇二）『働く人のためのキャリア・デザイン』ＰＨＰ新書、東京
金井壽宏、高橋潔（二〇〇四）『組織行動の考え方――ひとを活かし組織力を高める9つのキーコンセプト』東洋経済新報社、東京、八〇～一〇四頁
横山哲夫（編著）『キャリア開発／キャリア・カウンセリング』生産性出版、東京
2　上田敬（二〇〇四）「組織内でのキャリア開発支援」、横山哲夫（編著）『キャリア開発／キャリア・カウンセリング実践　個人と組織の共生を目指して』生産性出版、東京、一八六～二五〇頁

◉コラム

早期離職の本当の原因は？

就職した会社をすぐに辞めてしまう若者たちが増えている。入社後三年以内に離職する人の割合が、中学卒が七割、高校卒が五割、大学卒が三割いることから「七五三現象」と呼ばれ、問題視されている。この問題に対し、「早期離職者は就職に対する認識が甘く、現実の職場に対応できない」という指摘がされる。はたして、最近の若者は就職に対する認識が甘いのだろうか。

二〇〇三年に発表された厚生労働省「若年者キャリア支援研究会」[1]によると、若年者の離職の理由については、離職までの就業期間によって異なる傾向が見られるという。一年以内の離職理由は「仕事が自分に合わない、つまらない」(三九・一%)、「賃金や労働時間などの労働条件がよくない」(三二・六%)、「人間関係がよくない」(二八・三%)がトップ3となっているが、就業期間が三年を超えると、「会社に将来性がない」(三六・七%)、「賃金や労働時間などの労働条件がよくない」(三二・七%)、「キャリア形成の見込みがない」(三一・六%)となる。

両者に賃金や労働時間を理由とした離職には差がないものの、一年以内のときは、仕事が自分に合っていないことや、人間関係を理由として離職するのに対し、三年以上たつと将来性やキャリア形成などを理由にしていることがわかる。三年以上たった離職者は、「このままこの会社にいても、会社は成長しそうもないし、自分のキャリアも育たないだろう」といった理由が見えてくるのに対し、一年以内の場合、「仕事をしてみたら、仕事の内容が想像していたものと違っていた、人間関係が想像していたものと違っていた」という理由が見えてくる。

学生の間で、就職活動のことを「就活（シュウカツ）」と呼んでいる。業種などにより時期は異なるが、卒業一年半前から一年前にスタートする。大学生であれば三年生の中ごろから、四年生のはじめにスタートすることになるのが一般的である。

実際の就職活動は、自己PRを記したエントリーシートや履歴書の提出から、筆記試験、複数回の面接の後、内定通知というプロセスになっている。このプロセスを複数社同時に進めていけば、毎日どこかの企業の面接を受けているという状況になる。決して楽とはいえない。つまり、就職に対する認識がそれほど甘いとは思えない。

その一方で、学生が情報に流されているという面は指摘できる。

就職活動にあたって、必死で自己分析や自分探しをする一方で、与えられる情報は、なんだか「かっこいい仕事」ばかりだったりする。

各種就活マニュアルの情報により、会社や仕事に関するステレオタイプな情報を浴び続ける。こうして「就活」が特別なものになっていく。

つまり、早期離職者があげる「想像していたものと違う」という理由は、就職に対する認識が甘いのではなく、就職に対する認識が偏っていたのではないだろうか。

そこで、必要になるのは、就職活動前や就職活動時に、実際の仕事はどうなっているのかという情報を得ることだろう。たとえば、インターンシップなどは、有効な解決策の一つだろう。インターンシップは、学生時代に実際の職場にて就業体験を行うものであり、一日から長いものでは、三週間以上のものもある。実際の職場体験をすることで、就職に対する認識を高めることができるだろう。認識とは、まず現実を知ることから始まるはずである。

（橋本）

＊＊＊

1 若年者キャリア支援研究会報告書
http://www.mhlw.go.jp/houdou/2003/09/h0919-5e.html

第8章

企業教育の政治力学

人材教育は本当に必要か

1 教育は神聖な活動か

❖本節のねらい
企業教育におけるポリティカルな側面の重要性を確認します。
❖キーワード
正統的周辺参加論　相対的な学習観　ステークホルダー　政治力学

古い体質を〝学ぶ〟？

「うちの体質は古すぎるなんて、生意気なことばかり言う新人でしたけど、ようやく、シゴトというものがわかってきたようです。〝うちにはうちのやり方がある〟ってことを、ＯＪＴのなかで徹底的に教え込んでやりましたよ。まあ、ちょっと時間はかかりましたけど、彼も〝学んだ〟ってことです」

新人のＯＪＴの状況について、人材育成担当者のＡ氏は、営業課長のＢ氏にヒアリングを行っていた。そのなかで、Ｂ氏が何気なく発した「学んだ」という言葉を聞いて、Ａ氏は妙な気分になった。

Ｂ氏のもとでＯＪＴを行っている今年の新人は、〝根回し〟を重視する営業部門の仕事の進め方が不満だった。「情報社会はスピードが勝負。古いやり方に固執していては、この時代を勝ち抜けない」と考えていたからだ。この新人は、上司であるB氏への根回しをすることもなく、組織の境界を越え、他部門とも精力的に連絡を取りあった。そして、新人と他部門の間でやり取りされるメールのCCが、毎日何通もB氏に送られていた。

他部門のメンバーには、「営業部門の古い体質を変えよう」という彼の意気込みがはっきりと見てとれた。事実、組織の壁を越え、スピーディに仕事を進める新人の姿勢は、他部門では高く評価されており、その評判がA氏の耳にも入っていた。営業部門の生産性向上を目指すA氏にとって、彼は期待の新人だった。

しかし、〝根回し〟を重視するB氏は、そのような仕事の進め方にストップをかけた。組織の境界を越えて仕事を進める際には、課長であるB氏への事前相談を行うよう徹底した指導が行われた。「部門を越えて仕事を進めるなら、まず、部門長同士で話をつけるのが筋であり、単独行動は許されない」という〝組織の論理〟が、OJTを通じて教育されていった。配属当初、このような教育に反発していた新人も、徐々に営業部門が重視する組織の論理を身につけていった。結果として、他部門に高く評価されていた新人の仕事ぶりは消え去ってしまった。

ヒアリングの最後に、「最近は、彼もうちの〝やり方〟に馴染んできたし、OJTの教育目標は達成できたと思いますよ」とB氏は言った。それを聞いたA氏は、心のなかでこうつぶやく、

「つまり、古い体質の営業マンがまた一人誕生したってことですね……」

学習の評価をめぐる利害関係

さて、右の例は何を意味しているのだろうか。組織論的な視点からは、この営業部門に根づくセクショナリズムが問題視されるだろう。また、柔軟な発想力をもつ人材を潰してしまう保守的な組織文化を変えるべきだという指摘もあるはずだ。そして、組織活性化のためのエンパワーメント（権限委譲）の重要性や、組織横断的なプロジェクト活動の可能性へと議論が展開していくかもしれない。

もちろん、このような方向性の議論が重要であることはいうまでもない。上の例にある営業部門が、改善を要する〝悪い組織〟であることも事実だろう。しかし、企業教育について考えるならば、この例が暗示する学習という活動のネガティブな側面にも注目する必要があるだろう。それは、「**学習の評価をめぐる利害関係**」という側面である。

学習と非・学習の境目

学習のこのような側面に対する分析の視点として、レイヴとウェンガーの提唱する「**正統的周辺参加論**」を挙げることができる。[1] 第2章で説明した通り、レイヴとウェンガーは、「日常のなかで複合的・継続的に進行する行動や考え方の変化のプロセス」を学習と見なしている。しかし、同時に、行動や考え方が変化しても、それが学習とは見なされないことがあるとも指摘している。

日常生活において、人々の行動や考え方が変わっていくのを、われわれはしばしば目にする。しかし、そのすべてを学習と見なすわけではない。自分の部下の仕事ぶりが変わったとき、「あいつは学習した」と感じることがある一方で、「あいつは堕落した」と感じることもある。この違いはどこから生じるのか。「学習の評価をめぐる利害関係」を読み解くには、この点に注目する必要がある。

たとえば、先の事例について考えてみると、古い体質をもつ営業部門の改革に燃えた新人にとって、将来の方向性として選択可能な〝道〟は、おそらく三つあったはずだ。第一に、保守的なメンバーの妨害を受けながらも、あくまでも改革の実現に向けて努力する道。第二に、古い体質の組織に見切りをつけ、別の会社にスピンアウトする道。そして第三に、組織にとってどのような行動や考え方が〝正しい〟と見なされるのかを理解し、古い体質に同化していく道。

第一の道を選んでいたなら、この新人はさらに革新的な方向に行動や考え方を変化させていっただろう。しかし、営業部門に所属しているかぎり、このような変化が学習と見なされることはない。反対に、彼は「いつまでも学ばない奴」と言われたに違いない。また、第二の道を選ぶことも、彼のキャリア開発という視点から見ると、行動や考え方の変化である。しかし、営業部門内では、これも学習とは見なされず、彼には「裏切り者」というレッテルが張られたはずだ。営業部門という共同体の利益に一致しない方向性を志向する学習者は異端者でしかない。そして、皮肉なことに、全社的に見れば決して好ましいとは言えない第三の道を選んだことで、彼は〝学んだ〟と認められ、営業部門という共同体のなかで評価を得ることになったのである。

相対的な学習観

この例が示しているのは、組織や部門にとって〝正しい〟行為や考え方を個人が身につけたときにのみ、学習と見なされるということだ。つまり、学習の評価において重要なのは、組織や部門にとって何が〝**正統性をもつ（legitimate）行為**〟と見なされるかである。

たとえば、世間一般では否定的に見られる官僚的な振る舞いも、官僚組織内の目線に立てば、それこそが"正しい行為"である。つまり、官僚組織においては、新人が"官僚らしく"振る舞えるようになったとき、その新人は学習したと見なされるということだ。仮に、国民の目には「好ましくない」と映ったとしても、官僚組織にとって好ましい方向に振る舞い方が変わるのであれば、それは学習である。

レイヴとウェンガーは、学習者が参加する共同体内での評価という点に着目し、学習の評価について考えるための〝正統性〟という新たな視点を提示した。そして、彼らの示した「正統的周辺参加」という概念は、あくまでも共同体にとって好ましい行為のあり方が学習を成立させており、絶対的に〝正しい学習〟は存在しないという、**相対的な学習観**を導きだした。

企業教育のステークホルダー

それでは、レイヴとウェンガーが示した考え方は、企業教育に対してどのような示唆を与えてくれるのだろうか。ここから浮かび上がってくる一つの問いは、「誰が企業教育の**ステークホルダー（利害関係者）**なのか」ということだろう。これは、企業教育という〝ビジネス〟が組織内でどう評価されるかを考えることでもある。

このような点に着目すると、企業教育に関わるあらゆる活動は、学校における教育活動と同様の〝教育〟という側面をもっていると同時に、組織内で展開される〝ビジネス〟の一部でもあることに、改めて気づくだろう。セールスや生産管理といった活動と同様、企業教育に関しても、多様なステークホルダー（利害関係者）が存在する。

そして、相反する複数の目的がステークホルダーによって主張され、利害をめぐる争いが表面化することも少なくない。対立の結果、あるステークホルダーの利益が損なわれるかもしれない。また、交渉と取引の結果、利害関係の調整が成功するかもしれない。いずれの場合も、実現する教育活動は、それら利害関係をめぐる動きに影響されることになる。

つまり、企業教育が行われる場は、教育と学習に関する理論が純粋に実現されていく〝無菌室〟ではなく、多様なステークホルダーが利害をめぐる交渉・争い・妥協を繰り返す〝アリーナ〟である。[2]

〝政治力学〟の理解にむけて

以上を踏まえると、よりよい企業教育を実現するためには、教育・学習に関する理論だけではなく、企業教育をめぐるステークホルダーの振る舞いを理解しておくことも必要となる。つまり、大学で生まれた理論を身につけるだけではダメなのだ。ステークホルダーたちのポリティカルな振る舞いを熟知したうえで、タフなネゴシエーションを重ね、彼らが自らの利益実現に向けて暴走しないよう、うまくコントロールしなければならない。その意味で、企業の人材育成担当者は〝**政治力学（Power Dynamics）**〟の渦のなかに身を置くことになる。

そこで、この章の2～5では、

・研修参加者の上司（2）
・外部講師（3）
・受講者（4）
・人材育成担当者（5）

という四グループのステークホルダーに注目し、企業教育をめぐってどのような利害関係が存在するのかを整理する。そして、利益実現のための各ステークホルダーの振る舞いが、企業教育の運営にどのように影響するのかについて考察を進めることにする。

＊＊＊

1 ジーン・レイヴ、エティエンヌ・ウェンガー（著）／佐伯胖（訳）（一九九三）『状況に埋め込まれた学習――正統的周辺参加』産業図書、東京.

2 Burgoyne, J. and Jackson, B. (1997) The Arena Thesis: Management Development as a Pluralistic Meeting Point, In Burgoyne, J. and Reynolds, M. (Eds.), Management Learning: Integrating Perspectives in Theory and Practice, Sage, London, pp54-70.

2 企業教育で売上げは上がるのか

❖本節のねらい
研修参加者の上司の利害が企業教育に及ぼす影響について検討します
❖キーワード
ステークホルダー　研修参加者の上司　アクターネットワーク理論　翻訳モデル

研修参加者の上司の関心事は？

「報告は以上です。それでは、上司の方々に、受講者のプレゼンテーションに対するコメントをお願いします」

人材育成担当者のA氏は、営業部門の若手主任を対象とした『マーケティング・リーダー研修』の最終報告会の司会を務めていた。

この研修は、自社の問題点とその解決策の検討を通じて、マーケティング能力の向上を目指す問題解決型研修である。二五人の受講者が五人程度のグループに分かれ、それぞれのグループが自社のマーケティングに関する現状分析を行い、問題点を洗い出す。受講者は、外部講師の指導を受けながら、一年間かけて、問題解決のための実現可能なマーケティング施策をつくり上げる。つまり、いわゆる〝座学〟ではなく、現実のビジネスに対する具体的なソリューション構築を通じて、〝実践的〟な学習を進めることが、『マーケティング・リーダー研修』のねらいである。

また、この研修は、受講者を営業部門の有望な若手主任に限定、最終報告会には営業担当役員を招待、指導にあたる講師陣は一流大学の有名教授、ということからもわかるように、社内では名の知れた研修だった。

したがって、この研修がどのような評価を受けるのかは、担当者のA氏にとって重大な意味をもっていた。特に、最終報告会で受講者の上司がコメントする瞬間は、緊張が最高潮に達する場面だった。

「わが社の問題を解決しようという若手諸君の奮闘ぶりがよくわかるプレゼンだった。この点に関してはたいへんよくやったと言いたい。しかし、提案されたソリューションについては、まだ抽象的なレベルで終わっている。もっと具体的な提案ができたのではないか。この点が少し残念だ」（R部長のコメント）

「この研修は社内でも指折りの厳しさだと聞いている。今日までの諸君の努力は並大抵のものではなかったはずだ。私はこの場所に自分の部下がいることをたいへん誇りに思う。しかし、あえて言わせてもらう。会社は、諸君に勉強してもらうために給料を払っているわけではない。このことを決して忘れてはいけない」（S部長のコメント）

「こんな素晴らしい講師の先生方に指導していただく機会に恵まれたことに、君たちは感謝しなければならない。そして、この研修中、君たちが抜けた分をカバーしてくれた現場の支援があったことを忘れてはいけ

ない。明日からは、これまでの分を挽回すべく、業務に邁進してほしい」(T部長のコメント)

今年の最終報告会でのコメントは、以上のような内容だった。研修に対するネガティブな意見がなかったことで、A氏はひとまず胸をなでおろした。しかし次の瞬間、ぼんやりとした虚しさを感じた。この研修にどのような学習成果を期待しているのかを、受講者の上司のコメントから知ることができなかったからだ。最終報告会が終わり、会議室から出て行く受講者の上司に目をやりながら、A氏はこうつぶやく、

「あの人たちは、この研修の意義がどこにあると思っているんだろう……」

ビジネスへの直接的貢献に対する期待

さて、研修参加者の上司というステークホルダーは、企業教育に対してどのような意識をもっているのだろうか。上の例で挙げた三人の部長のコメントからは、以下のようなポイントが読み取れる。

まず、R部長のコメントからわかるのは、彼が『マーケティング・リーダー研修』に求めているものは、人材の成長という〝目に見えない〟成果ではなく、自社のビジネスに直接役立つ、〝目に見える〟提案であるということだ。受講者の努力に対する賞賛はあるが、「洞察力が身についた・視野が広がった」といった学習についての言及は一切ない。ここでは、本来、研修の〝手段〟であるはずの問題解決が、研修の〝目的〟であるかのように見なされている。

人材の成長という〝目に見えない〟成果への言及がない点については、S部長のコメントも同様である。ビ

ジネスに役立つ具体的提案を研修の〝目的〟とは見なしていないものの、ビジネスに対する直接的な貢献を強く期待している。そして、「会社は、諸君に勉強してもらうために給料を払っているわけではない」というコメントには、企業教育に対する〝コスト意識〟の高さが見出せる。

また、T部長のコメントには、企業教育に対する期待よりも、現実のビジネスに対する〝弊害〟を感じていることが読み取れる。「明日からは、これまでの分を挽回すべく、業務に邁進してほしい」というコメントには、研修参加という〝時間的拘束〟によって、本来その期間中に遂行すべき業務に支障をきたしたという認識が暗示されている。

ここからわかるのは、人材育成担当者にとっては当然の前提と思われる「知識・スキルをどの程度修得したか」に関する評価が、研修参加者の上司というステークホルダーにとっては、必ずしも直接的な関心事ではないということだ。したがって、綿密な計画を立て、学習課題の達成度合いを評価しても、結局のところ、「それで、売上げは上がるの？」といった反応が返ってくることになる。

アクターネットワーク理論からの示唆

では、研修参加者の上司というステークホルダーに対して、人材育成担当者はどのような対応を心がければいいのだろうか。**カロン**、**ラトゥール**といった**アクターネットワーク理論**の研究者なら、「すべてのステークホルダーを研修運営のネットワークに巻き込みなさい」とアドバイスするだろう。[1]

アクターネットワーク理論は、新たな科学技術が生みだされるプロセスにおいて、多様なステークホルダーの**コミットメント**を引きだすことが成功の鍵となることを明らかにした。新たな科学技術を生みだすには、理論・技術の探求だけでは不十分であり、研究環境を支える経済的支援や人材の確保といった非・研究的な側面の活動が、われわれの想像以上に重要であるということだ。

そして、多様なステークホルダーがもつ複雑な利害関係の調整を行い、すべてのステークホルダーを一つのネットワークに巻き込むことによって、非・研究的側面の活動は円滑に遂行されていくことになる。

翻訳モデル

このとき、多様なステークホルダーによるネットワーク（**アクターネットワーク**）は、どのように形成されていくのだろうか。カロンによれば、科学技術の分野に限らず、社会的活動を達成するためのアクターネットワークは、以下のような四段階のプロセスを通じて形成される[2]：

① 活動に影響を与えるステークホルダーは誰かを見極め、ステークホルダーの利益を反映した形で活動目的を設定する。

② 取り組む活動が、いかにステークホルダーの利害に関係しているかを説明し、ステークホルダーのコミットメントを引き出す。

③ 活動の最中は、ステークホルダー間の利害関係にしっかりと目を配り、ステークホルダーがネットワークから離脱することを回避する。

④ 活動結果について、それぞれのステークホルダーの利益が十分に反映していることを説明し、ステークホルダーの継続的なコミットメントを確保する。

カロンは、アクターネットワーク構築のポイントは、ステークホルダーをネットワーク内に引き込むために、多様で複雑な利害関係を〝翻訳〟することだと主張し、以上のプロセスを「**翻訳モデル（model of translation）**」とよんだ。

このモデルから読み取れるのは、「活動結果がいいものだから、ステークホルダーの協力が得られる」のではなく、「ステークホルダーの協力があるから、いい活動結果が得られる」ということだ。そして、後者を実現するためには、活動推進とネットワーク構築が同時に進められる必要がある。ステークホルダーに対しては、活動終了後に接触するのでは遅すぎるし、活動の前段階で接触するだけでも不十分である。活動期間中は常に接触をもち、ネットワークからの離脱を回避することが重要だ。

また、このことは、アクターネットワークの形成・維持が、綿密に策定された事前計画に従って進められるのではなく、頻繁なコミュニケーションや、ステークホルダー間の利害をめぐるトラブルへの臨機応変な対応によって、日々達成されていくことを意味している。

研修のアクターネットワーク構築にむけて

以上の点を踏まえると、研修参加者の上司というステークホルダーを、単なる〝評価者〟ではなく、研修運営に深くコミットした〝アクター〟として位置づけることが重要だと言えるだろう。「いい研修結果を出して、研修参加者の上司の賛同を得る」というスタンスから、「研修参加者の上司の協力を得ることで、いい研修結果を出す」というスタンスに方向転換するということだ。

例に挙げた部長のコメントから研修に何を期待しているのかが読み取れないのは、彼らが〝外部の傍観者〟であり、研修運営にコミットする意識をもっていないからである可能性も大きい。彼らのコミットメントを引き出すには、翻訳モデルの四つのプロセスを意識し、頻繁なコミュニケーションや、利害関係の臨機応変な調整を通じて、〝研修のアクターネットワーク〟を構築することだ。

つまり、研修参加者の上司がしばしば口にする「それで、売上げは上がるの？」といった答えようのない問いへの効果的な対応方法は、彼らが売上げ向上といった評価軸をもたないような関係を築くことである。

＊＊＊

1 アクターネットワーク理論に関する日本語の文献としては以下が挙げられる。
ブルーノ・ラトゥール（著）／川﨑勝、高田紀代志（訳）（一九九九）『科学が作られているとき――人類学的考察』産業図書、東京

2 Callon, M. (1986) Some Elements of a Sociology of Translation: Domestication of the Scallops and the Fishermen of St. Brieuc Bay, In Law, J. (Ed.), Power, Action, and Belief: a New Sociology of Knowledge?, Routledge, London, pp196-233.

3 外部講師のサバイバル戦略を見極める

❖本節のねらい
外部講師の利害が企業教育に及ぼす影響について検討します。

❖キーワード
ステークホルダー　外部講師　権力関係　サバイバル戦略　研修という商品

雄弁な外部講師

「では最後に、講師の先生方から、今回の研修に対する総括コメントをいただきます」

X社が実施する『マーケティング・リーダー研修』の最終報告会は、指導にあたっている講師の話で締め括られる。研修担当者のA氏は、毎年この総括を楽しみにしていた。さすがに一流大学の有名教授たち、研修の総括とはいえ、話の随所に最先端のビジネス事例や大物財界人のエピソードが盛り込まれ、それ自体が一つの講演会のようだ。

ただし、A氏が講師たちの話を楽しみにしている理由はそれだけではない。彼らの総括を聞くと、研修結果について自分自身を納得させることができたからだ。いくら幹部候補生で固められている研修とはいえ、常に大成功というわけにはいかない。すぐにでもビジネス化できそうな優れた提案を行うチームがある一方、〝落ちこぼれ〟チームが出てしまうことも事実だ。そんなチームに対する上司からの辛辣なコメントを聞いていると、それが研修自体に向けられているように、A氏には感じられた。しかし、講師たちの総括を聞いていると、「たしかにダメな受講者はいたけれど、この研修自体は素晴らしいものだった」という気持ちになることができた。

「……今私が話した内容を、本来は彼らが報告すべきだったのです。このチームのプロジェクトは成功したとは言えませんが、われわれ講師のねらいが、X社にとって極めて意義深いことはおわかりいただけたと思います。この研修で必要なのは、幹部候補生にふさわしい重要なテーマを発見する指導を行うことです。しかし、その解決策までは与えません。なぜなら、解決策を自らの力で発見することが幹部候補生には求められるからです。そして、彼らに対して厳しい態度を貫くことが、『マーケティング・リーダー研修』に携わるわれわれの使命だと考えています」

残念ながら、今年も〝落ちこぼれ〟が出てしまった。最終報告会では、彼らには上司から厳しい評価が下された。それに対する講師のコメントが以上のようなものだった。それを聞いたA氏は、「成果が出なかったのは受講者個人の能力の問題で、研修の進め方自体は正しかったんだ」と自分自身を納得させることができた。

しかし、ほとんどの参加者が「なるほど」という表情で講師の話に聞き入っている会場のなかで、〝落ちこぼれ〟チームだけは厳しい表情を崩さなかった。最終報告会が終わると、講師と彼らの上司が談笑を始めた。

部下の発表中に見せた上司の厳しい表情は消え、実に和やかな雰囲気である。その脇を無言で通り過ぎていく〝落ちこぼれ〟チームに目をやりながら、A氏はこうつぶやく、

「講師の先生が上司の前で受講者をかばったこと、一度でもあったかなぁ……」

外部講師が擁護する対象は？

さて、研修の外部講師というステークホルダーは、企業教育においてどのような振る舞いを見せるのだろうか。先に挙げた講師の総括コメントを分析することから始めたい。

この例で特徴的なことは、上司から厳しい評価を受けた受講者を擁護する姿勢が、外部講師には一切見られないということだ。このような姿勢は、教師と生徒の〝望ましい関係〟について、われわれが抱くイメージとは大きく乖離している。学校での教師と生徒の関係は、活動中は厳しく接する一方で、結果については一定の成果を認め、外部からの批判に対しては、講師（教師）が受講者（生徒）を擁護するのが、〝望ましい関係〟と見なされることが多いだろう。しかし、これとは対照的に、『マーケティング・リーダー研修』の講師は、自分自身と研修を擁護するような発言をしている。

まず、「このチームのプロジェクトは成功したとは言えませんが、われわれ講師のねらいが、X社にとって極めて意義深いことはおわかりいただけたと思います」というコメントには、受講者の活動成果に関わりなく、講師である自分自身のねらいが正しかったと主張する姿勢が見出せる。

また、幹部候補生研修という側面を強調することによって、ある程度の〝落ちこぼれ〟が出ることを正当

化しようという意図も見られる。つまり、講師の総括コメントの背後にあるのは、〝落ちこぼれ〟が出てしまうのは、講師の指導や研修プログラムの問題ではなく、研修の性格上当然だという論理である。

そして、受講者の上司を含む他のステークホルダーがこの論理を受け入れることで、「成果が出なかったのは受講者個人の能力の問題」という評価が確定する。それは同時に、講師の指導方法や研修のプログラムに問題はなかったことを意味し、結果として、研修の講師と担当者にとっては望ましい（少なくとも受け入れられる）評価となる。

講師選択の失敗事例か？

この事例について、読者はどのような意見をもっただろうか。研修の意図や活動プロセスを深く理解せず、表面的な結果だけを見て批判をする上司に対しては、しっかりと反論すべきだという意見もあるだろう。少なくとも、〝教え子〟である受講者の活動成果に対して、外部から厳しい評価が下されたなら、それを擁護するのが〝教師〟たる研修講師のあるべき姿だと言えるかもしれない。また、成果が出なかったのは、指導方法や研修プログラムに問題があったのかもしれない。それを謙虚に受け止めない講師の姿勢こそ問題だと考えることもできる。

このような点から、『マーケティング・リーダー研修』を、一流大学の有名教授というブランドに惑わされ、講師選択に失敗したケースと理解した読者も多いかもしれない。

外部講師のサバイバル戦略

しかし、ステークホルダー間の**権力関係**について分析を行っている、メーハン、ヴェイル、スターといった研究者なら、「『マーケティング・リーダー研修』は講師選択に失敗したケースではなく、このような講師の振る舞いは、いかなる研修においても避けることができない」という見解を示すだろう。

メーハンは、学習者の評価は個人の能力を純粋に評価した結果ではなく、評価に関わるステークホルダーの利害をめぐる争いを反映したものになると主張している。[1] 特に、教育プログラムに対して大きな利害関係をもつステークホルダーが評価を行う場合、プログラム自体に対する評価が損なわれないような形で、学習者個人が評価されてしまうことを、ヴェイルは指摘している。[2]

また、スターは、ステークホルダー間で利害関係の対立があった場合、最も立場の弱いステークホルダーの利益を犠牲にすることで、ステークホルダー全体のネットワークは保持されると主張している。[3]

こうした状況は、あらゆる教育の場に不可避的に出現する。評価に関して大きな利害関係をもつ教員（講師）というステークホルダーは、さまざまな〝**サバイバル戦略**〟を用いて、この利害関係をめぐる〝アリーナ〟を生き抜かなければならない。そのために、ステークホルダーとしての教員は、「まず（教師自身が）生き残ること、つぎに教育」[4]という優先順位を選択することになる。

ビジネスパーソンとしての外部講師を理解する

以上のような見解を企業教育に当てはめてみると、外部講師の〝研修のステークホルダー〟としての側面が浮き彫りになるだろう。研修の外部講師は〝教育者〟である一方で、企業教育というマーケットで活動する〝ビジネスパーソン〟でもある。この点に着目すれば、外部講師にとって、受講者の上司が的外れな評価をしたとしても、それに反論することがいかに困難であるか理解できるだろう。

営業マンが顧客の好みに逆らうことができないのと同様である。

また、受講者と上司の間に意見の相違があった場合、どちらの〝購買決定権〟が強いかを考えれば、ビジネスパーソンとしての外部講師が上司の味方をするのは明らかだ。さらに、営業マンとしての外部講師が、明らかな欠陥でもないかぎり、自分の販売する〝**研修という商品**〟の問題点を積極的に開示しないのは、ある意味で仕方のないことだ。

研修の外部講師を選択するにあたっては、指導力が最も重要であることは言うまでもない。しかし、彼らがビジネスパーソンとしての側面をもっていることも忘れてはいけない。彼らにとって最大の関心事は、自分の指導や研修プログラムに対する評価である。仮に、ある受講者に対し低い評価が与えられたとしても、その原因が自分の指導や研修プログラムにあると見なされないかぎり、彼らにとって問題ではない。

言い換えると、自分が請け負った研修の受講者に対し低い評価が与えられた場合、受講者を〝生贄の羊〟として、徹底した自己防衛に走る。それが、研修の外部講師というステークホルダーの振る舞いであることを、人材育成担当者は十分に踏まえておくべきだ。そして、成果が出なかったのはいったい何が原因だったのかを、講師の〝サバイバル戦略〟に惑わされることなく、しっかりと見極めなければならない。

＊＊＊

1 Mehan, H. (1993) Beneath the Skin and Between the Ears: A Case Study in the Politics of Representation, In Chaiklin, S. and Lave, J., (Eds.), Understanding Practice: Perspectives on Activity and Context, Cambridge University Press, Cambridge, pp241-268.

2 Kvale, S. (1993) Examinations Reexamined: Certification of Students or Certification of Knowledge?, In Chaiklin, S. and Lave, J., (Eds.), Understanding Practice: Perspectives on Activity and Context, Cambridge University Press, Cambridge, pp215-240.

3 Star, S. L. (1991) Power, Technology and the Phenomenology of Conventions: On Being Allergic to Onions, In Law, J., (Ed.), A Sociology of Monsters: Essays on Power, Technology and Domination, Routledge, London, pp26-56.

4 稲垣恭子（一九九二）「クラスルームと教師」、柴野昌山、菊池城司、竹内洋（編）『教育社会学』有斐閣、東京、一〇一頁

4 研修を受けるのもシゴトのうち

❖本節のねらい
受講者の利害が企業教育に及ぼす影響について検討します。

❖キーワード
ステークホルダー　受講者　潜在的カリキュラム　非公式のミッション

研修後に変わる受講者の態度

「……急変する市場に対応していくには、わが社が従来型の思考から脱却することが必要不可欠です。そのためには、ここで提案させていただいたプロジェクトに、全社一丸となって取り組んでいくべきと考えます」

A氏が担当している『マーケティング・リーダー研修』は、問題解決型研修である。幹部候補生として選抜された営業部門の若手主任が、自社の問題点とその解決策の検討を進め、最終報告会では、営業担当役員を前に実行可能なプロジェクト提案を行う。受講者による提案プレゼンの最後は、いつも右のような〝若手の意気込み〟を感じさせる言葉で締め括られていた。

しかし、立ち上げ以来この研修を担当しているA氏にとっては、何の興味も引かない決まり文句にしか聞こえない。というのも、最終報告会で提案されたプロジェクトのなかで、予算計上や人事異動をともなう形で、本当に実行されたものは一つもなかったからだ。

この研修が始まった当初、A氏は関連部門や人事部門に何度も足を運び、受講者の提案したプロジェクトを実現しようと懸命に努力した。一方、受講者の何人かは、研修終了後も自主的な勉強会を開いていた。そして、実現に〝あと一歩〟までいったことも何回かあった。

しかし、結果的にはそのすべてが頓挫した。その一番大きな理由は受講者の側にあると、A氏は感じていた。関連部門や人事部門が本気になり、プロジェクトの立ち上げが現実味を帯びてくると、決まって受講者がしり込みするのだ。最終報告会での意気込みがあっという間にしぼんでいく様子を、A氏は見続けてきた。自主的な勉強会にしても、研修の終了直後は活発に行われるものの、一年も過ぎるとただの飲み会に変わってしまう。研修中と研修後の受講者がまったく違う人物であるということを、A氏は強く認識するようになった。

今年の『マーケティング・リーダー研修』も、すべての発表が〝お決まりの台詞〟で締め括られた。ただ、新しく研修担当者となったA氏の部下は少々興奮気味だ。研修所での深夜にまで及ぶ白熱した議論、社内の常識を打破しようという強い姿勢、そして、最終プレゼンに向けた徹夜の準備作業。受講者の真剣な取り組みは、さすが幹部候補生と思わせるものだった。

その姿を見てきたA氏の部下が「今回のプロジェクトは本物ですよ。これからが勝負だ。さぁ、関連部門との打ち合わせを始めなきゃ！」という気持ちになるのも無理はない。事実、最終報告会でプロジェクト提案をする彼らの姿には、「既成概念を打ち破れ！」という意気込みが溢れている。でも、A氏には、このあと彼らの振る舞いがどう変わっていくのかがわかる。最終報告会の終了後、達成感に満ちた表情で、ハイタッチを繰り返す受講者と部下の姿に目をやりながら、A氏は虚しくつぶやく、

「これで今回の研修はオシマイ。さぁ、次の研修の準備を始めなきゃ……」

受講者は研修で何を学んだか?

さて、受講者というステークホルダーの振る舞いは、どのように理解すればいいのだろうか。特に、研修中と研修後における受講者の振る舞いの違いについて、どう理解すべきだろうか。先の事例の受講者が「研修で何を学んだか」という観点から整理してみよう。

『マーケティング・リーダー研修』のねらいは何だったのか。この研修が幹部候補生を対象とした問題解決型である点を踏まえると、「自社の常識にとらわれない思考・発想法の修得」や、「全社的な問題に取り組むための広い視野の獲得」といったことが挙げられるだろう。この点について、研修中、多くの受講者は幹部候補生という評判通りのパフォーマンスを見せている。そして、社内の常識にとらわれない自由な発想に基づく全社的なプロジェクトの提案を、しっかりと成し遂げてみせた。ここだけに焦点を当てれば、受講者は学習目標を達成したと見なすことができる。

しかし、研修の終了後、プロジェクトにコミットする姿勢を保ち続ける受講者はほとんどいないという事実も存在する。ここまで視野を広げてみると、受講者が本当に学習したのかどうか疑問に思えてくる。たとえば、心理学的視点からは、学習とは「経験によるある程度持続的な行動の変容」と定義される。[1]この定義

に照らして彼らの行動の変化を見ると、学習の持続性という点に関して大きな疑問が残ってしまうようにも思える。

潜在的カリキュラム

なぜ、このような状況が起きてしまうのか。教育プログラムの潜在的機能に関する研究を行ったジャクソン[2]なら、「研修担当者が意図せざることを、受講者が学んだ可能性について、注意深く探ってみるべきだ」とアドバイスするだろう。

学校教育をはじめとするフォーマルな教育プログラムでは、学習のねらいが意図的・明示的に設定されている。そして、教育に関わる立場の人間にとっては、意図的・明示的に設定されたプログラムのねらいが達成されたかどうかについてのみに、つい意識がいってしまう。しかし、学習が主体的な活動である以上、受講者が意図された知識・スキル等とは異なるものを学ぶ可能性を排除できない。

たとえば、幹部候補生を対象とした選抜型の研修では、講義内容にかかわらず、「自分たちが会社を担っていくぞ」というリーダーシップが芽生えてくることになるだろう。また、長期間にわたる集合型研修では、参加者間に「同じ釜の飯を食った」という感覚が芽生え、それが有効なヒューマン・ネットワークに発展していくことも考えられる。

このように、フォーマルな教育プログラムにおいて、意図されたものとは別の内容を、学習者が無意識のうちに学んでいく機能を、ジャクソンは「**潜在的カリキュラム（hidden curriculum）**」とよんだ。これは、教育プログラムにおける学習者の行動を理解するうえで、工学的なアプローチでは見落とされがちな側面を検討する視点として、一九七〇年代以降、研究者の関心を集めてきた。[3]

公式のミッションと非公式のミッション

ただし、ここで注意すべきは、潜在的カリキュラムの影響が、「リーダーシップの開発」や「ヒューマン・ネットワークの発展」といった、企業教育にとって有効な面ばかりではないということだ。その一つとして、〝いい生徒（学生・受講者）らしく〟振る舞うための暗黙的な規範や態度を、学習者が無意識のうちに身につけていく、という点が挙げられる。

たとえば、MBAコースにおいて受講者が学んでいるのは、ビジネスに関する知識・スキルだけではない。受講者は〝MBAホールダーらしく〟振る舞うための暗黙的な知識・スキルも、無意識のうちに学んでいるということだ。これは、本当に学習のねらいを達成したかどうかにかかわらず、周囲の目からは〝らしく〟見えるようになることを意味している。

このような視点に立てば、受講者の研修中と研修後の振る舞いの違いは、『マーケティング・リーダー研修』における潜在的カリキュラムの影響であると理解できるだろう。この研修には、「自社の常識にとらわれない思考法・発想法の修得」や「全社的な問題に取り組むための広い視野の獲得」といった〝**公式のミッション**〟だけでなく、「問題解決型研修らしく振る舞う」という〝**非公式のミッション**〟が暗黙的に存在していた。

そして、受講者は「問題解決型研修ではいかに振る舞うべきか」を無意識のうちに学んだということだ。「ここで提案させていただいたプロジェクトに、全社一丸となって取り組んでいくべきと考えます」という言葉が、研修の〝お決まりの台詞〟になったということは、『マーケティング・リーダー研修』において〝いい受講者らしく〟見える振る舞い方を、多くの受講者が身につけたことを示していると言えるだろう。

〝いい評価〟を得るための振る舞いを見抜く

これは、「研修でいい評価を得ること」が、受講者にとって〝非公式のミッション〟だと言い換えることもできる。もちろん、研修における〝公式のミッション〟は「現場で役立つ能力を開発すること」だ。しかし、組織に生きるビジネスパーソンが、「いい評価を得よう」という意識をまったくもたず、純粋に「知識・スキルを修得する」という態度で研修に参加していると考えるのは、あまりにも非現実的である。彼らにとって、研修でどのような評価を受けるかという問題は（公言することはないが）重要な意味をもつ。ビジネスパーソンならば、評価を得るために、異なる場ごとに、異なる形で暗黙的に存在する規範を読み取り、その場に適応していくのが自然な振る舞いだと言えるだろう。

『マーケティング・リーダー研修』の場合、仮に受講者が「研修終了後もプロジェクトにコミットすることは非現実的」と思っていたとしても、この研修でいい評価を得るためには、それを研修の最中に態度で示すようなことはしない。それが問題解決型研修の規範だからだ。そして、彼らが幹部候補生なら、研修の規範に素早く適応するのは当然のことだ。こう考えると、企業教育の潜在的カリキュラムに対しては、優秀なビジネスパーソンほど高感度ということになる。

人材育成担当者は、研修において「いい評価を得る」という〝非公式のミッション〟が常に存在していることを、しっかりと認識しておく必要がある。そして、〝いい受講者らしく〟見える振る舞いに惑わされることなく、受講者が本当に学習のねらいを達成したかどうかを見極めなければならない。

＊＊＊

1 有元典文（二〇〇一）「社会的達成としての学習」、上野直樹（編）『状況のインタフェース』金子書房、東京、八四～一〇二頁
2 Jackson, P. (1968) Life in Classrooms, Holt, Rinehart, and Winston, Eastbourne.
3 佐藤学（一九九六）『教育方法学』岩波書店、東京

5 人材育成担当者はどう評価されるのか

❖本節のねらい
人材育成担当者と他のステークホルダーの関係について検討します。

❖キーワード
ステークホルダー　人材育成担当者　脱学校化　共犯関係　政治力学

人材育成担当者の憂鬱

「いやぁ、実によくやってくれた。最終報告会に参加した部長連中もいい研修だと言っていたし、講師の先生たちも一流大学の教授だけのことはある。話に説得力があるね。それに、受講者もいいパフォーマンスを見せてくれた。さすがわが社の幹部候補生だ。次回もこの調子でいってくれたまえ！」

『マーケティング・リーダー研修』が終了した翌日、担当者A氏の上司は上機嫌だった。研修の評判がよかったからだ。でも、A氏の気持ちはすっきりしない。企業教育が行われる場は、多様なステークホルダーが利害をめぐる交渉・争い・妥協を繰り返す〝アリーナ〟である。[1] このことを意識し始めてから、「本当にいい研修とは？」という根源的な問いが、彼の頭から離れなかったからだ。

最終報告会に出席した部長たちの評判はよかった。しかし、彼らが評価したのは、学習成果ではなく、自社のビジネスに直接役立つプロジェクト提案である。学習成果よりも、ビジネスへの直接的な利益を求める人物が高い評価を下したからといって、『マーケティング・リーダー研修』を〝いい研修〟と見なすことはできるのだろうか。

何人かの受講者の成果が好ましくなかったにもかかわらず、研修の評判がよかったのは、外部講師の〝**サバイバル戦略**[2]〟が成功したからだとも解釈できる。指導方法や研修プログラムに問題はなかったのか。最も立場の弱いステークホルダーである受講者を〝生贄の羊〟とすることで、研修の評価が高まっただけの話ではないのか。

受講者がいいパフォーマンスを発揮したように見えたのは、彼らの〝**潜在的カリキュラム**[3]〟に対する高い感度を示しているだけかもしれない。〝いい受講者らしく〟振る舞ったからといって、本当に学習のねらいを達成したかどうか疑問が残る。事実、研修終了後もプロジェクトにコミットする姿勢を保ち続ける受講者はほとんどいないのだから。

結局、現場の上司、外部講師、受講者といったステークホルダーの利益を損ねずに運営してきたことが、研修の評判につながったように思えてくる。評判がよければそれでいいのか？　たとえ、ステークホルダーの利益を損ねることになったとしても、本当にいい研修を実現するためには、研修に対する直接的利益への固執、巧妙なサバイバル戦略、潜在的カリキュラムの影響、といったことを排除すべきではなかったのか。こう考えると、上司のほめ言葉とは裏腹に、研修担当者として本来すべきことを怠ったようにも感じられた。A氏はこうつぶやく、

「研修の評判がよかったのは嬉しいけれど、本当にこれでいいのかなぁ……」

ステークホルダーとしての人材育成担当者

本章では、企業教育をめぐる利害関係について検討してきた。特に、研修参加者の上司、外部講師、受講者といったステークホルダーの振る舞いが、企業教育の運営にどう影響するかについて考察を進めてきた。以上を踏まえ、この最終節では、本書の読者でもあるもう一人のステークホルダー、人材育成担当者について考えてみたい。

まず、研修参加者の上司、外部講師、受講者というステークホルダーとの利害関係を整理することから始めよう。

研修参加者の上司との利害関係

研修参加者の上司というステークホルダーは、企業教育に対しても、ビジネスに直接役立つ短期的な成果を求める。彼らに対しては、研修運営へのコミットメントを引き出し、人材育成のねらいについて十分な理解を得ようとすることが重要だ。たとえば、問題解決型研修において重要なのは、従来とは異なる思考・発想から問題を解決しようとするプロセスである。仮にいい結果が出なくても、失敗を恐れずに活動することで実りある学習経験を積むことができる。

しかし、「頑張ったけれども、失敗しました」という結果が、企業教育において認められることはないだろう。そのため、担当者は、研修の初期には「失敗を恐れるな」と檄を飛ばすものの、最終段階では、いい成果が出そうな方向へ受講者を誘導することになる。〝失敗〟という結果によって評判を失うことになるのは、人材育成担当者というステークホルダーだからだ。

外部講師との利害関係

外部講師というステークホルダーが使う〝サバイバル戦略〟に惑わされないことも、人材育成担当者にとっては重要である。特に、受講者に対し低い評価が与えられた場合、その原因を受講者の能力の問題としてかたづけ、講師が自己防衛に走ることを忘れてはいけない。成果が出なかった原因をしっかり見極めることが必要だ。つまり、純粋に教育的な側面のみを追求するならば、外部講師のサバイバル戦略は排除すべきものである。

しかし、サバイバル戦略によって「誰の利益が守られるのか」を考えてみるべきだ。直接的に守られるのは、外部講師の評判である。ただし、それは同時に、研修自体の評判も守ることになる。成果が出なかった原因が、受講者個人の能力の問題と見なされることによって、研修プログラムの問題点が追及される危険は回避される。結局、これは、人材育成担当者というステークホルダーの利益を守ることを意味している。

受講者との利害関係

受講者というステークホルダーの行動に強く影響する〝潜在的カリキュラム〟にも注意が必要である。特に、〝いい受講者らしく〟見える振る舞いに惑わされることなく、受講者が本当に学習のねらいを達成したかどうかを見極めなければならない。純粋に教育効果のみを追求する立場からは、〝いい受講者らしく〟振る舞うことに何の意味もない。

しかし、『マーケティング・リーダー研修』において、受講者が「研修終了後もプロジェクトにコミットすることは、業務を抱えているわれわれには不可能。そんなプロジェクト提案をすること自体ナンセンスだ」という考えに基づいて行動していたら、研修自体が成り立たなかったはずだ。「研修終了後もプロジェクトにコミットすることは非現実的」と認識しつつも、問題解決型研修らしく振る舞ったからこそ、この研修は評価を得たのである。結局、潜在的カリキュラムによって利益を得たのは、人材育成担当者というステークホルダーだ。

脱学校化か？　共犯関係の維持か？

さて、ここで示した「研修参加者の上司」「外部講師」「受講者」というステークホルダーとの関係について、読者はどのような意見をもっただろうか。また、読者がこのような状況に巻き込まれたとしたら、どのように振る舞うのか。対応の方向性は、おそらく二つに分かれるだろう。

第一の考え方は、本来の学びの妨げとなる「研修に対する直接的利益への固執」「巧妙なサバイバル戦略」「潜在的カリキュラムの影響」を排除すべきというものだ。結果よりもプロセス重視の教育を実践する。「まず（教師自身が）生き残ること、つぎに教育」[4]という優先順位を逆転させ、〝真正〟の評価を実現する。そして、受講者の態度を「いい評価を得ること」から「現場で役立つ能力を開発すること」へと誘導する。

こういった努力が人材育成担当者には必要だという考え方は〝正論〟だと言える。事実、イリッチ等、多くの研究者が、学校的な教育プログラムにおける前述のような問題点を指摘している。[5] **イリッチ**にとって、「**脱学校化**」という言葉は、本来の学びを実現するための積極的な意味をもつものである。

しかし、研修に対する直接的利益への固執、巧妙なサバイバル戦略、潜在的カリキュラムの影響を排除したところで、誰の得にもならない。この点に着目すれば、研修に関わる多様なステークホルダーの〝最大多数の最大幸福〟を実現するためには、これらをうまく利用すべき、という考え方もあるだろう。

ビジネスパーソンは、教育という活動自体に〝絶対的〟な価値を認めているわけではない。自分たちの利益に結びつく範囲においてのみ、彼らは教育に価値を見出す。たとえ、イリッチに「それは本来の学びではない」と批判されたとしても、彼らは堂々と言ってのけるだろう。「われわれは教育者ではなく、ビジネスパーソンである」と。教育社会学者・**ブルデュー**が指摘するように、本来の学びの妨げとなることを知りつつも、自分たちの利益を守るために行動する多様なステークホルダーの〝**共犯関係**〟が、ここには存在している。[6] そして、この共犯関係をうまく構築・維持していくことが、人材育成担当者の評価につながることになる。

〝政治力学〟の渦のなか

では、教育者とビジネスパーソンの両面をもつ人材育成担当者にとって、どちらの道を選ぶことが正しいのか。ステークホルダーの抵抗を受けつつも、あくまでも〝本来の学び〟を追求すべきか。それとも、〝共犯関係〟の構築・維持を優先し、研修に関わる多様なステークホルダーの〝最大多数の最大幸福〟を追求すべきか。それは、読者が自分自身の価値観に従って決めることだ。

ただ、どちらの道を選んだとしても、そこは多様なステークホルダーが利害をめぐる交渉・争い・妥協を繰り返す〝アリーナ〟であることに変わりはない。〝本来の学び〟を追求するなら、当然、ステークホルダーたちとのタフなネゴシエーションは避けられない。また、〝共犯関係〟を維持するためには、多様なステークホルダーの利益バランスをうまくコントロールしなければならない。いずれにしても、人材育成担当者は〝**政治力学（Power Dynamics）**〟の渦のなかにいる。このことは、しっかりと認識しておくべきだろう。

＊＊＊

1 Burgoyne, J. and Jackson, B. (1997) The Arena Thesis: Management Development as a Pluralistic Meeting Point, In Burgoyne, J. and Reynolds, M. (Eds.), Management Learning: Integrating Perspectives in Theory and Practice, Sage, London, pp54-70.
2 稲垣恭子（一九九二）「クラスルームと教師」、柴野昌山、菊池城司、竹内洋（編）『教育社会学』有斐閣、東京、九一～一〇七頁
3 Jackson, P. (1968) Life in Classrooms, Holt, Rinehart, and Winston, Eastbourne.
4 稲垣恭子（一九九二）「クラスルームと教師」、柴野昌山、菊池城司、竹内洋（編）『教育社会学』有斐閣、東京、一〇一頁
5 たとえば、左記の文献が挙げられる。
イヴァン・イリッチ（著）／東洋、小澤周三（訳）（一九七七）『脱学校の社会』東京創元社、東京
P・フレイレ（著）／小沢有作、楠原彰、柿沼秀雄、伊藤周（訳）（一九七九）『被抑圧者の教育学』亜紀書房、東京
6 P・ブルデュー（著）／安田尚（訳）（一九九九）『教師と学生のコミュニケーション』藤原書店、東京

◉コラム

企業を超えて広がる人と人との新たな結びつき

第5章で、「実践共同体」（コミュニティ・オブ・プラクティス）という概念について説明した。共同体と聞いて、「何だ、昔の日本の職場に戻ればいいだけじゃないか、日本的経営はやっぱり強いということだよ」と思われた方もいるかもしれない。しかし、実践共同体が目指す人々の関係性は、かつての日本の「企業共同体」における人々の関係性とは、少し違うものである。

一九九〇年代以降、日本では、企業における長期的な雇用慣行が弱まりつつある。仕事だけでなく、社員の家庭生活や福利厚生までをも企業が担うという、従来の雇用管理のあり方も次第に変化している。こうした変化にともなって、社員同士が同じ会社の社員であるという社縁によって結ばれた「企業共同体」意識も、徐々に薄らいできた。

しかしその一方で、企業にとっては、社員同士を結びつけ社内の知識や情報を共有したり、新しい知識を創造する必要性も高まってきている。知識の共有や創造を促す経営手法は「ナレッジ・マネジメント（knowledge management）」と呼ばれ、一九九〇年代以降、日本でもその手法や企業の取組について多くの研究や実践が行われることとなった。[1] こうしたなか、注目されたのが、ウェンガーらの「実践共同体」である。[2] 日本では、実践共同体は野中郁次郎らによって、知識創造を促す具体的な「場」として紹介された。

実践共同体は、地縁や血縁とも、いわゆる「社縁」とも異なる共同体である。ウェンガーらが実践共同体において重視するのは、共同体のメンバーが興味・関心を共有していることである。例を挙げよう。セブン‐イレブンでは、各店舗の発注をオーナーやベテラン店員だけでなく、毎日延べ二〇人ほどのパートタイマーが、話し合いながら行っている。パートタイマーには主婦や学生も多く、たとえば主婦は地域の懇親会に詳しく学生は学園祭に詳しいというように、それぞれ地域生活者としての視点をもっている。セブン‐イレブンでは、こうしたパートタイマーの多様な視点による商品発注を行うことで、消費者のニーズに合った柔軟な店舗経営を実現している。

この事例において、店舗は、オーナーやベテラン社員、パートタイマーが互いに知識を出し合い、共同で発注を行う一つの実践共同体であるといえる。パートタイマーは社員ではないという点で、必ずしもセブン‐イレブンという企業共同体のメンバーとはいえない。しかし彼らもまた、店舗では商品発注という役割を担い、オーナーやベテラン社員と共同の活動に参加している。その背景には、会社による権限委譲やパートタイマーの登用によって、パートタイマーが商品発注という仕事にやりがいや面白さを感じていることがあるだろう。

また、米国の大手製薬会社イーライリリー社では、インターネット上に「イノセンティブ」と呼ばれる研究開発サイトを立ち上げた。そこでは事前登録した四万六〇〇〇人の「ソルバー(解決者)」と呼ばれる研究者が知恵を出し合い、さまざまな研究上の課題解決に取り組んでいる。[3]優れた解決案を提供したソルバーには、一万ドル(約一〇五万円)以上の報奨金が贈られる。

この事例において、実践共同体は、電子空間上に広がるバーチャルな場である。実践共同体は企業の枠を超え、オンライン上の四万六〇〇〇人のソルバーがそのメンバーとなっている。彼らもまた、イーライリリー社の社員ではないという点で、企業共同体のメンバーとはいえない。しかし、ソルバーたちは、報奨金だけでなく、課題への純粋な知的好奇心や問題関心をもって、イーライリリー社の課題解決に参加しているのである。

このように実践共同体は、企業の社員だけでなく、性別や年齢、立場も多様な人々が参加し得る共同体である。実践共同体はまた、企業のなかだけでなく、ときには企業の枠を超え電子空間上にも広がる可能性をもっている。こうした点で、実践共同体は従来の正社員を中心とする企業共同体とは異なるものである。

米国マサチューセッツ大学のマローン教授は、これまでの「命令と管理」を特徴とする階層制に代わる新しい企業や社会のあり方として、「調整と管理」による分散的なネットワーク組織を挙げる。そこでは人々はより自由で柔軟な働き方を手に入れ、同僚などとの横のネットワークをもちプロジェクトベースで仕事を行う企業内フリーランサーも増えるという。

日本においても、年齢や性別、所属組織などの枠を超え、専門性や興味関心に基づいてつながる人々の関係性が注目され始めている。これが企業組織のあり方を変える日も遠くないかもしれない。

（荒木）

＊＊＊

1 代表的な研究として、野中郁次郎・竹内弘高（著）・梅本勝博（訳）（一九九六）『知識創造企業』東洋経済新報社、東京がある。
2 エティエンヌ・ウェンガー、リチャード・マクダーモット、ウィリアム・M・スナイダー（著）・野村恭彦（監修）（二〇〇二）『コミュニティ・オブ・プラクティス――ナレッジ社会の新たな知識形態の実践』翔泳社、東京
3 「新会社論」『日本経済新聞』二〇〇四年一月三〇日付朝刊より

メタファーとしての企業文化と企業DNA

◉コラム

最近、「企業DNA」という言葉をよく耳にする。この言葉の意味を〝定義〟風に示すと、「組織内で共有され、暗黙の前提となっている価値観・信念・行動規範の体系」[1]といった具合になるだろう。しかし、具体例のほうがはるかにわかりやすい。

たとえば、オムロンは自社の企業理念について語るなかで、「社会の変化や顧客に潜在するニーズをいち早くキャッチし、常に新しい価値創造・市場創造に果敢にチャレンジしていくこと――〝ソーシャルニーズ創造〟。それはオムロンのDNAといえるものです。[2]」という表現を使っている。厳密な定義がなくても、この表現から企業DNAの意味を直感的・感覚的に理解できるはずだ。

企業DNAと似通った意味をもち、ビジネスの世界で長い間使われてきた「企業文化」というメタファーがある。企業DNAと企業文化、これら二つのメタファーが使われる文脈の違いについて考えてみよう。

企業文化論の興隆と衰退

一九八〇年代前半、『シンボリック・マネジャー』[3]、『エクセレント・カンパニー』[4]といった企業文化に関する本が相次いでベストセラーとなった。その背景にあったのは、従業員の管理・統制にウエイトを置いてきた米国企業の停滞と、従業員が価値観や信念を共有し、〝共同体〟のような一体感を見せる日本企業の躍進だった。

〝文化〟というメタファーは、企業内で共有される価値観・信念といった捉えどころのないものの重要性を、わかりやすく表現している。企業を共同体に見立て、従業員の高い帰属意識や、それを生み出すような価値観・信念・行動規範に注目する。この文脈において、企業文化というメタファーは効果を発揮する。

しかし、従業員の帰属意識がビジネスの成功要因と見なされなくなったとき、このメタファーは効果を失う。一九九〇年代後半、リストラやアウトソーシングの進展によって、企業という共同体の所属メンバーは、中心メンバー（正社員）と、周縁メンバー（非・正社員）に分かれてしまった。共同体への帰属意識を持たない非・正社員に対して、価値観や信念の共有を期待することはできないだろう。つまり、労働市場の変化によって、企業を共同体に見立てることの意義が低下したということだ。

企業文化から企業DNAへ

このような状況下で、「組織内で共有され、暗黙の前提となっている価値観・信念・行動規範の体系」について考えるため、新たな思考・表現のツールとして用いられるようになったのが、「企業DNA」というメタファーだと言えるだろう。さて、「企業文化」というメタファーが頻繁に使われていた一九八〇年代の文脈との違いは何か。

この生物学的な遺伝のメタファーは、企業が環境変化にどう適応するかを考える文脈で使われることが多い。たとえば、東京海上日動火災保険では、東京海上と日動火災の合併に際し、『損害DN

A集』と呼ばれる小冊子を活用し、行動規範の融合に成果を上げたという。[5] これは、企業合併後に共有すべき行動規範を〝DNA〟に見立て、企業という〝生物〟が市場という〝環境〟の変化に適応し、何世代にもわたる生存を可能なものとするDNAを新たに〝合成〟しよう、という発想だ。

　ここから読み取れることは、〝DNA〟というメタファーには、環境適応のための「変化」や「創造」といったニュアンスが色濃いということだ。これは、「継承」「保存」「共有」といった意味を強く連想させる〝文化〟というメタファーとは大きく異なっている。つまり、環境変化に対応し、企業の持続的競争優位を可能とするような価値観・信念・行動規範に注目する。この文脈において、企業DNAというメタファーは効果を発揮するということだ。

　企業文化と企業DNAは、どちらも〝モノの見方〟であり、二つの異なる実体が存在するわけではない。二つのメタファーは、同一の対象に対して異なる方向から視点を当てたものにすぎず、意味する内容に基本的な違いはない。それらを抽象的な概念の形で示せば、どちらも「企業内で共有されている価値観・信念・行動規範」といった表現になってしまう。違いはそれぞれのメタファーが効果を発揮する文脈にある。つまり、企業としての一体感について語るのであれば、企業文化というメタファーがふさわしく、環境変化への適応について語るのであれば、企業DNAというメタファーがふさわしいということなのだ。

（長岡）

＊＊＊

1　高津尚志（二〇〇五）「持続的競争優位を実現する企業DNAモデル」『Works』七二号、二〇〇五年一〇月一一日、九

～一二頁

2 「ＯＭＲＯＮ―企業情報―経営構想（GD2010）―企業理念・ＤＮＡ」
http://www.omron.co.jp/corporate/about_omron/gd_011.html

3 テレンス・ディール、アラン・ケネディー（著）／城山三郎（訳）（一九七三）『シンボリック・マネジャー』新潮社、東京

4 トーマス・Ｊ・ピーターズ、ロバート・Ｈ・ウォータマン（著）／大前研一（訳）（一九八三）『エクセレント・カンパニー――超優良企業の条件』講談社、東京

5 荻野進介（二〇〇五）「企業ＤＮＡをどうマネジメントするか」『Works』七二号、二〇〇五年一〇月一一日、二一～三四頁

終章

人材育成の明日

ワークプレイスラーニングからの展望

本書では、ワークプレイスラーニングの視点から、心理学・認知科学・学習科学・教育学・教育工学の諸理論を紹介してきた。人はどのように学んでいくのか。組織における学びを支援するためにはどのような方法論が必要か。これらの〝問い〟に対する諸科学からの〝解答〟を知っていくにつれて、読者の心のなかでは、序章で述べた以下の言葉が鮮明さを増していったことだろう。

もはや、人材育成は「理論的な裏づけなしに、誰もが語れるもの」ではない。

では、人間の学習・記憶・動機に関する心理学的理論や、学習支援環境の構築や教授法に関する教育学的理論がビジネスの現場に広まっていったとき、人材育成はどのような姿を見せるのだろうか。人材育成の今後をワークプレイスラーニングという視点から展望してみると、そこには三つの方向性が見えてくる。

研修に対するシビアな意識の拡大

人事教育の世界には、「二：六：二の法則」あるいは「三四三（さしみ）の法則」というジャーゴン（隠語）がある。どんな研修プログラムでも、それを効果的に活用できるのは学習者全体の六割（または四割）に過ぎず、二割（または三割）の学習者が常に「落ちこぼれ」、さらに、残り二割（または三割）の学習者が「吹きこぼれ（研修プログラムのレベルが低すぎてモチベーションを失った学習者）」の状態に陥るという経験則のことだ。

これは、四～六割の学習者のニーズとレベルを反映していない研修プログラムが頻繁に実施されていることを意味する。さらに、それが〝当たり前〟と見なされ、改善しようという意識も、改善可能であるという認識も薄いことを暗示している。言い換えると、企業も個人もこの状態をさほどシビアに考えてはおらず、「研修というのは所詮そんなもの」「気分転換くらいにはなっただろう」といった程度の認識でいるということだ。おそらく、従来の人材育成にありがちな「ＫＫＤ（勘・経験・度胸）」でやっているかぎり、この比率に劇的な変化はなく、この経験則は語り継がれていくことになるだろう。

しかし、本書で紹介したような、インストラクショナルデザインや科学的な評価方法論がビジネスの現場に広まっていくと、この経験則が当てはまらない世界が出現する。学習者のニーズとレベルを把握し、それに合わせた研修プログラムを設計・開発・実施することが、〝当たり前〟と認識される世界がそこにはある。

インストラクショナルデザインの視座からは、四〜六割の学習者のニーズとレベルを反映していない研修プログラムは大失敗であり、「研修というのは所詮そんなもの」とは決して考えない。また、科学的な評価方法論の視座からは、常に二〜三割の「落ちこぼれ」と「吹きこぼれ」が存在するような状態を、「気分転換くらいにはなっただろう」などと評価することは問題外だ。

つまり、インストラクショナルデザインや科学的な評価方法論に関する知見が、現場における〝当たり前〟のビジネス知識となったとき、企業内研修に対する目は非常にシビアなものとなる。人材育成における科学的方法論の拡大は、現状に甘んじることを容認する〝ＫＤＤの経験則〟を駆逐するはずだ。

個人主体の活動の進展

では、企業内研修に対してシビアな目が向けられるようになったとき、どのような人材育成が求められるようになるのだろうか。

人材育成が人事労務管理の一部として捉えられていた時期、その中心となっていたのは〝階層別研修〟というやり方だった。階層別研修とは、ある一定の年次・経験・立場の社員に対して、企業が求める知識・見識・意識・スキル・態度などを〝均一的〟に修得させようとするものである。したがって、ほとんどの場合、受講者は職制を通じた招集・受講を義務づけられている。つまり、「均質な労働力を生み出す」ことを目的として、同じ内容の知識を全社員に対して均一的に注ぎ込むような活動の象徴的存在が、階層別研修である。

しかし、「人はどのように学んでいくのか」に関する科学的知見がビジネスの現場に広まっていくと、このようなやり方が受け入れられることはなくなるだろう。

本書で紹介した心理学・認知科学・学習科学の成果が示しているように、学習とは極めて複雑な現象であり、〝空のバケツ〟に均一的な知識を注ぎ込もうとする従来的なやり方の限界は明らかだ。特に、人材育成が〝大人の学習〟であることを踏まえると、自発的で自己決定的な性格をもつビジネスパーソンの学びに対しては、それぞれの業務・役割・立場に応じたタイミングと内容を慎重に吟味したうえで、個人ごとに的確な支援を行うことが不可欠となる。

さらに、ビジネスパーソン個々人の状況に対応したカリキュラムや支援活動の必要性は、自立的なキャリア・デザインの重要性が認識されるに従って、いっそう高まっていくだろう。なぜならば、本書で説明した通り、個人にとってのキャリア開発とは、ビジネスパーソンがそれぞれの仕事に対するビジョンを自ら描き、その実現を目指した主体的な取り組みを継続していくことであるからだ。

つまり、学習に関する諸科学の知見が広がり、また、自立的なキャリア・デザインの重要性が認識されるようになったとき、人材育成活動はそれぞれのビジネスパーソンが自主的・主体的に進めていくことになる。〝Learners are Autonomous.〟この言葉の意味を深く理解し、それを実践するビジネスパーソンが活躍する世界では、もはや、「何を、いつ、どのように学ぶか」を一律的に押しつけるようなやり方は通用しないはずだ。

現場における育成活動の変化

さらに、学習・教育に関する諸科学の知見が広まることによって、現場における人材育成のあり方も変わっていくはずだ。

「ＯＪＴはＯＦＦ‐ＪＴを補完するものではない。反対に、ＯＪＴを補完するために実施されるのがＯＦＦ

-JTだ。」この意見に反論するビジネスパーソンは少ないだろう。むしろ、現場での学びこそが人材育成の中心であるという考え方には、賛同者も多いに違いない。ただし、「シゴトは現場で学ぶもの」という考え方が、具体的な方法論をともなわない素朴な〝現場主義〟に過ぎないことも、これまでは多かったのではないだろうか。

序章でも触れたように、「俺の経験では」「自分の若い頃は」といったフレーズを連発する上司によって、単純な精神論や、自らの経験のみに裏づけられた自己流の指導方法による、名ばかりのOJTがまかり通ってきた部分があることは否定できないだろう。

しかし、本書で紹介したような、「学習環境デザイン」という考え方や、「正統的周辺参加」という学習モデルがビジネス現場に広まっていくと、現場における学びは、素朴な現場主義から脱却した姿となる。

学習者の視点に立ち、学習を成立させる空間・ツール・活動・共同体といった構成要素について、それぞれの学習者にふさわしい形にデザインしていくこと。これが学習環境デザインの基本的なスタンスである。このような〝学習者中心主義〟的な考え方に基づいて設計・運営されるOJTにおいて、上司や先輩のやり方を「見て・真似て・繰り返す」といったやり方が一律に行われることはない。また、正統的周辺参加モデルの考え方が浸透していくにしたがい、クロス・ファンクショナル・チームのような、〝学習と仕事の境界線〟を越えた人材育成の場が積極的に活用されていく可能性は大きい。

つまり、学習環境デザインや正統的周辺参加といった新たな概念によって、どのような現場の〝仕組み・仕掛け〟が、実践知を生み出す(学習を発生させる)のかに関する深い洞察が、ビジネスの世界にもたらされることになる。その結果、従来、素朴な現場主義に過ぎなかった「シゴトは現場で学ぶもの」という考え方は、洗練された姿となり、ビジネスの現場全体に広がっていくことになる。

人事・教育部門に求められる姿

学習・教育に関する諸科学の知見がビジネス現場に浸透していくことにともなう人材育成の変化を、ワークプレイスラーニングの視点から展望してみると、「研修に対するシビアな意識の拡大」「個人主体の活動の進展」「現場における育成活動の変化」という三つの方向が見出される。では、このようなミクロレベルからの〝現場の動き〟に対応するために、人事・教育部門に求められる姿はどのようなものとなるのだろうか。

まず、人材育成という企業活動の〝専門性〟に対する認識を改める必要があるだろう。序章で述べた通り、戦略的HRMという概念の浸透により、競争優位性を持続するための戦略的な人材マネジメントについては、その専門性に対する評価が高まりつつある。ただし、この傾向が見られるのは、企業全体の経営戦略と人材マネジメント戦略の連携を図り、マクロ的な視点から戦略や制度を構築する活動に限られている。事実、今日でも人材育成はジェネラリストの典型的な仕事と見なされており、「人材育成は優秀な社員であれば誰でもできる」といった認識がいまだに根強い。

しかし、学習・教育に関する諸科学の知見がビジネスの現場に浸透していったとき、人事・教育部門における人材育成担当者は、現場のビジネスパーソンから〝専門家〟と認められる存在となる必要がある。現在は、人事・教育部門に在籍したという肩書きだけで、「人事・教育の専門家」と目されることが多い。ところが実際は、他部門から人事・教育部門へ異動した後、わずか数年で転出してしまうことも少なくない。当然のことながら、短期間のジョブローテーションのなかで人事・教育の業務を経験しただけで、専門家と認められることはないはずだ。

また、たとえ長期にわたって人事・教育の業務を経験したとしても、仕事の進め方が〝ＫＫＤ（勘や経験や度胸）〟に頼ったものに過ぎないなら、専門家とは認められないだろう。人材育成が「理論的な裏づけなしに、誰もが語れるもの」とは認識されなくなったとき、人材育成の〝専門家〟とよぶに相応しい、高度な専門知識の修得は必要条件だ。

ただし、人材育成という業務のドメインをどう捉えるかによって、この分野における〝専門家〟の意味が違ってくることに注意すべきだろう。人事・教育部門の将来像を描くに当たっては、序章で示した「経営戦略としての人材育成」というマクロ・レベルでの動きを踏まえたうえで、〝研修・セミナーの専門家〟と〝知的生産性向上の専門家〟の違いを考える必要がある。

研修・セミナーの〝専門家〟

今日、組織のスリム化で、各社員の業務密度が高くなり、研修受講のような業務以外のことに時間を割くことが難しくなってきた。しかし、その一方、学習機会そのものを増やす必要性は増している。なぜならば、社員が減ったことで一人がカバーする業務範囲が広くなったうえに、複雑化した業務への対応スピードも求められているからだ。また、受講者アンケートで好評だった研修が〝いい研修〟だという時代は終わり、職場に戻った受講者が高いパフォーマンスを発揮できる研修こそが〝いい研修〟だという時代が来ている。人材育成が企業にとって戦略遂行のための活動として認識されたとき、求められるのは社員の知的生産性向上にどの程度寄与できたかである。

以上のような「経営戦略としての人材育成」というマクロ・レベルでの動きに対応した、〝いい研修〟を実現するには、科学的方法論に関する専門知識が必要である。組織や学習者のニーズやレベルを的確に把握し、教授設計理論に裏づけられた方法に従って設計・開発・実施する。そして、その成果を受講者の満足という指標だけでなく、企業業績の向上や現場における個人のパフォーマンス改善に寄与できたかどうかで評価する。さらに、その評価をもとに研修を継続的に改善していく。

このような活動を実践するために必要となるのが、インストラクショナルデザインや科学的評価の方法論に関する専門知識である。また、これまで集合研修で行われてきたことの多くが、eラーニングにシフトし始めている今日、ICT（情報通信技術）に関する専門知識も不可欠である。

科学的方法論やICTに関する専門知識の重要性が高まるなかで、人材育成担当者が「科学的方法論に基づく研修・eラーニング」の技術的側面のみを担当する〝専門家〟となる可能性もある。インストラクショナルデザインや評価に関する教育学・教育工学の専門知識を背景に、教授設計理論や評価方法論を開発することをミッションとする。また、情報ネットワークや映像処理に関する工学的知識を背景に、eラーニング・システムを開発することをミッションとする。これらは、研究職に非常に近いポジションから企業の人材育成に貢献する〝専門家〟のイメージである。

ただし、このようなタイプの人材育成専門家は、狭い意味でのスペシャリストとして認識されることになるだろう。教育・学習に関する科学・技術に関してのみ突出した専門性を身につける一方で、経営戦略等のマネジメント的側面からは一定の距離を置き、あくまでも研修・eラーニングという範囲内での合理性を追求していく。このような道を選択した場合、ビジネスにおける重要性は低下することになる。その理由は、先に述べたような状況のなか、研修の企画・運営という業務の重要性自体が低下しているからだ。つまり、人材育成担当者が自らのミッションを研修・セミナーの範囲内で考えているかぎり、たとえ科学・技術的な専門性は高まったとしても、その地位の低下は避けられないことになる。

知的生産性向上の〝専門家〟

「経営戦略としての人材育成」というマクロ・レベルでの動きのなかで、研修の企画・運営という業務の重要性が低下する一方、先に述べたように、「現場での学び」を支援する業務の重要性が高まってくる。

これは、現場における上司・先輩による部下・後輩の指導といった狭い範囲でのＯＪＴを支援することだけを意味するのではない。学習環境デザインに関する高度な専門知識をもとに、空間・ツール・活動・共同体といった現場の知的生産性向上に寄与するさまざまな構成要素に目を向け、それぞれが効果的にデザインされるよう支援活動を行ってくことも重要だ。

知識創造を促すためのオフィス・レイアウトや、効率的コミュニケーションを実現するための最新ＩＴツール導入の可能性について、各現場の特性を踏まえた提案を行う。また、会議の生産性向上のために、ファシリテーション技法に関する研修を企画するだけでなく、実際に現場まで足を運び、自ら会議のファシリテーター役を務める。さらには、チーム・マネジメントに必要なコーチング技法について、各現場の個別状況に合わせたアドバイスを送る。このような活動を実践していくためには、知的生産性の向上に関する広範囲かつ高度な専門知識が必要となる。

競争優位性に直結した知的生産性向上という明確な目的のもと、人材育成という活動がすべてのマネジメント活動のなかに埋め込まれたものとなっていくなかで、人材育成担当者が〝知的生産性向上のエキスパート〟と認識される可能性もある。インストラクショナルデザインや科学的評価の専門知識にも精通してはいるが、決して〝研修企画・運営のエキスパート〟というわけではない。オフィス空間やツールに関するデザイナー的なポジションから企業の人材育成に貢献する、ないしは、会議やプロジェクト運営のプロセス・コンサルタント的なポジションから企業の人材育成に貢献する〝専門家〟のイメージである。

ただし、人材育成担当者がこのような意味での専門家に本当になれるかどうかは、〝学習と仕事の境界線〟を越えた活動をどこまで実行できるかにかかっている。従来の人材育成担当者が、現場の知的生産性の問題を、個人の知識・スキルの問題と同一視しがちであったことを忘れてはならない。多くの場合、現場の空間・ツール・活動・共同といった側面に起因する問題は不問のまま、もっぱら個人の知識・スキル修得を支援するための研修や教材の開発が進められてきた。その理由は、「そこまで現場に踏み込むことは、人材育成担当者としてのミッションを越えている」という意識があったからにほかならない。つまり、〝知的生産性向上のエキスパート〟となるためには、人材育成担当者が自らのミッションを「個人に対する知識・スキルの修得支援」という範囲内で考えることから、脱却しなければならないということだ。

ワークプレイスラーニングという挑戦

人材育成という企業活動の専門性に対する認識が変わったとき、人材育成の専門家はどのような姿を見せるのだろうか。〝研修・セミナーの専門家〟と〝知的生産性向上の専門家〟、どちらの意味での専門家が主流となっているかを予測することは難しい。そして、人材育成担当者のアイデンティティに関わるこの問題については、人材育成というビジネスの現場に生きる一人ひとりの実務家が、自分なりの解答を見つけだすべきだろう。

そう考えると、この問題への答えを示すことは、われわれのシゴトではないかもしれない。ただ最後に、新たな枠組みから人材育成を捉え直そうとする〝ワークプレイスラーニング〟という概念の意味を再確認することで、この問題に対する、一つのスタンスを示しておきたい。

序章で説明したように、この概念は、業績に結びつく知的生産性向上を実現するために、OFF-JTとOJT、さらには、現場組織における日常的な仕事の進め方や人事制度までも含めた、トータルな意味での効果的方法を探求しようとするものである。そして、その目的を実現するために、経済学、経営学、認知科学、心理学、教育学、教育工学といった教育・学習・人材育成に関連する諸科学からの英知を集合させて取り組もうとしている。

つまり、ワークプレイスラーニングという概念を広めようとする動きには、従来の学問の垣根を取り払おうという意志が存在するということだ。アカデミックな世界におけるワークプレイスラーニングをめぐる動きは、よりよい人材育成のあり方を探求するための大いなるチャレンジである。

では、ミッションの再定義を迫られている人材育成の実務家は、このチャレンジにどう呼応していくのか。〝研修・セミナーの専門家〟と〝知的生産性向上の専門家〟、その視線の先にあるのはどちらだろうか。

どちらの道を選ぶのかは、実務家一人ひとりの考えによる。

ちなみに、どちらの道も、いったん進めば、「後戻り」はできない。

人材育成の基本を知るために

◉ブックガイド

「企業で人材育成を担当する人は、要するに、何を学べばいいのですか？　経営学ですか、心理学ですか、教育学ですか、まさか……あの統計学もですか？　あっ、それイヤだなぁ、数字は勘弁してください。でも、経営学も、教育学も、心理学もってのもイヤだなぁ。どれか一つでいきましょうよ、どれか一つで」

これまで筆者に、企業の人材育成担当者から、何度となく投げかけられてきた問いである。そのたびに答えに窮してしまう。

その原因の一つは、「企業の人材育成」という営みが、さまざまな学問領域をまたがって存在するものであるからである。

たとえば第1章で見たように、現代の企業経営では「企業の経営課題に応じた人材を戦略的に育成する」という考え方が趨勢になっている。その場合、どうしても、「企業の経営的側面」と「人材育成の手法」の側面の両者を知っておく必要がある。端的にいえば、経営学的知識と教育学的知識が必要になる。

また、実際に、研修講師として教育現場の教壇に立つときには、受講者の動機や学習者特性にあわせた教育手法の選択について考える必要がある。その場合、心理学的知識が欠かせなくなる。教育が終わり、研修の評価をする段になったとする。その場合には、統計処理についてある程度の知識をもっていることが求められる。

このように、人材育成担当者の行うべきことは多岐にわたる。ゆえに、さまざまな学問領域を幅広く知る必要にかられるのである。

以上、見てきたように人材育成は一つの学問領域に還元できない。しかし、そのことは決して恥ずべきことではない。むしろ、教育という営みがあまりに複雑で、そして価値が高い営みであるがゆえに、こうした事態になっていると考えるべきである。

人材育成担当者の集まる世界最大のコミュニティである、ASTD（米国教育訓練協会）では、人材育成担当者の知識ドメインを①経済学、②心理学、③経営学、④ポスト一九五〇年の経営理論、⑤コミュニケーション理論、⑥社会学、⑦政策科学、⑧教育、⑨人文科学に求めている。また筆者らは、現在、「企業を対象にした学習研究」に関する知見をまとめる作業に従事しているが（中原・荒木　印刷中）、その際には、その領域を構成する学問分野を①経済学、②経営学、③教育学、④心理学に求めている。[1]

要するに、教育のプロフェッショナルになるためには、これらの知識領域をある程度、幅広く知る必要がある。

しかし、「幅広く知る」というのは言うのは易く行うのは難しい。

そこで、本節では、初学者が手にとるのにふさわしいブックリストを考えてみた。どの本も、各領域の入門書のなかから「あえて一冊選ぶなら、これだろう」という基準で選んだものである。もちろん、左記の本を一冊読んだからといって、一つの学問を修められるわけではない。さらに、これらの書籍は、筆者の独断と偏見によって選んでいる。その点をご了承いただき、参考にしていただければと思う。

なお、本の選定にあたっては、日本語で読めるものを選んだ。

■経済学

小池和男（二〇〇五）『仕事の経済学 第三版』東洋経済新報社、東京

日本企業の人材育成に関する経済学的理論の金字塔として名高いのが本書である。小池は、労働者はＯＪＴによって企業のなかでさまざまな仕事を経験しながらキャリアを形成していくと考えた。企業におけるＯＪＴを重視し、ＯＪＴの実態について、聞き取り調査を行っている。ちなみに、小池の代表的な著書の一つである『聞き取りの作法』は評価手法の本として秀逸である。企業に対して面接調査を行ううえで気をつけなければならないことを、実践知として紹介している。

■教育工学

鈴木克明（二〇〇二）『教材設計マニュアル――独学を支援するために』北大路書房、京都

インストラクショナルデザインの本は無数に存在しているが、そのなかで、もっとも、教材づくりの基本についてもっとも平易に解説している。独学を支援するための教材をいかにつくるか、についてよくわかる。

■学習環境のデザイン

美馬のゆり、山内祐平（二〇〇五）『「未来の学び」をデザインする』東京大学出版会、東京

学習は研修室だけで起こっているのではない。学びの場は、さまざまな場所に広がっている。学習環境をいかにデザインするか、という問いに答えようとする。鈴木のインストラクショナルデザインの本とあわせて読むとよい。二つのデザインの違いがよくわかる。

■学習科学

米国学術研究推進会議（二〇〇二）『授業を変える』北大路書房、京都

邦題は「授業を変える」だが、決して「学校」を対象にした本ではない。もともとのタイトルは「How people learn（人はいかに学ぶか）」である。米国の学習科学研究者たちが集まってつくった、もっともスタンダードで網羅的なテキスト。このほか、「三宅なほみ、白水始（二〇〇四）『学習科学とテクノロジ』放送大学出版振興会、東京」もオススメである。こちらは、近年の学習科学の研究知見をまとめつつ、人間の学習をテクノロジを使って、いかに支援するか、ということが、まとめてられている。

■教育心理学

鹿毛雅治、奈須正裕（一九九七）『学ぶこと教えること』金子書房、東京

「学ぶ」と「教える」というテーマから、教育心理学の知見を整理している。初学者にとって、非常にとっつきやすい内容となっている。単に教育心理学の研究知見を羅列するのではなく、「学ぶ」

と「教える」を支援するための知見にしぼって解説を行っているので、より実践的である。

■経営学

金井壽宏、高橋潔（二〇〇四）『組織行動の考え方――ひとを活かし組織力を高める9つのキーコンセプト』日本経済新聞社、東京

「組織行動論（Organizational Behavior）」の意欲的な教科書。神戸大学大学院MBA講座で使用されている。単に経営学の知識を羅列するのではなく、筆者らの思いが伝わってくる「熱い教科書」である。

野中郁次郎、竹内弘高（一九九六）『知識創造企業』東洋経済新報社、東京

知識経営のすべては、ここから始まったという書籍。SECIモデルという日本発の知識経営モデルを提唱したことがたいへん有名。ちなみに、ナレッジ・マネジメントや知識創造経営の事例を知りたければ、「妹尾大、野中郁次郎、阿久津聡（二〇〇一）『知識経営実践論』白桃書房、東京」、「リクルート・ナレッジマネジメントグループ（二〇〇〇）『リクルートのナレッジマネジメント――一九九八から二〇〇〇年の実験』日経BP社、東京」がおすすめである。

■量的評価手法

田中敏、山際勇一郎（一九九二）『ユーザーのための教育・心理統計と実験計画法――方法の理解から論文の書き方まで（新訂二版）』教育出版、東京

一見非常にとっつきにくく感じるが、結局、一番わかりやすい本。まずはこれを読むことをオススメする。数式の部分は、もし苦手であれば読み飛ばしてしまってかまわない。この本では、統計の基礎的な概念とともに、「要するに、その分析がどのようなときに使えるのか」がわかればよい。その後で、「内田治（二〇〇二）『すぐわかるＥＸＣＥＬによるアンケートの調査・集計・解析』東京図書、東京」や「石村貞夫（二〇〇四）『ＳＰＳＳによる統計処理の手順』東京図書、東京」など、各アプリケーションの解説を読むとよい。

■**質的評価手法**

佐藤郁哉（二〇〇二）『組織と経営について知るための実践フィールドワーク入門』有斐閣、東京

組織を対象にした質的研究手法について、丁寧に解説した本。企業を対象にしたさまざまな研究についての解説もある。統計やアンケートでは決して捉えることのできない企業の実態を明らかにするためには、こうした方法／マインドを身につけることが重要になる。

■**雑誌**

『ダイヤモンド・ハーバード・ビジネス・レビュー』ダイヤモンド社

人材育成に特化されている本ではないが、ときに特集が組まれることがある。ビジネスパーソンに最も影響を与える雑誌の一つ。

『人材教育』日本能率協会

人材育成担当者であれば、だいたい読んでいる雑誌。毎月、最新の人事・教育に関する特集記事が組まれる。

『Works』リクルート

質問紙調査、独自のベンチマーキング調査に基づいて、常に、最新の理論、実践を紹介している、リクルート社の専門誌。特に、大規模な質問紙調査には定評がある。

以上、初心者に対する簡単なブックガイドを示した。

繰り返していうが、これらをすべて読んだからといって人材育成のプロフェッショナルになれるわけではない。否、どんなに書籍を読んでも、どんなに知識をアタマに蓄えても、プロフェッショナルにはなれない。

なぜか？

それは「プロフェッショナルとは、いったんなってしまえば終わりというものではないから」である。本を読んだだけで満足している人間は、プロフェッショナルとしては失格であると筆者は思う。プロフェッショナルとは、常に知識を更新し続けられる人、同じ領域の人々とコミュニケーションしながら、そのコミュニティに貢献できる人のことをいう。

そういう意味では、大学や社会のなかで、日々開かれている学会、勉強会、イベント等にも足を運んでもらう必要がある。おそらく人材育成等に多少なりとも関連のある学会ということになると、左記があるだろう。

■人材育成学会（http://www.jahrd.jp/）
■産業・組織心理学会（http://www.edu.kyushu-u.ac.jp/html/KANREN/JAIOP/Welcome.html）
■日本教育工学会（http://www.jset.gr.jp/）
■教育システム情報学会（http://www.jsise.org/）

もちろん、学会なので議論は専門的になるし、必ずしもすべての研究発表が、人材育成に関するテーマを扱っているわけではない。が、右記のような学会に参加し、最先端の研究知見を知ることは、よい刺激になるだろう。ちなみに、前者二つが経営学より、後者二つが教育よりの学会になる。

また、もし望むのであれば、筆者らが関与する大学や大学院等で学ぶ機会が開かれている。

たとえば、著者の一人である北村は、「熊本大学大学院社会文化科学研究科教授システム学専攻」の教員であるが、ここでは「eラーニングのプロフェッショナルを、eラーニングで養成する」というコンセプトのもと、主に「インストラクショナルデザイン」等の学問を修めることができる。

また、編者である中原は、東京大学大学院学際情報学府で大学院生を研究指導している。修士課程の入試は八月、博士課程の入試は二月に実施される。この大学院では、学部から直接大学院に進学した人だけでなく、多くの社会人大学院生を受け入れている。ここでも、企業における学習環境の構築ついて学ぶことができるだろう。[2]

また、いきなり大学院とは言わずとも、編者の中原は、誰でもが参加できるさまざまな研究会を東京大学にて開催している。そうした情報は、NAKAHARA-LAB.NETの編者ブログにて紹介されるほか[3]、同ページにあるメルマガ[4]に加入いただければ、知ることができる。

すべての研究会等が、企業の人材育成に関係するものとは限らないが、少なくとも自学自習のリソースとして必要なときに参加するという形がよいのではないかと思う。

プロフェッショナルになるためのリソースの多くは、開かれている。

ぜひ、ふるってご参加いただきたい。

（中原）

＊＊＊

1　中原淳、荒木淳子（印刷中）「ワークプレイスラーニング研究序説：企業人材育成を対象とした教育工学研究のための理論レビュー」『教育システム情報学会誌』二三巻二号、八八～一〇三頁
2　熊本大学大学院社会文化科学研究科教授システム学専攻　http://www.gsis.kumamoto-u.ac.jp/
東京大学大学院学際情報学府　http://www.iii.u-tokyo.ac.jp/
東京大学大学院における中原の研究指導について　http://www.nakahara-lab.net/playlink.html
3　中原のブログ　http://www.nakahara-lab.net
4　中原のメルマガ　http://www.nakahara-lab.net/mailmagazine.htm

あとがき

「企業で、はからずも⁉教育に関与しなければならなくなった人が、一番最初に手に取る教科書をつくりたい」

「人材育成部門の書棚に常備される教科書をつくろう」

いつものことであるけれど、僕の関わる研究プロジェクトは、「最初のかけ声」は威勢がいい。みんなと一緒にならば、何かオモシロイことができそうな気がする……いや、できるハズだ。困難は予想されるけど、まぁ、人生出たとこ勝負よ。なんとかかんとかやってみよう！

どんなプロジェクトにおいても、そんな「熱い想い」をメンバー全員が共有して、取り組みがスタートする。

だが、ときがたちプロジェクトが進むにつれ、自分たちが試みようとしていた計画の壮大さ（無謀さ⁉）に気づき、青息吐息になってしまう。「誰だ、こんなたいへんなこと考えたヤツは……」プロジェクトのミーティング後の打ち上げなどでは、お互いに苦笑しながら、そんなうらみつらみを口にするようになる。

本書の執筆も、そういう過去の前例を「しっかり」と踏襲するプロジェクトとなってしまった。執筆は、一年半をかけて行われたが、始まって二カ月目くらいには、とんでもないことを計画してしまったと気がついた。これまで僕が編集・執筆に関わったどの本よりも苦労した。苦労しなければならなかった原因はいくつかある。

最大の原因は、教育学、学習科学、心理学の理論は、企業という教育の現場を対象に生み出されたものではない、ことにある。そのほとんどは、大学の実験室で、綿密に統制された実験計画によって導き出された結論である。高度化・専門化した研究仮説を検証するためにつくり出された理論であることが多い。

もちろん、なかには実践を志向した研究もないわけではないが、それとて、それをそのまま掲載するわけにもいかない。よって、このたび本書を執筆するにあたっては、執筆者自身が、理論や実験を十分に読み込み、そのうえで、それを解説するための企業の人材育成の場面や事例をアタマのなかで考えなくてはならなければならなかった。

理論や実験の読み込みであれば、研究者である以上、まだ慣れたものである。しかし、われわれが最大に苦労したのは、この事例づくり、話づくりであった。それは理論や実験を説明できるものであるだけでなく、読者の方にとって、「あー、そうそう、それってよくあるよねー」と思っていただける事例でなければならない。

事例づくりは、メンバー全員が一年間かけて、定期的に東京大学に集まり研究会を開きながら行った。なんとかかんとか、地べたをはいつくばって、カラダをよじって考えて（なんという執筆だ!!）わかりやすい記述を心がけようと努力したが、かなり心もとない部分も少なくない。

それぞれの専門の方々が読まれたら、失笑してしまうところも少なくないと思われる。しかし、本書の目的は専門的な知識や概念の変遷について議論を行うことではない。その趣旨をご理解いただければ幸いである。なお、最後には編者が通読し、ほぼ全文に加筆・修正を行った。いまだこなれていない部分があるとすれば、すべて編者の責任である。忌憚のないご意見をお聞かせ願いたい。

本書の執筆はこれで終わりである。まずは、それを素直に喜ぼう。
しかし、その一方で、われわれの取り組みは、まだ「スタートラインにあること」を認識せざるをえない。これが終わりではない。ここから始まるのである。

最後に、今後の抱負を述べておきたい。

まず今後は、これまで行ってきた出版作業に加えて、いよいよ学術研究をスタートさせる。教育学や心理学をベースにした本格的な企業教育研究を開始する。手始めには、まず「職場のＯＪＴ」に注目し、効果的にそれを実施するためには、どのような事柄がキーファクターになるのかを探る探索的な研究を開始する。コミュニティ・オブ・プラクティス理論など、「社外の開放的ネットワーク」のなかで学習する理論が提唱されているものの、今もなお、日本企業の人材育成施策の中心は、職場のＯＪＴであることは変わらない。これに対して教育学、心理学的な接近を試みる。

次に、このような研究を進め、成果を公開していくことで、「企業の人材育成」に関するアカデミズムにおける新規研究領域を立ち上げたい（また、大それたことをしゃーしゃーと言っている）。その足がかりとしては、二〇〇六年一一月三日に日本教育工学会年大会にて、「社会人の学習」に関するシンポジウムを開催することになっている。

それ以降は、東京大学を拠点として年に数回、公開の研究会やシンポジウムを開催する。編者の中原が発行しているメーリングリストで[1]、それに関する情報を配信するので、ぜひ、ご関心のある方はご登録いただきたい。

最後となりますが、ダイヤモンド社の編集者石田哲哉さんには本当に御世話になりました。また、わたしたちの企画に最初に目を通していただいた、同社の永田正樹さんにも感謝しております。本当にどうもありがとうございました。

研究の現場、企業の現場で、読者の皆様とお会いできますこと、楽しみにしています！

Looking forward to seeing you soon…

二〇〇六年九月一日　初秋　文京区本郷の研究室にて

編者　中原　淳

1 NAKAHARA-LAB.NET メルマガ
http://www.nakahara-lab.net/mailmagazine.htm

[ま]

[や・ら・わ]

[た]

[な]

[は]

［さ］

[あ]

[か]

索引

［数字・アルファベット］

［著者］

荒木淳子（あらき・じゅんこ）

明治大学 政治経済学部 准教授。東京大学大学院人文社会系研究科（社会学）東京大学大学院学際情報学府、株式会社日本総合研究所、東京大学大学院情報学環助手を経て現職。企業の人材マネジメント・教育、企業で働く人のための学習環境デザイン、キャリア開発に関する調査、研究を行っている。共著に『ここからはじまる人材育成――ワークプレイス・ラーニングデザイン入門』（中央経済社）がある。

担当・・・・第３章、第５章、第７章

北村士朗（きたむら・しろう）

熊本大学大学院 社会文化科学研究科 教授システム学専攻 准教授。東京海上日動HRAにて、eラーニングの実施・展開、研修プログラムの開発、研修インストラクター、システム管理を担当したのち、2005年８月より現職。インストラクショナル・デザイン分野の教員として、eラーニングを中心に社会人や企業・組織内の教育・学習を中心に研究・指導している。東京大学先端科学技術研究センター客員研究員を兼任し、ＭＯＴ知財専門人財育成プログラムで、知財専門家に対して「授業法」の指導も行なう。上級システムアドミニストレータ連絡会正会員。共著に『ここからはじまる人材育成――ワークプレイス・ラーニングデザイン入門』（中央経済社）など。個人のWebサイトは http://kitamura.cc/

担当・・・・序章、終章

長岡 健（ながおか・たける）

法政大学 経営学部 教授。慶應義塾大学経済学部卒、英国ランカスター大学マネジメントスクール博士課程修了（Ph.D.）。専攻分野は組織社会学、質的調査法、人材開発論。「実務家の学習」や「プロフェッショナルな実践活動」にかかわる現象について、社会理論、学習理論、コミュニケーション論の視点から読み解くことを研究テーマとする。現在は、個人の学習に対する組織行動・組織文化の影響をめぐるフィールドワークをもとに、人材育成のポリティカルな側面について批判的考察を進めている。また、アクション・ラーニングやプロジェクト型学習といった概念を活用した社会人教育（研修・MBA）、ゲーミングやワークショップといった概念を活用した参加型の学習環境デザイン等、実践活動にも積極的に取り組んでいる。

担当・・・・序章、第２章、第８章、終章

橋本 諭（はしもと・さとし）

産業能率大学 情報マネジメント学部 講師。青山学院大学 経営学研究科 博士前期課程修了 修士（経営学）。大学院在学中より青山学院大学総合研究所 特別研究員として研究に従事、同職を経て現職。ICTを中心とし、広く教育･学習を研究。経済産業省 Asia E-Learning Network（AEN）に参加し、主にインストラクショナルデザインの研究､eラーニング専門家に対する調査研究に携わる。現在は、企業経営の観点からの「企業における学び」をテーマとしている。共著に『eラーニング専門家のためのインストラクショナルデザイン』（東京電機大学出版局）がある。

担当・・・・第４章、第６章

[編著者]

中原 淳（なかはら・じゅん）

立教大学経営学部教授。大阪大学博士。「大人の学びを科学する」をテーマに、企業・組織における人材開発・組織開発・チームワークについて研究している。ダイヤモンド社「研修開発ラボ」監修。著書に『企業内人材育成入門』（ダイヤモンド社）、『研修開発入門』（同）、『人材開発研究大全』（東京大学出版）、『フィードバック入門』（PHP研究所）など。立教大学経営学部においては、ビジネスリーダーシッププログラム（BLP）主査、立教大学経営学部リーダーシップ研究所副所長などを兼任。Blog: NAKAHARA-LAB.NET（www.nakahara-lab.net）

担当・・・・第1章、終章

企業内人材育成入門

2006年10月19日　第1刷発行
2024年11月8日　第24刷発行

編著者――中原 淳
著　者――荒木淳子／北村士朗／長岡 健／橋本 諭
発行所――ダイヤモンド社
〒150-8409　東京都渋谷区神宮前6-12-17
https://www.diamond.co.jp/
電話／03·5778·7233（編集）03·5778·7240（販売）
装丁――――竹内雄二
製作進行――ダイヤモンド・グラフィック社
DTP――――インタラクティブ
印刷――――八光印刷（本文）・加藤文明社（カバー）
製本――――ブックアート
編集担当――石田哲哉（ishida@diamond.co.jp）

ISBN 4-478-44055-7